乡镇（街道）社工站实务丛书

社工站
社区社会工作
怎么做

王海洋 等 / 著

中国社会出版社
国家一级出版社 · 全国百佳图书出版单位

图书在版编目（CIP）数据

社工站社区社会工作怎么做 / 王海洋等著 . — 北京 ：中国社会出版社，2024. 7. --（乡镇（街道）社工站实务丛书 / 李焱林主编）. -- ISBN 978-7-5087-7025-3

Ⅰ . D669.3

中国国家版本馆 CIP 数据核字第 20246W0Y94 号

社工站社区社会工作怎么做

出 版 人：程　伟

丛书策划：王　前　李焱林

终 审 人：王　前

责任编辑：李林凤

装帧设计：尹　帅

出版发行：中国社会出版社

（北京市西城区二龙路甲 33 号　邮编 100032）

印刷装订：河北鑫兆源印刷有限公司

版　　次：2024 年 7 月第 1 版

印　　次：2024 年 7 月第 1 次印刷

开　　本：170mm × 240mm　1/16

字　　数：277 千字

印　　张：18

定　　价：55.00 元

丛书前言

2006年10月，党的十六届六中全会首次对构建社会主义和谐社会作出全面部署。党的十八大以来，以习近平同志为核心的党中央从党和人民事业发展的角度出发，进一步对社会建设作出了一系列重要论述和重大部署，将社会建设提到了前所未有的高度。社会建设工作是直接服务群众的工作，与群众冷暖息息相关，是我们党人民立场、人民情怀的集中体现。社会建设应坚持服务为先，以保障和改善民生为重点，着力解决人民最关心、最直接、最现实的利益问题。其中，加强和创新社会治理是社会建设的时代课题，是国家治理体系和治理能力现代化的重要内容。

民政部门履行基本民生保障、基层社会治理、基本社会服务等职责。民政工作关系民生、连着民心，是社会建设的兜底性、基础性工作，是国家治理体系和治理能力建设的重要基石。随着社会建设水平的不断提高，民政服务领域不断拓展、民政服务对象持续增加、民政服务诉求日益多元，民政部门迫切需要一支强有力的基层民政服务力量来回应民政服务对象日益增长的美好生活需要。然而，不同于教育、卫健等部门已在基层设立了专门的服务机构、配备了专业技术人员，民政部门长期缺乏专门的基层民政服务专业技术人才和机构。

1987年，民政部在北京马甸举办“中国社会工作教育发展论证会”（学界称“马甸会议”），邀请原国家教育委员会、原人事部、原劳动部等政府部门，以及社会学与社会工作的专家、学者参与讨论，明确将社会工作专业作为民政工作的学科支撑。随后，民政部大力支持北京大学等高校恢复社会工作专业，并陆续出台社会工作者职业水平评价办法、民政事业单位社会工作专业技术岗位设置办法等系列政策文件，推动社会工作专业力量成为民政工作的专业技术人才。但受限于政府机构改革背景下机构编制和人员编制只减不增的红线，在体制内增设社会工作服务机构和社会工作专业技术岗位的尝试步履维艰。

2017 年初，为着力破解基层服务能力不足这一长期制约民政事业高质量发展的痼疾，民政部将加强基层民政工作作为贯穿全年的重点任务，通过抓住和“解剖”乡镇这个“点”，查找乡镇民政工作存在的薄弱环节和突出问题，总结各地在实际工作中创造出的好经验好做法，探索可做到、可推广和可持续的长效机制。为深入贯彻落实民政部关于加强基层民政服务能力的工作部署，广东、湖南等地先后通过政府直聘社会工作者、政府购买社会工作服务等方式，开展乡镇（街道）社工站建设，配备一支专业社会工作人才队伍扎根基层一线提供服务，有力地充实了基层民政服务力量，提升了基层民政服务水平，使基层民政力量薄弱这一老大难问题得到了根本性缓解，为各地提供了示范和参考。

2020 年 10 月，民政部在湖南长沙召开“加强乡镇（街道）社会工作人才队伍建设推进会”。会上，时任民政部党组书记、部长李纪恒高度肯定了广东、湖南等地通过建设乡镇（街道）社工站加强基层民政能力建设的做法，要求各地因地制宜、分类推进，全面开展乡镇（街道）社工站建设。2021 年 4 月，民政部办公厅印发《关于加快乡镇（街道）社工站建设的通知》（民办函〔2021〕20 号），进一步要求各地加紧制定政策，将乡镇（街道）社工站建设纳入民政重点工作；加强资金保障，统筹社会救助、养老服务、儿童福利、社区建设、社会事务等领域政府购买服务资金及彩票公益金中用于老年人、残疾人、儿童和社会公益等支出资金，优先用于购买乡镇（街道）社会工作服务；把握推进步骤，抓紧制定时间表和路线图，争取“十四五”期间实现乡镇（街道）社工站全覆盖。在民政部的统一部署下，各地社工站建设全面推进。截至 2023 年 1 月，全国已建成社工站 2.9 万个，7 万名社会工作者驻站开展服务，总覆盖率达 78%，其中 8 个省份已实现全覆盖，16 个省份覆盖率超 80%。

乡镇（街道）社工站迅速成为中央和地方各级各部门推进社会建设的重要抓手。党中央、国务院先后在基层治理、乡村振兴等多项国家发展规划中对社工站建设进行了部署，民政部将社工站建设纳入兜底民生和民政事业改革统筹安排，地方政府将社工站建设纳入党委政府民生实事重点工程。乡镇（街道）社工站建设的重要意义包括但不限于以下三个方面：首先，它为民政部门配备了一支与本部门专业对口、由本部门业务管理的基层社会工作专业技术人才队伍。这支队伍不论在数量上，还是在年龄、学历、综合能力、专业素养和工作热情上，都具备较大的优势，为基层民政服务奠定了坚实的组织和人才基础，为民政事业的转型升级和高质量发展提供了人才支撑。其次，它搭建了一个民生服务综合平台。乡镇（街道）社工站从乡镇（街道）层面对辖区内已有服务阵地进行整合和盘活，对村居的兼职民政工作人员、村医、村小教师等已有服务力量进行增能培力，并通过链接各级民政部门、其他各级政府部门资源以及社会慈善力量，因地制宜推动民生服务系统化、专业化发展。最后，乡镇（街道）社工站以服务特定困难人群为切入点，通过联动各方服务特定困难人群的这一过程，撬动社区内外各类资源，调动社区内外各方力量，激发基层社会治理活力，激活社区内生动力，逐渐形成一套社区自我服务机制，创新和完善了基层治理体系。

实践表明，乡镇（街道）社工站建设是一个从调研论证，到顶层设计、项目动员、政府采购、启动实施、项目监管、专业支持及经验成效总结，循环往复发展的过程。这一过程不仅需要省、市、县、乡四级民政部门上下联动、密切配合，也离不开各级财政、人社、组织、审计等相关部门的通力合作、无缝对接，离不开省级项目办、市级指导中心、县市区社工总站的鼎力协助、专业支持，尤其离不开项目承接机构和站点一线社工的积极投身、倾力建设。建设过程延续，建设主体多元，建设内容多样，加之这是一项创新性的工作，各建设主体的参与意识、能力和经验不一，建设成效参差不齐。从各地实际来看，乡镇（街道）社工站建设中普遍存在体制机制不完善、项目承接机构行政和服务管理经验缺乏、站点一线社工专业知识和技能不足等问题，严重制约着乡镇（街道）社工站作用的进一步发挥。

为此，中国社会出版社组织高校社会工作学者和资深社会工作实务工作者，编写了“乡镇（街道）社工站实务丛书”，以期为乡镇（街道）社工站各建设主体持续深入推进社工站建设提供实操指引。本丛书以先行先试地区的经验和案例为蓝本，从乡镇（街道）社工站建设的宏观、中观和微观层面展开详细论述。其中，宏观层面讨论了如何建立健全乡镇（街道）社工站的体制机制，中观层面讨论了如何开展乡镇（街道）社工站的人才培养、督导支持、项目设计、运营管理，微观层面讨论了乡镇（街道）社工站（点）如何提供社区、社会救助、儿童和老年人社会工作服务。

2023年3月，党和国家机构改革，组建中央社会工作部，负责统筹推进党建引领基层治理，指导社会工作人才队伍建设。2024年7月，党的二十届三中全会审议通过的《中共中央关于进一步全面深化改革 推进中国式现代化的决定》进一步作出部署，要“健全社会工作体制机制，加强党建引领基层治理，加强社会工作者队伍建设”。当前，乡镇（街道）社工站已然成为社会建设的重要抓手，丛书的出版既是对本土社会工作实务经验的阶段性总结，也为进一步做好乡镇（街道）社工站建设提供了指引。丛书在编写过程中得到了各分册撰写团队的大力支持，很多专家、学者及社会工作者对丛书的编写提出了宝贵建议，在此表示衷心感谢。乡镇（街道）社工站建设是一项正处于快速发展过程之中的开创性工作，限于编写人员的能力与水平，书中难免会有一些阐述不到位、不准确的地方，还请各位读者多多批评指正并提出宝贵建议。期待在大家的指导和帮助下，共同助力乡镇（街道）社工站更好更快地建设和发展。

目录

CONTENTS

第1章
社区组织与社区社会工作清单

乡镇（街道）社工站是在各级党委的领导下，由各省份民政部门积极推动和大力支持、各乡镇（街道）从事社会事务或社会救助工作的基层干部牵头、社会服务机构积极参与、专业社会工作者具体承担服务工作的平台，是从事社会工作服务项目实施、推动社会服务机构发展、满足人民群众实际需求、引导社会各界力量参与社区治理，为社会事务提供精准化、专业化服务和支持的基层综合型服务平台[①]。以往运营的社会工作机构大多以协助党委和政府联系群众、帮助群众解决各种问题为主，服务和工作的综合性明显；现在的乡镇（街道）社工站更多地面对民政工作领域的困难群体和特殊群体，社会工作的服务对象更精准[②]。乡镇（街道）社工站的主要职能在于保障民生兜底线和提升基层治理效能两个方面，服务对象聚焦困难群体、特殊群体或生活暂时陷入困境的群体，工作重点是“一老一小”“一残一困”和基层社会治理等。从乡镇（街道）社工站实际建设情况看，社工站社区社会工作的推进离不开社区组织的协同。对于社工站的工作者而言，厘清社区组织的类型和社区社会工作的具体工作内容是其首要任务。因此，本章将主要介绍社区组织的基本类型和社区社会工作的任务清单。

① 李鸿，张鹏飞．乡镇（街道）社会工作站建设依据与路径探索［J］．济南大学学报（社会科学版），2022，32（3）：121-128.

② 颜小钗，王思斌，关信平．镇（街）社工站怎么定位？怎么建？［J］．中国社会工作，2020（25）：10-11.

第一节　社区组织的基本类型

社区组织是指以某一社区为范围建立起来的，有目的、有计划地满足居民一定需要的各类组织，不同的社区组织通过各种关系相互联结成一个完整的社区组织有机系统[①]。社区组织系统构成了乡镇（街道）社工站开展工作的重要社区情境，加强对社区组织的了解，有助于推进乡镇（街道）社工站社区社会工作。具体表现在：一是社区组织本身具有行政、场地、资金、技术、人力等社区资源，了解社区组织可以为社区社会工作的资源挖掘与整合创造条件。二是嵌入社区的社区组织具有自身演变的历史及社会功能，了解社区组织（如村民委员会成员构成等）可以进一步认识社区的特点、权力结构及社区历史。三是社区组织覆盖和联结了社区多元化的群体，了解社区组织是认识社区多元群体构成、特点和需求的重要渠道。例如，可以通过了解老年协会进而了解社区老年人口特点与需求。四是了解社区组织可以为构建社区组织协同关系奠定基础。例如，了解社区组织的宗旨和职能，寻求社区组织间协同的空间与条件，是构建社区组织协同关系的基础。

我国农村社区组织一般以乡、村不同层次的行政组织、村民自治组织为主[②]，城市社区组织主要包括街道办事处、居民委员会、业主委员会等[③]。乡镇（街道）建立社工站的主要做法是通过建立基层社会工作组织，将社会工作服务集中到乡镇（街道）统一组织和安排。这种体制下的基层社会工作服务能更好地兼顾社区居民服务的实际需要和完成政府基本公共服务的实际要求，能更均衡、更稳定地承担政府交办的社会工作服务，并

---

① 夏建中．社区工作（第二版）［M］．北京：中国人民大学出版社，2009：220.
② 同①.
③ 同①：223.

有利于提高基层社会工作服务的质量和效率①。基于乡镇（街道）社工站设置的实际情况，本书将城市社区界定为街道办事处管辖范围的社区，将农村社区界定为乡镇人民政府管辖的村庄。同时，借鉴有关学者将中国农村组织划分为政权组织、自治组织、经济组织、社团组织和宗族组织等的分类方式②，本书将社区组织划分为社区党政组织、社区经济组织、社区自治组织、社区社会组织和社区宗族组织五类。本节将分别从城市与农村两个方面对街道办事处和乡镇人民政府管辖范围内的社区组织进行介绍。

一、社区党政组织

社区党政组织是社区政治建设的主体，发挥着社区政治功能，塑造和强化社区成员的政治认同与政治参与。社区党政组织包括社区党组织和社区行政管理组织。

社区党组织是党的基层组织，包括城市基层组织（街道党工委、社区党组织）和农村基层组织（乡镇党委和村组织）。社区党组织是社区政治组织的核心力量，是党在基层领导力与全部工作的基础，全面领导社区各类组织和各项工作。

社区行政管理组织是政府的基层组织，包括城市街道办事处和农村乡镇人民政府。街道办事处是市辖区人民政府或功能区管委会的派出机构，受市辖区人民政府或功能区管委会领导，行使市辖区人民政府或功能区管委会赋予的职权。街道办事处从性质上讲属于政治性社区组织、区域性社区组织，在我国基层管理体制中有着非常重要的地位③。乡镇人民政府是一级地方政府，是我国最基层的政府机关，它执行本级人民代表大会的决议和上级国家行政机关的决定和命令，管理本行政区域内的行政工作。社区行政管理组织的职责极为广泛，既包括维护国家安全、促进社会和谐稳

---

① 颜小钗，王思斌，关信平．镇（街）社工站怎么定位？怎么建？［J］．中国社会工作，2020（25）：10-11.

② 李远行．互构与博弈：当代中国农村组织的研究与建构［J］．开放时代，2004（6）：89-100.

③ 夏建中．社区工作（第二版）［M］．北京：中国人民大学出版社，2009：223.

定、指导村委会和居委会工作，又包括提供公共服务、统筹辖区资源，甚至还有来自法定兜底条款——“其他职责”的安排，几乎所有的大政方针都需要落实在一个又一个具体的基层人民政府之中[①]。

社区党政组织是团结带领广大党员和群众推进社区治理的重要力量。社工站要有机嵌入基层社会治理大系统，有效地参与社区治理，就要依托社区党政组织推动本地社区社会工作的发展。具体而言，一是紧密结合社区党政组织关于党和政府相关政策及社区决议，制订社会工作参与其中的工作计划。二是根据社区党政组织的社区治理议题，创新工作思路，拓展工作范畴，提升工作的专业性。三是灵活运用社区党建资源、行政力量，推进社区社会工作在本土扎根。

二、社区经济组织

社区经济组织是围绕社区建立的、专门为社区成员提供各项有偿服务的营利性组织，其功能主要体现在社区经济建设方面，通过向社区成员提供优质的服务获取合理、合法的经济报酬。在我国社区建设实践中，一些社区经济组织除了为本社区提供产品和服务外，还向社会提供产品和服务，为改善和提高社区成员福利积累资金[②]。

在城市，社区经济组织一般包括社区物业管理公司和社区自己兴办的各种类型的社区企业。物业管理公司是具有法人资格的经济组织，通过收取物业管理费的形式，向社区提供专业化的物业管理服务。社区企业是指社区创办的经济实体、社会福利企业、民政经济实体、经营性服务设施等。社区企业并不包括社区内的所有企业，它属于社区集体经济组织的范畴。社区企业通过市场活动实现社会目标，其资产被它所服务的社区居民托管。社区企业的财产所有权（特别是实物资产，如建筑物、土地等）归

---

① 朱瑞．论市域社会治理制度的秩序来源：以“南京方案”为样本［J］．改革与战略，2022，38（4）：103-113.

② 张兴杰．社区管理（第三版）［M］．北京：科学出版社，2021.

社区，所有的盈余再投资于商业或社区[①]。

在农村，社区经济组织一般指乡镇集体经济经营实体（如乡镇企业、公司、联合社等）、村经济合作社、村股份经济合作社、自然村组经济实体及新型联合组织，比如农民专业合作社、专业农场等。农村社区经济组织是农村劳动者在经济上的组织形式，是农民群众的群体经济组织。

社区经济组织是社区重要的经济资源，是社工站建设可持续的、潜在的经费来源。社工站工作的开展既可以参与推进社区经济组织的发展，也可以倡导、动员社区经济组织的经费支出更大比例地用于社区民生事业，协同推进社区成员社会福利与社会服务的完善。

三、社区自治组织

社区自治组织是社区建设和社区治理中的重要力量，其自治地位由宪法和法律确定，是社区居民在不需要外部力量的强制性干预，特别是政府行政干预下，社区内各种利益相关者通过民主协商合作处理社区内公共事务，以实现自我教育、自我管理、自我服务、自我监督的社区居民自我管理组织[②]。在城市，社区自治组织一般包括社区居民大会或社区成员代表大会、社区居民委员会、业主委员会、社区协商议事委员会等；在农村，社区自治组织一般包括村民代表大会、村民委员会等。本节主要对居民委员会、村民委员会以及业主委员会展开介绍。

《中华人民共和国城市居民委员会组织法》第二条规定："居民委员会是居民自我管理、自我教育、自我服务的基层群众性自治组织。不设区的市、市辖区的人民政府或者它的派出机关对居民委员会的工作给予指导、支持和帮助。居民委员会协助不设区的市、市辖区的人民政府或者它的派出机关开展工作。"

农村村民委员会是与城市社区居民委员会相对应的农村社区自治组

① 姜启军，苏勇．基于社会责任的企业和社区互动机制分析［J］．经济体制改革，2010（3）：64-68.

② 张兴杰．社区管理（第三版）［M］．北京：科学出版社，2021.

织。《中华人民共和国村民委员会组织法》第二条规定："村民委员会是村民自我管理、自我教育、自我服务的基层群众性自治组织，实行民主选举、民主决策、民主管理、民主监督。村民委员会办理本村的公共事务和公益事业，调解民间纠纷，协助维护社会治安，向人民政府反映村民的意见、要求和提出建议。村民委员会向村民会议、村民代表会议负责并报告工作。"

业主委员会简称业委会，是指在物业管理区域内，代表全体业主对物业实施管理的自治组织①。业委会是一种新兴的社区组织，是随着我国城市住房制度改革的深入而产生的。在社区内，业委会是物业管理市场需求的主体，是维护业主权利的主要社区组织。业委会受全体业主和非业主使用人委托，旨在维护业主和非业主使用人的合法权益，反映其意愿和要求，支持、配合、监督物业管理公司的工作，共同创造一个良好的生活环境和工作环境②。社区的居民委员会、业委会等群众性自治组织，是城市基层政治社会生活和治理格局的主要行动主体③。

村（居）民委员会及业委会与社工站职能发挥的内在关联，主要体现在以下几个方面：一是社工站通过村（居）民委员会及业委会与村（居）民建立全面的联系。二是社工站结合村（居）民委员会在文化教育、科技知识等方面的工作，设计社区社会工作的具体服务内容。三是社工站协助村（居）民委员会构建社区公共服务、公益事业及村民互助体系。四是社工站通过工作开展促进村（居）民委员会与村（居）民之间的信任关系的发展，协助业委会的健康发展。五是社工站通过村（居）民委员会及业委会向社区党政组织提交有关本地社区社会工作发展的建议。

---

① 张磊，刘丽敏．物业运作：从国家中分离出来的新公共空间：国家权力过度化与社会权利不足之间的张力［J］．社会，2005（1）：144-163.

② 夏建中．社区工作（第二版）［M］．北京：中国人民大学出版社，2009：225.

③ 陈朋．从任务型自治到民主合作型治理：基于上海市社区调研的分析［J］．中国行政管理，2010（2）：116-120.

案例分享

街镇社工站纵深发展的探索与实践

——以湖南省株洲市天元区街镇社工站为例①

天元区街镇社工站采取的策略是与村（居）民委员会合作，运用社区社会组织培育方法，新建或扩建志愿者队伍，协助街镇社会工作者服务困难群体，更重要的是协助村（居）民委员会工作者开展社区治理服务，为培育普通民众的利他精神和公益精神作出贡献。针对村（居）原有的志愿者及其志愿者组织，街镇社会工作者的工作是发现和培养志愿者带头人，提升其领导力、协调力和沟通力；规范志愿组织建设，通过完善例会制度，定期分享服务心得和收获，增强志愿者对团队的归属感和凝聚力。街镇社会工作者还协助村（居）委会工作者，发现和挖掘新的志愿服务资源，通过组织兴趣类活动，寻找潜在的志愿者，吸纳他们加入志愿服务团队，投入社区服务；通过参与社区文体社团的活动、提供公益服务机会等方式，影响团队负责人和成员重新思考组织的使命和目标，推动文体社团从自娱自乐、抱团取暖转型升级为服务他人、贡献社区的公益组织。

四、社区社会组织

社区社会组织是指由社区组织或个人在社区（镇、街道）范围内单独或联合举办活动，满足社区居民不同需求的民间自发组织，是我国社会组织的重要组成部分②。根据活动内容，社会组织可分为公益慈善类（如义务工作者协会、志愿者协会、困难群众互助帮扶组织、慈善会、慈善超市、献爱心组织等）、生活服务类（如社区卫生服务机构、民办幼儿园、

① 孙莹．街镇社工站纵深发展的探索与实践：以湖南省株洲市天元区街镇社工站为例［J］．中国民政，2022（5）：56-57.

② 焦若水，陈文江．社区社会组织：社会建设的微观主体［J］．科学社会主义，2015（1）：86-90.

科普夜校、老年人服务中心、法律服务咨询机构等)、社会参与类(如老年协会等)、文体活动类(如社区文化服务中心、艺术团、表演队、体育组织等)、教育培训类(如各种培训班、老年大学或者夜校等)、权益维护类等①。基于对广东省社工站社会工作者的访谈，本部分重点选取了社会工作者反映的联动较为频繁且实质的社区社会组织进行介绍，它们是社区老年协会、妇女协会、农村幸福院、老年活动中心、残疾人之家、村卫生室或社区卫生服务中心等。

(一) 老年协会

在人口老龄化进程中，城市的独居老人日益增多，农村的年轻人大多在外工作，留守老人问题更加棘手。在此背景下，不少城乡社区中的老年协会应运而生，且重要性日益显现。老年协会是社区老年人的自主互助组织，其宗旨是维护老年人的合法权益，提升老年人的社会福利水平。老年协会一般以社区公共空间为活动场所，配备电视、书报、杂志、棋牌、躺椅等设施，供老年人平时休闲娱乐②。老年协会的功能与幸福院、老年活动中心等场所的功能有诸多重合，但老年协会更侧重于老年群体互助以及老年人对社区公共事务的参与。老年协会与社工站社区社会工作的开展具有以下关联：一是老年协会会长一般由有见识、有威望的长者担任，他可以为社区社会工作规划与实践出谋划策。二是老年协会一般熟悉社区老年人的整体情况和个别化的问题，可为社区社会工作者针对老年群体设计服务提供重要的信息来源。三是依托老年协会的骨干力量，社工站可协同推动老年协会在社区更好地发挥社会服务与社会治理功能，老年协会将是社工站服务成效提升的重要协同力量。

(二) 妇女协会

在现代社会，妇女在社会发展中的作用被重视和发挥。各地基于实际情况，通过不同类型的妇女协会(如围绕经济生产的妇女协会、围绕家庭

---

① 夏建中，张菊枝．我国城市社区社会组织的主要类型与特点［J］．城市观察，2012 (2)：25-35.

② 甘满堂，娄晓晓，刘早秀．互助养老理念的实践模式与推进机制［J］．重庆工商大学学报(社会科学版)，2014，31 (4)：78-85.

教育的妇女协会、围绕社区志愿服务的妇女志愿者协会等）对妇女进行组织动员，推进妇女充分参与社会生产、生活。妇女协会在社区社会工作中发挥着重要作用：一是促进妇女群体经验分享，充实经验，提高妇女群体面对问题、解决问题的能力。二是促进儿童和青少年的家庭关爱，促进社区儿童、青少年权益保障水平提升。三是提升妇女的社区认同和参与水平，构建妇女社区互助体系。四是结合女性、家庭计划和社区发展需求，激发妇女群体参与社区治理与乡村振兴的潜能。

（三）农村幸福院

农村幸福院一般由村民委员会主办和管理，是立足社区提供日间休息、休闲娱乐等综合性日间照料服务的公益性活动场所，促进农村老人老有所养、老有所乐。农村幸福院在坚持互帮互助的基础上，积极发动党员与团员、爱心人士、志愿者及其他社会力量参与日常服务。农村幸福院的功能定位并不是养老机构，而是政府支持、村级主办、社会参与、互助服务性质的村级老年人公共服务设施[①]。社工站可在以下几方面与农村幸福院合作：一是农村幸福院是农村老年人集中活动的场所，为社会工作者开展老年群体服务提供了场景。二是农村幸福院的服务组织及运营需要社会工作专业力量的参与。三是围绕共同服务目标，社会工作者可策划、组织、实施立足农村幸福院的服务活动。

（四）老年活动中心

老年活动中心也称老年文化活动中心、老年文体活动中心等，旨在保障老年人基本物质生活需要，在解决好“养”的基础上，进一步满足老年人精神文化生活的需要，努力实现“老有所乐”。老年活动中心主要围绕老年人的文化娱乐活动需求进行场地设施建设及文化活动组织。老年活动中心常见的功能设施包括体育运动区域、活动室、舞蹈室、阅读室、培训室、戏剧室等。老年活动中心常见的群众文化队伍包括武术队、歌唱队、舞蹈队、书画队等。老年活动中心为社工站服务开展提供了以下条件：一

---

① 周琪．山东省肥城市养老服务机构发展研究［D］．泰安：山东农业大学，2017.

是提供了综合性的社区社会工作活动场地。二是老年活动中心原有的课程及团队可为社区社会工作的开展提供活动（课程）资源，以及信任的社区关系。三是可以将老年活动中心已有的活动发展为社区社会工作的常规性、基础性活动。四是老年活动中心文化活动团队骨干可以被作为社区领袖人选进行培育。

（五）残疾人之家

残疾人之家在不同地区有不同名称，如“康园”“爱心家园”“阳光家园”“理疗站”“残疾人康复就业服务中心”等，是指通过设立场地、配备人员、组织服务，在所辖社区为残疾人居家康复提供综合性支持的机构和场所。残疾人之家的服务职能一般包括康复理疗、日间照料、精神慰藉、文化娱乐、政策宣传、辅助性就业服务等。助残、助困是社工站的工作重点，因此，残疾人之家与社工站的职能具有较强的关联性，二者的工作需要协同推进。一是残疾人的社会保障是社区社会工作的重点工作之一，残疾人之家集中了社区的重点工作对象，为残疾人社区社会工作的开展提供了基本的服务人群。二是社工站应协同残疾人之家，致力于残疾人服务专业化提升。三是社工站点利用驻村（居）优势，可发掘村（居）内符合条件，但因不熟悉政策导致未加入残疾人之家的残疾人，对其进行初步评估，并协助残疾人加入残疾人之家。四是社工站可结合乡村振兴战略，开展促进残疾人辅助性就业服务。

（六）村卫生室或社区卫生服务中心

村卫生室是行政村的定点医疗机构，基本职能是为村民提供医疗服务。村卫生室或社区卫生服务中心以人的健康为中心、家庭为单位、社区为范围、需求为导向，以妇女、儿童、老年人、慢性病患者、残疾人、贫困居民等为重点服务对象，以解决社区主要卫生问题、满足基本卫生服务需求为目的。社工站与村卫生室或社区卫生服务中心的协同工作主要包括：一是协同开展社区民众，尤其是重点服务群体的健康筛查。二是针对重点服务群体的服务需求，协同开展健康档案管理。三是根据服务需要，推进医疗相关服务的转介。

五、社区宗族组织

宗族组织是一种兼具血缘性和地方公共性的组织形式，一个完整的宗族组织一般具备以下要素：族长、祠堂、族规、族田、族谱、祖茔[①]。实体性的宗族组织是指农村中依据真实的血缘关系联结而成的宗族性团体，具有稳定的组织和对其成员有系统的约束力[②]，具有一种基于血缘和文化认同的权威力量[③]。宗族组织是构成我国乡村文化的要素之一，在时代的更迭中成为民族地方文化的根源，长期潜藏在人们的价值体系之中[④]。宗族组织在促进经济发展和社会治理中始终发挥着重要作用[⑤]。其最典型与最极端的表现就是在祖先祭祀、宗族财产、伦理、宗子继承以及参加宗族活动等方面，对于族人有着严格和明确的规定，因而这不同于那些临时的、仅为某一单个的具体行动目标而形成的亲属联合[⑥]。但随着社会变迁，宗族组织也发生了变化。当代社区宗族组织更多的是村民们用来实现家庭利益和整合家族利益的组织手段，为其宗族成员提供社会关系网络资源，为其成员提供有利于竞争的社会资源，其意义在于经济和政治方面[⑦]。在现代社会，围绕血缘关系建立的社区宗族组织仍可作为社区治理和社区社会工作重要的组织资源。作为社区宗族组织典型类型的宗亲会，是具有中

---

① 丁惠平．社会组织的历史形态及其运行机制：以宗族组织为例［J］．学术研究，2019（12）：67-72.

② 钱杭，谢维扬．宗族问题：当代中国农村研究的一个视角［J］．社会科学，1990（5）：21-24，28.

③ 谢晓通，章荣君．全过程人民民主：理念界定、价值阐释与现实进路：基于农村基层民主视角的考察［J］．学习与实践，2022（2）：35-46.

④ 张琳．宗族组织在地方、民族与国家关系中的现代机能：以下房子村满族T姓宗族的田野调查为例［J］．青海民族研究，2022，33（3）：95-101.

⑤ 韩燕，何欢，张琴，等．宗族组织、权威人物和农民进城对农村公共物品供给的影响：以川南乡村筹资修建“户户通”公路为例［J］．公共管理学报，2021，18（2）：105-114，172.

⑥ 杨善华，刘小京．近期中国农村家族研究的若干理论问题［J］．中国社会科学，2000（5）：83-90，205.

⑦ 李远行．互构与博弈：当代中国农村组织的研究与建构［J］．开放时代，2004（6）：89-100.

国特色的社区组织，一般具有以下职能：一是祠堂等归属于宗族的公共空间的修葺及维护；二是围绕传统节日及宗族纪念日的族庆活动；三是敬老及亲族生活帮扶；四是助学、勉学及家风弘扬。在经济条件较好、家族认同度较高的地区，宗亲会还会通过建立基金安排社区公共事务开支，如重阳节举办敬老宴、对考上大学的子弟进行升学奖励、对遇到生活困难的族人进行经济帮扶等。社区宗族组织是社工站开展服务的重要资源，二者的协同工作主要包括：一是通过社区宗族组织，了解社区困难群体的具体情况及帮扶的重点、难点。二是通过与社区宗族组织建立关系，提升村民对社区社会工作的认同感。三是社区宗族组织可以作为社工站整合社区资源的重要渠道。

第二节　社区社会工作清单

全国乡镇（街道）社工站建设以来，关于基层治理、乡村振兴战略、促进就业等方面的系列政策文件陆续出台，成为社工站建设的有力支撑。民政部将社工站建设纳入兜底民生和民政事业改革的范畴，进行统筹安排。各地方政府也将社工站建设纳入党委工作的重点，有序推进。乡镇（街道）社工站建设需要有机嵌入基层治理大系统，壮大基层力量，推动形成“上面五条线（‘五社联动’）”“落地一张网（社工站）”[①]，成为落实基层社会治理与民生服务的重要阵地。乡镇（街道）社工站的职能应有三个层次[②]：一是协助基层政府做一般行政性工作；二是深入推进基层政府工作中与社会工作专业性质密切相关的工作；三是组织社会工作者深入开展与拓展更专业、更有效的社会服务。整体而言，社工站的职能应以二、三层次为主。但社工站具体的服务目标、工作内容和专业方法应与所在地社会

① 民政部：全国乡镇（街道）社工站已建成 2.1 万余个，覆盖率达 56%［EB/OL］. https://www.sohu.com/a/567459117_99904059.

② 颜小钗，王思斌，关信平. 镇（街）社工站怎么定位？怎么建？［J］. 中国社会工作，2020（25）：10-11.

发展需求以及社会工作发展的专业化程度相匹配。基于乡镇（街道）社工站建设的实践经验，乡镇（街道）社工站的社区社会工作主要包含兜底民生政策落实、社会工作专业服务与管理、基层行政协同工作三个方面。

一、兜底民生政策落实

兜底民生政策落实，是基层社会治理的重要组成部分。具体包括以下工作内容：一是社会救助信息管理与系统核查。社会救助信息管理与系统核查工作安排要切实、可行，比如每周至少登录一次系统处理预警信息，并录入处理结果。二是民政对象的信息维护及管理。比如，定期更新低保人员、特困人员、高龄对象的增减数据，及时更新临时救助对象的增加与退出数据，每年进行特殊群体和困难群众入户核查。相关工作的结果需要按照要求规范填报新增与退出报表、救助申请表、入户调查表等。三是特殊群体和困难群众救助手续的协办。通过入户核查，填写入户调查表、评估表，根据服务对象需求，协助进行相关的救助政策申办。四是按照社工站工作要求，建立服务群体工作台账。如困境儿童探访记录表、情况统计台账、特困探访调查台账、养老院伙食审查台账等。

二、社会工作专业服务与管理

（一）社会工作专业服务

社会工作服务的专业化发展有助于基层治理与服务的效能提升。社区社会工作服务的专业化发展通常包括以下工作方法和服务内容。

第一，入户走访。入户走访是社区社会工作的重要工作内容。入户走访在了解社区基本情况、挖掘社区潜在服务需求、发现社区问题与资源、建立社区联结、构建基于社区的社会支持系统等方面均具有重要作用。需要指出的是，社会工作者应注意入户走访重点对象与社区普通群众之间的平衡。

第二，个案工作、小组工作、社区活动等社会工作专业工作的开展。个案工作分为个案服务和个案管理两类。个案服务指运用个案工作方法协助服务对象梳理问题、形成计划、达到改变。个案管理指统筹不同类型的资源，协调关系，实现服务对象状态改善。小组工作可运用于发展兴趣爱好、提升能力、构建支持网络、增进社区认同、促进社区互助等不同专业场景。社区活动在丰富群众生活、促进社区互助、增进社区归属、激发社区活力等方面具有较强的专业价值。需要指出的是，本部分将个案工作和小组工作纳入进来，并不意味着将个案工作和小组工作都纳入了社区工作的范畴，而是基于整合社会工作专业方法的考虑，推进个案工作、小组工作与社区工作的交互使用，相互促进。就社区工作而言，可以将个案工作和小组工作视为推进社区工作的策略，比如可以经由典型的个案或小组，引发社会工作者对社区更为深刻的认识与理解；也有可能将个案的受助者发展成为社区活动的积极参与者，还有可能基于小组的经验发展出相应的社区社会组织等。

第三，志愿者培育与资源整合。若社区社会工作开展仅依托于外部资源导入，将极大地限制专业服务开展。挖掘和培育社区资源，主要有志愿者培育和资源平台搭建两种工作手法。志愿者培育指搭建互助体系，将服务对象转变为服务者，实现助人自助，从而推动社区的可持续发展。搭建资源平台指通过资源平台促进资源流动，如广州等地推动“社工+公益”建立社区基金已经取得了一定的成效。社会工作者培育了可自主调动的志愿者队伍，就能更灵活、及时、针对性强地帮扶有需要的社区群体。

第四，助力“五社联动”，推动社区治理。不同社区面临的问题有所区别，但问题的解决离不开多方的协同参与。“五社联动”是具有中国特色的社区社会工作发展模式，社会工作在调研社区需求、框定治理问题、制订行动计划、整合专业方法、创新治理方式、构建协作机制、盘活治理资源、评价实施成果等多方面已显现出独有的专业优势。

（二）社会工作服务管理

社工站的建设应注重提升社会服务的专业化，适度推进社会服务的品质管理，助力基层社会治理现代化建设。这就需要对专业服务管理进行系统推进。社工站社会工作服务管理主要包括信息与资源管理、服务过程管理和服务成果管理。

1. 信息与资源管理

（1）服务对象信息与资源的管理。要提升社工站的专业性，推进社工站社会工作服务的品质管理，就要提升服务对象的信息与资源管理水平。

也就需要对服务对象进行登记造册、分级分类管理，有条件的情况下可以实行数字化管理。通过对服务对象的信息管理，可以区分重点对象和一般对象，进而便于有针对性地对不同对象的服务需求和介入手法进行有效管理；此外，服务对象的信息与资源管理也更便于根据入户探访以及根据服务实施情况实时更新服务对象的动态变化情况，并在此基础上对服务资源的调配、日常工作与重点工作安排等进行有效的管理。

（2）社区信息与资源的管理。社区信息与资源的管理主要是指整体性、实时性地对社区资源、社区问题和社区群众情况等进行实时更新与管理。可以通过制作社区资源图、社区问题图、服务对象社区分布图，了解社区信息；也可以通过梳理社区资源、社区问题和服务对象需求之间的关联，进行社区资源的有效管理；还可以通过围绕服务系统，更新服务资源信息及业务申办流程等进行社区的信息管理。此外，也可以结合社会工作者的社区调研，从社区社会工作实施的角度展现社区信息与资源管理的问题及取得的成果，形成社区信息与资源评估报告。

2. 服务过程管理

（1）工作计划与总结。工作计划与总结是社工站工作中不可或缺的重要环节，是对社工站工作进行定期梳理的一项重要工作。工作计划与总结一般分为年度计划与总结（分别在年初与年终完成）、月度计划与总结（分别在月初和月末进行）。制订科学的工作计划和进行充分的工作总结，可以更好地实现工作目标，提高工作效率和质量，实现成员和团队的发展。因此，工作计划与总结要反映工作中的实质性问题，避免形式主义，具体应注意以下几方面：一是应全面、真实地反映工作情况。可通过制作套表及工作计划与总结模板进行写作指引，确保文本内容能全面、真实地反映工作实际。二是应避免泛泛而谈、漫无边际。可通过团队学习、重点辅导等方式提升团队成员“具体问题具体分析”的能力。三是应避免闭门造车、不切实际。工作计划若要切合实际，就应提升计划制订过程中的协同性。通过专门工作例会加强团队内部的协同，发展团队与成员工作的关联性，从而促进团队工作与成员工作的有机衔接；通过调查研究加强镇（街）、村（居）工作与社工站工作的协同性，促进社工站工作与服务区域重点工作的有机衔接。

（2）成员与团队的专业成长。社会工作者的专业成长涉及价值、理论、方法、技巧、行政能力等多个方面，可通过多种途径促进其专业成长：一是建立督导体系，从价值、理论、方法、技术、情感、行政等方面对社会工作者进行专业成长支持。二是强化入职专业培训，从社区社会工作的理论、方法、模式、项目设计、典型案例等角度提升新入职社会工作者的专业认识与理解。三是定期组织专业学习，可通过专项主题培训、团体学习、朋辈督导等方式，提升日常工作中常见问题的解决能力。四是及时进行专业经验分享，促进日常工作成果及经验的交流与传播，构建社会工作者专业成长的非正式支持网络。

3. 服务成果管理

（1）服务数据汇总。服务数据汇总是用数据化的方式对社工站的整体工作情况进行全面总结，从而如实反映社工站的工作产出及成果。服务数据主要包括：一是围绕工作计划、服务对象、专业服务内容的数据汇总。如针对老年人、儿童、残疾人等开展的个案、小组和社区服务情况，各类人群的入户探访和建档情况，个案管理的跟进等数据汇总。二是围绕政策落实的基本工作数据汇总。如政策落实相关数据维护、更新的数量，基本业务办理的数据等。三是专业辅助性工作数据汇总。如社区调研报告、工作计划与总结、专业培训、团队会议、协作会议的数据汇总。四是协同性工作数据汇总。如社会工作者参与值班、居民信息核查等行政协同工作的数据汇总。

（2）工作汇报。工作汇报是将社区评估报告、工作计划与总结、服务数据汇总等内容进行整合，向业务主管部门、社区组织等相关组织汇报。工作汇报材料需要围绕基层社会治理需求，反映社工站实际社区社会工作开展情况。与工作计划和总结或内部材料相比，工作汇报具有不同的撰写要求：一是结构完整，内容精练。工作汇报一般以完成情况、主要成果、发现问题、解决方法、未来设想等部分来搭建结构，用总结性的语言全面汇报工作的整体情况，在结尾可具体说明希望相关部门协助解决的问题。二是重点突出，详略得当。在长期服务过程中，工作汇报可分为周期性汇报和主题汇报两种类型。周期性汇报应注重全面性，通过区分重点工作和非重点工作、常规工作和新增工作，可体现主次、优先级。应优先体现重点工作的成果及问题，重点问题重点讨论。主题汇报应围绕专项工作的开展，提升报告的专业性。三是主辅结合，方便阅读。汇报材料主体应简洁并反映工作整体情况，具体的论证、案例、数据图表等可以附件的形式呈现，节约读者信息获取和检索的时间。面向政府的汇报材料可参照政府机关单位文书要求，方便理解与沟通。

三、基层行政协同工作

社工站的工作千头万绪，离不开党政部门及其他社区组织的协同配合。在社工站日常工作安排和时间分配上，有一部分工作是参与基层行政协同工作，具体可分为一般性行政协同工作和应急性行政协同工作。一般性行政协同工作，通常是指参与基层社会治理相关工作，以及与社工站服务开展有千丝万缕联系的基层日常行政工作。参与一般性行政协同工作，可以熟悉基层行政工作流程与工作方法，熟悉党政部门及其他社区组织的组织体系及工作人员，增加与服务对象接触的机会，从而促进社工站工作的开展。应急性行政协同工作，是指在极端天气、灾害、疫情等突发状况下参与的基层行政工作。突发状况影响人民群众的生命财产安全，尤其对困难群众影响更大。因此，应急性行政协同工作与社工站的重点服务对象有直接关联。

（一）一般性行政协同工作

社工站的工作及服务依托基层社会治理体系，围绕社会治理与民生建设的工作与其他部门的工作有着多维度交叉和整合关系，都属于基层社会治理的范畴。因此，若将社工站的运作孤立于基层党政系统的重点工作之外，就很难构建民生保障与社会服务的整体系统。为了形成服务基层工作一盘棋，就必须将社工站工作有机嵌入基层社会治理大系统，与基层党政重点工作有机衔接。在具体实施过程中，根据各地实际情况，一般性行政协同工作的实施重点会有所区别，从全国层面看，一般包括乡村振兴、基层治理、疫情常态化防控、创文创卫等工作的协同。协同工作方式包括窗口轮值、入户协助及活动协同等。

（二）应急性行政协同工作

应急性行政协同工作主要是指在遭遇突发事件、自然灾害时，协助相关部门进行的应急处理及针对受灾群众开展的直接服务。具体包括：协助相关职能部门开展灾害防治、受灾群众转移、紧急庇护、临时安置、灾情反馈、社会救助、灾后重建等工作；为受灾居民提供需求评估、情绪疏导、压力疏解、情感支援、哀伤辅导、资源链接等服务①。

总之，围绕基层服务阵地的场景需求与社工站职能定位，可以构建一份社工站社区社会工作清单，以清晰界定并呈现社工站社区社会工作的主要工作内容（详见表 1.1）。

表 1.1　社工站社区社会工作清单

类别	工作事项	工作内容	辅助工具
兜底民生政策落实	信息管理，系统核查	预警信息处理（每周）	1. 社会救助系统 2. 预警处理系统
	民政对象增减数据统计	低保、特困人员（每月）	新增/退出上报表
		高龄人员（每半年）	新增/减退表
		临时救助人员（不定时）	救助申请表
	纸质台账	困境儿童台账	1. 探访记录表 2. 情况统计台账
		特困探访台账	1. 探访记录表 2. 调查表
		养老院伙食审查台账	记录表
	特殊群体和困难群众年审	入户年审	1. 入户调查表 2. 系统定位
	特殊群体和困难群众救助代办	通过协助受理特殊困难群众的申请，进行申请资料的收集与核查；通过入户走访、信函核对等形式对困难群众相关情况进行核查；协助困难群众进行救助申请	1. 入户调查表 2. 评估表
	监测民生政策落实情况	通过对民生政策相关资料的收集、统计，以及对服务对象的基本资料（如身份证、残疾人证）的收集、存档、查漏补缺，监测社会救助政策是否落实到位，确保“不漏一人”	民生政策落实情况监测表

① 广州市民政局关于印发《广州市社工服务站服务清单指引（试行）》的通知[EB/OL].（2019-12-31）. http：//mzj. gz. gov. cn/dt/gggs/content/post_ 5607226. html.

续表

类别	工作事项	工作内容	辅助工具
社会工作服务管理	信息与资源管理	服务对象信息与资源管理（建档、立卡、造册）： (1) 一户一档（每月更新）。通过入户探访、电话访问等形式，与服务对象建立专业关系，并对服务对象的情况进行了解，将服务对象基本信息进行登记，形成服务对象个人档案。 (2) 入户照片存档。在常规走访过程中，做好拍照等工作痕迹材料的保存	1. 家庭信息汇总表 2. 服务对象基本情况表 3. 服务对象个人档案
		社区信息与资源管理： (1) 社区调研报告。运用问卷调查、参与观察、访谈等方式，持续性深入社区，搜集有关社区信息与资源，对社区的历史、现状、问题、优势与资源进行分析，形成社区调研报告，并定期（每半年）更新。 (2) 社区工作相关图表的制作与更新。通过常规走访、参与观察、访谈等形式，做好社区资源图、社区问题图、服务对象社区分布图的制作与定期更新	1. 社区资源图 2. 社区问题图 3. 服务对象社区分布图 4. 社区调研报告写作指引 5. 信息简易系统制作流程
	服务过程管理	工作计划与总结： (1) 年度计划与总结。①年初，根据上一年专业服务的总结与反思，进行工作调整。通过持续性的社区调研，加强与业务主管部门的沟通，协商确定本年度的工作重点，撰写年度服务计划，并提交给督导、社工站站长进行审批。②年末，对本年度的活动、项目以及服务成效、经验与不足进行总结与反思，撰写年度总结，并提交给督导、社工站站长进行审批。 (2) 月度计划与总结。①月初，根据站点年度计划，制订本月的走访、社区活动、经费预算、文书撰写等月度计划，并提交给副站长进行汇总。②月末，对本月工作计划的完成情况进行总结与检视。如有条件，可以在探访次数、活动服务人次等数据上进行文本呈现，以方便相关部门领导及时、直观地了解社工站（点）的服务情况。 (3) 工作例会。①业务主管部门每周组织各股室、项目负责人召开工作例会，总结工作。部门领导了解各股室、项目本周的工作任务及上周的工作总结，及时解决困难问题，协同推进工作。②每周/每两周由副站长组织社工点联络员召开工作例会，了解各社工点的日常工作情况，协同解决工作难点	1. 年度计划与总结表 2. 月度计划与总结表 3. 会议记录 4. 督导记录

续表

类别	工作事项	工作内容	辅助工具
社会工作服务管理	服务过程管理	成员与团队的专业成长： （1）集体或个人学习。①集体学习主要分为两种：一是由市里组织开展的相关政策、社工实务等培训课程，时间一般安排在每年的下半年。通过集中式的培训，保障在职社会工作者的实务培训时长，提升社会工作者的实务能力；二是由镇街“社志协”自行组织的社会工作培训及社工站自行组织的团队共学活动。②个人学习主要通过线上进行。比如广东省民政厅搭建的“双百学苑”“双百大讲堂”等社会工作专题线上课堂，社会工作者自主进行学习。 （2）督导。每月至少督导2次，每月督导时长在16个小时以上，以确保为社工站点的社会工作者提供专业支持与协同陪伴。 （3）不定期培训。因工作需要，通过专项主题培训、团体学习、朋辈督导等方式开展的不定期培训。 （4）经验交流与分享。可以不定期地开展站点内或站点间社会工作者的经验交流与分享活动	1. 学习记录表 2. 培训活动签到表 3. 督导记录表 4. 专业学习与成长报告
	服务成果管理	服务数据汇总。每月5日前，社工站完成上个月的行业监测表的信息数据填报与汇总，交由市社会工作协会进行监测评估	项目监测表
		工作汇报及公众号推文发表。向镇街、村居、站点汇报工作。通过向镇街、村（居）委会、社工站汇报本周的工作内容、工作计划，促进各相关社区组织间的信息共享，并将多方认可的成果通过镇街媒体、社工站公众号等平台进行发布	
社会工作专业服务	入户探访	根据社工站服务对象跟进走访机制，对社区服务对象进行常规跟进走访，动态了解服务对象的生活、需求等方面的变化，及时作出跟进与服务调整	1. 入户登记表 2. 走访记录 3. 社工站服务对象跟进走访机制图
	个案工作	通过常规走访、外展活动等形式，发掘社区中需要跟进的服务对象，并根据其实际需求提供政策落实、心理慰藉、能力提升、社会融入、资源链接等个案跟进服务。推进个案工作与社区工作的相互促进，比如将个案的受助者发展为社区活动的积极参与者	1. 个案服务（管理）流程图 2. 个案服务（管理）信息表 3. 个案服务（管理）介入表 4. 记录表 5. 结案总结

续表

类别	工作事项	工作内容	辅助工具
社会工作专业服务	小组工作	基于群众需求，组织开展不同主题、不同场景的小组活动，为服务对象提供社会学习、经验交流、团体支持、邻里互助等团体活动。推进小组工作与社区工作的交互使用，相互促进。比如基于小组的经验，发展出相应的社区社会组织等，或将小组的活跃组员发展成社区骨干等	1. 小组策划书 2. 小组记录表 3. 小组总结 4. 签到表
	社区活动	根据社区需求，通过开展社区活动，丰富社区生活，促进邻里互助，激发社区活力，提升社区归属感与凝聚力	1. 社区活动策划书 2. 签到表 3. 总结
	志愿者培育	将社区热心群众、有公益心的服务对象等发展为志愿者，组建社区志愿者服务队伍	1. 中国志愿服务网 2. 志愿者登记表 3. 志愿时数统计表
		搭建志愿服务平台，利用中国志愿服务网等平台，建立志愿者管理体系，提高社区志愿者服务能力及参与志愿服务的热情	
	“五社联动”与社区治理	通过积极整合社区平台、社会组织、社会工作者、社区志愿者、社区公益慈善资源，完善社区治理机制，为有需要的社区群体提供灵活、有针对性的服务	项目书模板
		通过设计、实施社区项目，积极完善社区、社会组织、社会工作者、社会慈善资源、社区志愿者的“五社联动”机制，凝聚及发展“五社”力量；通过社区项目的协同行动对社区公共事务进行有效治理，推进社区治理效能提升，构建共建共治共享的社区治理共同体	
街道（乡镇）层面行政协同工作	一般性行政协同工作	公共卫生安全。电话调查、信息核查	
		入户探访、调查研究、活动协同	
		社区行政窗口轮值。跟班学习、协助事务岗位开展工作	
	应急性行政协同工作	节假日或遭遇自然灾害影响时，协助相关部门进行应急处理和应急值班；为受突发事件影响的群众提供紧急庇护、需求评估、情绪疏导、压力疏解、情感支援、哀伤辅导、资源链接、政策宣传等服务	

续表

类别	工作事项	工作内容	辅助工具
村（居）层面行政协同工作	一般性行政协同工作	房屋调查。配合街道（乡镇）工作要求，参与适老化改造。对社区中高龄/残疾人家居环境进行调研，协助施工方对房屋进行评估，并制订适老化改造方案	
		创文创卫、防诈骗工作。配合街道（乡镇）工作要求，开展创文创卫、防诈骗主题宣传活动，做好痕迹材料保存，定期整理上报	
		协助村（居）服务窗口。定期在村（居）民委员会综合服务窗口（社会服务窗口）值班，解答来访村（居）民的疑问，并进行社会工作服务宣传	
	应急性行政协同工作	在村（居）遭遇突发事件影响时，协助村（居）进行应急处理和应急值班；为受突发事件影响的群众提供紧急庇护、需求评估、情绪疏导、压力疏解、情感支援、哀伤辅导、资源链接、政策宣传等服务	

第 2 章

如何做好社区调研

社会工作不仅是助人的专业，也是科学方法在实务上的应用；不仅是真理的追求者，也是真理的实践者，因此社会工作者必须做研究①。而社区调研是社区社会工作者重要的研究形式。社区调研是开展社区社会工作必不可少的环节，对评估社区需求、整合社区资源、建立社区关系等工作是重要且必要的。社工站社会工作者开展社区社会工作，需要通过社区调研收集社区资料，以了解社区需求、诊断社区问题、盘点社区资源、分析社区权力关系，并在此基础上设计适宜的服务方案。此外，社区社会工作开展一段时间（一年或更长时间）后，随着社区场景、服务对象等的变化，有必要再次开展社区调研，以及时调整工作方案，使得社会工作服务更加契合社区场景与群众需要；同时，这也是对服务成效的评估，即通过收集社区居民、相关社区组织的意见反馈，了解社会工作服务和管理的实际效果，为工作方案的动态调整、服务的深化与创新提供经验支撑。本章将从调研准备、调研方法、调研技巧、调研报告四个方面对社区调研进行介绍。

知识链接

社区调研的五大功能

1. 通过社区调研，了解社区需求与既有服务状况，挖掘社区资源，设计适宜的社区社会工作服务目标与内容。

2. 通过社区调研，探究社区组织状况、分析社区权力结构，选择社区

① 简春安，邹平仪．社会工作研究方法（上）［M］．上海：华东理工大学出版社，2018：3.

社会工作的行动路径与策略。

3. 通过社区调研，初步建立社区关系，为社区社会工作开展奠定基础。

4. 通过社区调研，促进社会工作者团队的磨合与成长。

5. 借助社区调研，进行实践反思，修正行动误差，提升社区社会工作服务的有效性。

第一节　调研准备

社区调研是一项系统性工作，既是了解社区需求、资源与问题的有效方法，也是开展后续社区工作的基础，在社区社会工作中的重要性不言而喻。社区调研的准备工作必不可少，是调研的开始，在调研的诸多环节中占据着重要位置。调研准备主要包括方案拟订、资料准备、物品准备、关系协调等。

一、方案拟订

调研方案是基于调研目的，按照工作推进的阶段与步骤，对调研工作与任务进行的规划和安排。社区调研方案一般包含调研主题、调研背景、调研目的、调研内容及对象、调研方法、实施计划、资料分析方法、进度安排、调研预算、风险及应对等内容。制订一个科学合理的社区调研方案，要做到明确调研目的、界定调研“参数”、细化调研内容、动员多方参与，才能保障调研的整体品质。

（一）明确调研目的

调研目的是指调研活动所要达到的预期效果，即社工站社会工作者通过社区调研获得的信息，既可以是对社区基本情况的了解，也可以是对社区问题的研判，或是对社区资源的盘点等。这与纯学术领域的社会调查研究有所不同，社会工作研究强调与社会工作实务的关联，取之于实务，用之于实务；社会工作者通过研究可以让我们达到叙述、解释、预测、干预、处置、比较与评估等目标，使社会工作者更能有效地做好实务[①]。对社工站社会工作者而言，社区调研主要是服务于社区社会工作服务的开展，了解社区需求或解决专业实践中的具体问题，是实践取向的调查研究。例如，社工站社会工作者常开展以需求为本、资产为本、社区为本等为角度的社区调查，以推进社区社会工作更贴近社区需求。

社区调研的目的引领着整个调研活动的推进。社区调研的目的是调研活动的出发点和归宿，处于统领位置，是有效组织调研活动各个阶段与环节的重要指引，是社会工作者设计和推进调研活动的努力方向，比如选用何种调研方法、确定多少被访者以及调动多少人力与资源等，都与调研目的密切相关。明确调研目的，就是要在社区调研方案拟订前多问几个为什么：为什么要开展这次调研？要达到什么目的？是为了了解需求、解决问题、整合资源、评估成效，还是为了推动服务转型？这些问题社会工作者都应该考虑清楚。比如，调研目的设定为：发掘社区的特色与优势，打造具有本社区特色的服务品牌。

案例分享

社区项目调研目的阐述

1. 通过深入实地，更为全面和系统地了解和掌握 C 乡农村社区发展的整体状况与水平。

2. 通过与 C 乡政府及其他相关部门的交流，增进各方的相互信任和了解，为今后的进一步合作奠定基础。

3. 选择 2~3 个农村社区（行政村或自然村），进行较为深入的社区调研，初步确定其中的 1 个社区作为未来项目的实施地点。

4. 在上述三个目标实现的前提下，与 C 乡政府及其他利益相关群体共同讨论和制订下一阶段的工作计划。

---

① 简春安，邹平仪．社会工作研究方法（上）［M］．上海：华东理工大学出版社，2018：2.

（二）界定调研“参数”

界定调研“参数”，是指对调研方案中设计的调研地点、调研对象、调研活动的起止时间、预算等参数进行界定。界定调研“参数”需要兼顾科学性与现实性，在遵循社会调查研究基本规律的前提下，综合考虑社区工作需要、资源与限制条件等现实因素。例如，个案类调研对象选取要突出代表性与典型性；调研方法的选取要考虑资源有限性、现实可行性以及与后续工作的关联性。

在调研过程中，通常会综合使用多种方法。对社会工作者而言，常用的调研方法主要有文献法、问卷调查法、访谈法、参与观察法、参与式评估法等。一份好的调研方案，不是对调研方法的笼统表述，而是要对调研方法如何实施作出具体安排，实现方案的可操作性。此外，在设计调研进度时，要结合调研内容、调研要求对调研进度进行细分，一般分为前期准备、调研开展和报告写作三个阶段，每个阶段再分出若干环节，便于过程管理，确保调研活动有序推进。

（三）细化调研内容

细化调研内容是指将需要观察及测量的社区社会事实按照某一逻辑维度进行拆解与分层。其目的是通过了解可以具体观察的指标，形成较为宏观整体的理解，最终形成可以具体操作、易于资料收集的调研课题。细化调研内容可以借助理论或分析框架来实现。以下选取社区需求分析框架、社区资源分析框架、可持续生计分析框架予以介绍。

1. 社区需求分析框架

社区需求是指社区中还存在哪些不足的地方。社区需求是不断产生又不断解决的，认识和发现社区需求是全面认识社区的最重要环节①。识别社区需求就要进行社区需求调研。细化社区需求调研内容可以借助需求理论来实现。首先，我们可以以马斯洛的需求层次理论为分析框架，从生理需求、安全需求、归属与爱的需求、尊重的需求、自我实现的需求 5 个维度，细化社区需求调研的内容。其次，我们以布雷德绍的社区需求理论为

① 高鉴国．社区工作［M］．济南：山东人民出版社，2013：182.

分析框架，可以从感觉性需求、表达性需求、规范性需求以及比较性需求4个维度入手，细化社区需求调研的内容。最后，以社会服务领域广为使用的需求理论，即生活领域的需求理论[①]为分析框架，可以从生理的（物质的结构与有机的过程）、心理的（情绪与情感）、心灵的（赋予生活意义）、社会的（与他人生活的关系）以及智能的（理性与智慧的思考）5个维度入手，细化社区需求调研的内容。

2. 社区资源分析框架[②]

可以从社区资源的“地、景、产、人、文”5个维度细化调研内容。

地，是指自然资源，包括社区地理环境、动植物资源、矿产资源等。

景，是指人文空间，包括社区景观、公共空间、家户空间、生产空间、水利空间、交通景观、历史纪念物、考古遗址等。

产，是指产业资源，包括农业、林业、渔业、牧业、矿业、工业、文化创意及服务业等。

人，是指人口资源，包括人口特征、历史人物、党员干部、社区骨干、艺术工作者、专业人员等。

文，是指文化资源，包括社区起源与变迁、族群互动、家族变迁、宗教信仰、社会团体、语言文字、教育、艺术特色、节日习俗、饮食习惯、传统服饰、传统住屋、休闲娱乐等。

3. 可持续生计分析框架[③]

可持续生计分析框架是对于农户生计，特别是围绕贫困问题的复杂因素进行梳理分析的一种方法。它将生计资本分为以下几方面。

人力资本，包括人员健康、营养、教育、知识和技能、劳动能力、适应变化的能力等。

---

① MUPHY J F，HOWARD D R . Delivery of community leisure service［M］. Philadelphia：Lea & Febiger，1977.

② 胡澎 . 日本“社区营造”论：从“市民参与”到“市民主体”［J］. 日本学刊，2013（3）：119-134，159-160.

③ 卢敏，成华威，李小云，等 . 参与式农村发展：理论 · 方法 · 实践［M］. 北京：中国农业出版社，2008：25.

自然资本，包括土地和产出、水和水产资源、树木和林产品等。

社会资本，包括社会关系和联系、亲戚、邻居、朋友、信任与互助关系、正式和非正式的组织、团体（成为成员）、公共准则和约束力、对外的集体诉求、参与决策的机制、领导能力等。

物质资本，包括基础设施，比如交通（道路、运输工具等）、安全的住所、饮水与卫生设施、能源、网络、通信等；工具和技术，比如生产工具、设备、种子、肥料、农药、传统技术等。

资金资本，包括储蓄、贷款或借债、养老金、工资或报酬等。

（四）动员多方参与

在拟订调研方案时，要根据调研任务确定人员组成与分工。调研人员的组成应尽量多元，要积极动员服务对象以及其他利益相关方参与调研。调研人员包括社区调研统筹者、调研的执行者、调研的志愿者、调研报告的撰写人以及调研后勤辅助人员等。此外，调研活动中的角色分工包括明确访谈者、记录者、观察者等。分工明确可以保障调研过程中必要的协同与合作，确保调研活动有序开展。动员多方参与可以保障调研资料收集的充分性与可靠性，可以将更多元的视角与经验带入调研的全过程，增强后续服务开展的可行性。

二、资料准备

在开展社区调研前，需要准备以下调研资料。

一是前期的文献资料。主要包括政策文件、学术文献、新闻报道、短视频资料等。通过对前期文献资料的收集与研读，可以提前了解调研主题、调研对象以及调研场域等基本情况，为调研的开展做好准备工作。

二是调研提纲和问卷。一般来说，社会工作者需要准备较为完善的调研提纲和问卷。社区调研提纲一般包括社区概况、社区历史、地理环境、人口状况、社区资源、社区需求和问题、社区现有的组织与服务等内容。就具体服务对象而言，调研提纲既可以从基本信息、日常生活、工作状况、身体健康、心理状况、社会需求、社会支持等方面着手设计，也可以基于理论框架进行设计。例如，既可以基于社区需求分析框架、社区资源分析框架、可持续生计分析框架展开，也可以运用社会支持理论从服务对象的正式社会支持与非正式社会支持两个维度设计。围绕同一主题，调查问卷所包含的内容与访谈提纲相似；不同的是，调查问卷需要将访谈中的问题转化为问题项，问题项的设计要符合问卷科学、规范的要求。

三是宣传资料。不同于一般学者开展的社会调查，社工站社会工作者开展的社区调研，需要在社区调研的同时增进调查对象对社工站及服务的了解，这有利于后续服务的开展。因此，在社区调研的同时，社会工作者需要提前准备一些有关社工站及其服务的宣传材料，或针对某一项目或活动的宣传资料。社会工作者可以在社区调研现场进行宣传或者随问卷一并发放，这将有助于社会工作者与调研对象建立关系，以及后期的活动开展，显著提升社区调研成果。

四是调研函件与调研简介资料等。社会工作者需要提前准备好由乡镇或街道相关部门出具的调研函件，这通常是初到社区或初次进行社区调研所需要的。除此之外，为了增进社区群众的信任，还应准备调研的简介资料，以提升受访者知情同意率，同时为配合社区调研做好准备。

三、物品准备

在社区调研中，社会工作者需要准备的物品有：笔、笔记本、大白纸、胸牌、便签本、饮用水、纸巾、服装等，以及根据调研需要可能涉及的照相机、录音笔、防晒防雨工具等。入户调研需要根据不同的情况准备一些小礼物，最好是印有社工服务站点或社会工作服务宣传信息的礼物。总之，需要在拟订方案时提前对所需物资进行梳理，根据实际情况选取，并做好预算、采购、配送等相关工作安排。

四、关系协调

若将社区调研实施中涉及的利益相关方罗列出来，就不难看出社区调研主要涉及的调研场域是村（社区），调研对象是村（居）民，调研执行者是调研人员（社会工作者、志愿者等）。首先，面对调研场域，调研人员要主动、提前与村（社区）的相关部门沟通，说明调研缘由与目的，以获得村（社区）的准许和支持，并在此基础上力争社区的协调与配合。其次，在调研对象选取方面，可以从对村（社区）干部的调研开始，这样既能掌握其个人信息，又能获得村（社区）层面的信息。更重要的是，在与村（社区）干部建立关系后，可以邀请村（社区）干部及其同事、社区骨干或志愿者骨干带领开展调研，由此拓展到更多的调研对象。最后，调研团队关系的协调。调研人员之间要根据调研的不同阶段、不同任务要求，确定合理的调研行程和分工，例如敲定调研阶段性总结会以及会议组织过程中的人员分工与协调。若调研中遇到新情况，要建立能够及时进行团队讨论与支持的机制，比如可以考虑设置调研督导者对调研中遇到的问题进行督导支持等。

案例分享

S 村村民服务需求调研方案（刘××，2022 年）

服务点：S 村社工服务点　　　　编号：

调研主题	S 村村民服务需求调查					
调研时间	×年×月×日至×月×日	调研地点	S 村			
调研对象	S 村村民	调研人数	300 人	统筹人	×××	
调研目的	为了使社工站的服务贴近村民需求，在社工站正式运作前和初期运作中，都有必要开展村民需求调研，从而充分掌握村情、社区资源以及社区需求，为社会工作者设计 S 村社区社会工作服务方案提供依据					
调研内容	1. 了解 S 村的村情。包括村的地理环境、人口结构、社区权力结构、社区文化、村规民约、风俗习惯、经济状况、政策支持与社会服务状况等 2. 盘点社区资源，包括社区基础设施、教育资源、医疗资源、社区组织等 3. 了解社区问题，分析村民对社会工作各服务领域的需求					
调研方法	1. 文献法。查阅网站、村史村志、村“两委”工作档案等，收集社区资料 2. 问卷调查法。调查 S 村妇女、儿童青少年、长者、特殊人群服务领域的现状及服务需求与建议 3. 访谈法。访谈社区领袖、普通村民和特殊人群，深入了解社区资源与社区需求					

续表

<table>
<tr><td>调研主题</td><td colspan="5">S 村村民服务需求调查</td></tr>
<tr><td>调研时间</td><td>×年×月×日至×月×日</td><td>调研地点</td><td colspan="3">S 村</td></tr>
<tr><td>调研对象</td><td>S 村村民</td><td>调研人数</td><td>300 人</td><td>统筹人</td><td>×××</td></tr>
<tr><td rowspan="17">调研过程</td><td rowspan="9">前期筹备阶段</td><td>日期</td><td colspan="3">工作内容</td></tr>
<tr><td>×月×日</td><td colspan="3">讨论调查计划、进行人员分工</td></tr>
<tr><td>×月×日至×月×日</td><td colspan="3">调查计划书撰写</td></tr>
<tr><td>×月×日至×月×日</td><td colspan="3">访谈提纲撰写</td></tr>
<tr><td>×月×日至×月×日</td><td colspan="3">调查问卷设计</td></tr>
<tr><td>×月×日至×月×日</td><td colspan="3">问卷、访谈提纲的修改、完善、定稿</td></tr>
<tr><td>×月×日</td><td colspan="3">社区调查员培训</td></tr>
<tr><td>×月×日</td><td colspan="3">联系村委会干部，通知、协调社区调查事宜</td></tr>
<tr><td>×月×日至×月×日</td><td colspan="3">问卷、提纲的打印，物品准备</td></tr>
<tr><td rowspan="5">调研实施阶段</td><td>×月×日至×月×日</td><td colspan="3">社区领袖、乡贤人士访谈</td></tr>
<tr><td>×月×日至×月×日</td><td colspan="3">文献查阅</td></tr>
<tr><td>×月×日至×月×日</td><td colspan="3">村民访谈</td></tr>
<tr><td>×月×日至×月×日</td><td colspan="3">问卷调查</td></tr>
<tr><td>×月×日至×月×日</td><td colspan="3">参与村民社区活动</td></tr>
<tr><td rowspan="3">调研结束阶段</td><td>×月×日至×月×日</td><td colspan="3">调研资料整理及分析</td></tr>
<tr><td>×月×日至×月×日</td><td colspan="3">调研报告撰写</td></tr>
<tr><td>×月×日至×月×日</td><td colspan="3">调研总结与评估</td></tr>
</table>

第二节 调研方法

社工站社会工作者常用的社区调研方法有问卷法、访谈法、参与观察法、焦点团体法、参与式农村评估、文献法等。社会工作者应根据所在服务场景的特点和研究目的，选择与之相适合的调研方法。

一、问卷法

问卷法是最常用的社会研究方法之一，也是社工站社会工作者在开展社区调研时常用的方法，适用于大规模的社会服务调查。要做好问卷调查，有以下三点注意事项。

一是访问的形式。访问的形式包括社会工作者实地访问、电话访问、调研对象自填问卷（即时收回、邮寄收回等）、集体访问等①。社会工作者需要根据实际情况选取不同的访问形式。比如，对社区长者的调查，实地访问更为适合；对社区返乡创业的大学生的调查，一般自填问卷即可。

二是抽取的样本。问卷调查选择的样本要有代表性，符合科学系统的资料收集和分析要求。尽管抽样时使用概率性抽样更加科学，但对于社会工作者而言较难实现。因此，在实际工作中一般不选择随机抽样，而是选择定额抽样、滚雪球抽样、家族抽样等非随机抽样，若有必要也可使用社区普查的方法。

三是问卷的设计。首先，在问卷设计时要考虑每一道题目的价值。比如，若问卷发放给参加过社会工作服务的人填写，问卷里还设计“您以前是否参加过社会工作者开展的服务？”意义就不大。其次，问卷结构要完整。问卷的结构要素一般包括标题、编码、封面语、指导语、题目、选项等。再次，问卷问题项的设置要科学。问卷问题项的表述语言要通俗，避免使用让被调查者感到陌生的语言，特别要避免使用过于专业的术语，因此，一般正式调查前需要进行语义测试。问题的编排应由浅入深、由具体到抽象，如若涉及开放式问题，一般不宜太多，且应放在问卷结尾。最后，问卷题目数量应根据具体调研项目而定。比如，没有条件提供的服务，问卷中可以考虑不设置相应问题项。此外，调研对象自填的问卷，应该在合适的地方附一个清楚的说明和介绍。比如在问卷结束时，可以说明：“最后，我们想要了解您

---

① 简春安，邹平仪．社会工作研究方法（上）［M］．上海：华东理工大学出版社，2018：177.

的一些基本信息资料，这样可以比较不同人群对社会工作服务的需求。”[①]

二、访谈法

访谈法对于社会工作者而言是一种重要的资料收集方法，是通过交谈来收集调研对象资料的一种方法。访谈法可以深入了解人们行动的背景信息，或是了解一些历史性资料，来对现在的行为进行解释[②]。与社区群众进行“交谈”是社会工作者的主要工作形式之一，社会工作者进入社区后，可以比较方便地通过问、听、观察得到更丰富的信息。社会工作者在实践中经常使用访谈法。访谈既是社会工作者与服务对象建立关系的开始，也是利用已经建立的关系获取信息的重要方式。根据上述要点，社会工作者在社区进行访谈时要做好以下几项工作。

（一）访谈前准备

1. 设计访谈内容

设计访谈内容时，要考虑访谈对象的身份与调研事项是否合适。设计访谈提纲时可以先在团队内部进行讨论，也可以通过角色扮演方式进行试访谈，修改完善后再确定访谈内容。访谈内容可以从经验或行为问题、意见或价值问题、感受问题、知识问题、感官问题，以及场景、社区、群体、组织、家庭、个体等维度展开[③]。

2. 选择合适的访谈对象和访谈场所、时间

选择访谈对象时，一般会选取比较具有代表性的对象。访谈场所应选择使访谈对象具有安全感与舒适感的场地，可以选择在访谈对象家里或者其他比较安静、不易受干扰的地方。访谈时间一般需要配合访谈对象的时间来确定。访谈时长要合适，根据研究目的的不同以及场景的限制，每次

---

① 艾尔·巴比．社会研究方法（第 10 版）［M］．邱泽奇，译．北京：华夏出版社，2005：247.

② 《社会学概论》编写组．社会学概论（第二版）［M］．北京：人民出版社，2020：393.

③ 简春安，邹平仪．社会工作研究方法（上）［M］．上海：华东理工大学出版社，2018：130-131.

时长亦有不同，一般宜在1.5小时以内，若有必要可以再次回访。实践中，社会工作者需要先通过电话或微信邀约访谈对象，向对方简要说明访谈目的，征得对方同意后，选择对方方便的时间，到约定地点进行访谈。

社会工作者一般两人一组进行访谈，并在访谈前做好分工。同时，两人一组进行访谈既可以对访谈过程中的安全有所保障，也可以对访谈信息进行相互验证。如有服务对象熟悉的人员带领社会工作者进入访谈场所，则更能取得访谈对象的信任。

3. 提前了解访谈对象的情况

在正式开始访谈之前，社会工作者要尽可能多地掌握访谈对象的情况，这样不仅有助于访谈的顺利进行和确认信息的真实性，而且能避免客观信息的重复询问。

（二）注意访谈技巧

在访谈时，社会工作者要做好自我介绍，如社会工作者的角色与职业定位、此次访谈对社工站工作开展的意义等，以提升受访者对社会工作者的认知度、接纳度与信任感，从而尽快进入访谈状态，顺利切入访谈内容。提问前，务必要做好准备工作，牢记受访者已知的信息，尽量避免无意义的重复提问。正式访谈开始时，要注意营造一种安全与轻松的交谈氛围，提问可以先从一些基本信息开始，再慢慢深入核心问题，最后提问敏感问题。在访谈的过程中，社会工作者要注意受访者的态度与情绪变化，必要时应给予鼓励与支持。访谈结束后，社会工作者应向受访者表达感谢或赠送小礼品，并邀请其来社工站参访或参加活动。此外，在访谈时要注意穿着得体大方，一般需穿社工站的统一服装或马甲。

（三）做好访谈记录

社会工作者的访谈分工最好安排两人一组。其中，对访谈对象、社区等情况较为了解的社会工作者A，可主要负责与访谈对象进行交谈；另一名社会工作者B，可主要负责对访谈内容进行记录。同时，社会工作者B可以根据访谈提纲及访谈进程情况，适时地对社会工作者A进行提醒，以避免访谈话题偏移及访谈内容遗漏，保障访谈顺利进行。由于访谈大多以口述、问答的形式进行，笔录的方式容易错记或遗漏部分访谈内容，社会工作者在征得受访者同意的情况下，可以对访谈过程进行全程或部分时段录音。访谈结束后，须及时对录音进行整理。若有 2 名以上社会工作者参与了访谈过程，负责整理录音的社会工作者须将整理出来的录音资料返回给参与访谈的其他成员或访谈对象进行补充、修正记录内容。具体选取何种记录方式，应结合调研需要与现实条件进行选择。

案例分享

D 村社工站社区调研

D 村社工站社会工作者团队通过制订调查计划、制订与完善问卷和访谈提纲、进行调查培训等社区调研前期筹备工作后，正式开展社区调研。针对 D 村各服务领域的现状及村民对各服务领域的需求，社会工作者主要采取问卷调查法开展社区调研。问卷调查工作分以下 4 个阶段进行。

1. 准备阶段

D 村社工站的 5 名社会工作者合理分工，根据自己擅长的服务领域分别负责妇女家庭领域、长者领域、儿童青少年领域、志愿者领域和特殊人群领域的问卷调查。5 名社会工作者分别针对 D 村各服务领域设计相应的调查问卷，并进行试调查以完善问卷。

2. 调查阶段

社会工作者在村民议事会成员的带领下，前往各村民小组入户向村民发放调查问卷。对于识字的村民，社会工作者让村民自填问卷；对于不识字或识字少的村民，则由社会工作者对村民进行访问代填问卷；对于村民理解不清的问题，社会工作者及时作出解答，避免出现村民错答、误答、缺答、乱答等情况。问卷填写完毕，社会工作者及时回收。

3. 研究阶段

社会工作者首先对回收的问卷进行筛查，剔除无效问卷；然后对问卷进行编号，把问卷逐一录入问卷分析软件；最后对问卷结果进行分析。负责各服务领域调研的社会工作者根据问卷分析结果撰写各服务领域的调查报告，完成后提交给社工站项目执行主任Y。Y审阅后把各服务领域的调查结果进行整合，并撰写《D村村民服务需求调查报告》，然后把报告提交给机构督导，在机构督导的指导下对报告进行多次修改后形成最终版的《D村村民服务需求调查报告》。

4. 总结阶段

D村社工站的社会工作者召开问卷调查总结会议，对问卷调查工作进行评估和总结。

在开展调查过程中，社会工作者通过积极参与小组聚会、文娱活动等村庄公共活动与D村村民混个“脸熟”，通过实地访谈等形式向村民了解D村情况、服务需求等信息，使村民对社会工作者及社工站的服务有了认识和了解，为社工站后续服务工作的顺利开展奠定了良好基础。

三、参与观察法

参与观察，即观察者和被观察者一起参与活动，在相互密切接触和直接体验中倾听和观看他们的言行[①]。在社区调研中，社会工作者作为观察者进入服务对象所在社区或家庭，获取他们的信任，既要系统地用书面或影像资料详细记录所听到和观察到的事情，也要对自身在现场的见闻、感想或者反思进行记录和书写。参与观察是大多数社会工作者都有机会使用的方法，因为社区走访、家庭走访是社会工作者必须做的工作。但是，做好参与观察并非易事。它要求社会工作者必须具有一定的专业素养，不仅要观察服务对象的行为或活动，还要保持专业距离以便适度地观察和记录资料。

参与观察法是社会工作者进行社区调查时常用的一种方法，是社会工作者积极收集资料的一种方式。在实践中，社会工作者可以到街心公园、活动中心、商店等人们经常聚集的日常活动场所进行参与观察，通过与人

---

① 陈向明．质的研究方法与社会科学研究［M］．北京：教育科学出版社，2000：228.

们自然交流和近距离观察其行为方式，了解真实的社区生活状态，从而为建立社区关系奠定基础。需要注意的是，这种观察并不是完全被动的，不能停留在做一个纯粹的观察者，应积极与被观察者交流[①]。参与观察法的优势在于能够突破调研对象表达能力的局限，了解社区成员的现实生存状况和潜在需求，进而获得真实、详细、生动的资料；也可以通过与社区成员的接触，建立和潜在服务对象的初步信任关系。参与观察的缺陷在于，只适合正在发生的社会现象，对已经发生的社会现象无能为力。

参与观察法的步骤可以概括为以下 5 点[②]。

一是确定参与观察场域。

二是取得同意后进入参与观察场域。

三是建立良好关系。

四是实地参与观察工作概要，具体包括：谁、做什么、何时、何地、为什么以及如何做六大要素。

五是实地笔记与深度访谈记录，具体包括：空间、行动者、活动、主题、行为、事件、时间、目标、感受等的记录。

四、焦点团体法

焦点团体法，又称焦点团体访谈法，起源于社会学的群体访谈和历史学中的口述史研究。焦点团体法具有许多个别访谈不具备的优势，可以发挥独特的作用，其中比较突出的优势有：访谈本身作为研究对象；对研究的问题进行集体性探讨；集体建构知识[③]。

社会工作者在正式进行焦点团体访谈之前，需要做一些必要的准备工作[④]。

---

① 徐永祥．社区工作［M］．北京：高等教育出版社，2004：172-173.

② 胡幼慧．质性研究：理论、方法及本土女性研究实例［M］．台北：巨流出版社，2005：169-182.

③ 陈向明．质的研究方法与社会科学研究［M］．北京：教育科学出版社，2000：212.

④ 同③：219-221.

一是焦点团体访谈中社会工作者的角色定位。在访谈中，社会工作者不是一个提问者，而是一个中介人、辅助者或协调人，并要想办法将谈话的主动权交给参与者，鼓励他们即兴发言，积极参与讨论。

二是焦点团体访谈的设计要更加“开放”。一般而言，访谈结构要根据研究目的而定，但与个别访谈不同的是焦点团体访谈的提纲应该更加灵活机动。

三是焦点团体访谈的抽样数量不要太大。团体的样本数量，一般为6~10人。在挑选参与者时应注意其同质性，因为具有同质性的成员通常有比较多的共同语言，相互之间比较容易沟通。如果成员间差异太大，则会产生戒备心理，导致访谈难以进行。

焦点团体访谈获得的资料，既可以进行总结式直接分析，也可以按系统编码后进行内容分析（内容分析可以直接引用受访者的发言内容）①。对社会工作者而言，通过焦点团体进行调研的目的不是达成共识，而是界定出服务需求，整理出共同性需求及个别性需求。

五、参与式农村评估

参与式农村评估（Participatory Rural Appraisal，PRA）在20世纪90年代被引入中国，是发展领域盛行的一种被认为是快速收集农村社区资料，了解民众发展愿望和发展途径的重要方法；同时被认为是能够促使村民加强对自身和社区的理解，且能与社会工作者一起分析所在社区的生活状况并一同制订改善计划的有效方法②。参与式农村评估更多是从项目设计与介入的角度更有目的性地收集资料，为设计项目活动提供论证。评估小组基于可持续生计分析框架，通过入户访谈、小组会议、关键人物访谈、社区大会等形式，有针对性地快速获取村民需求与问题，以及应对方法与资源等。参与式农村评估的主要任务是快速了解居民所面临的困难、

① 胡幼慧．质性研究：理论、方法及本土女性研究实例［M］．台湾：巨流出版社，2005：196.

② 卢敏，成华威，李小云，等．参与式农村发展：理论·方法·实践［M］．北京：中国农业出版社，2008.

所拥有的资源以及可能的改变策略、方法。参与式农村评估常使用的工具有：社区大事记、社区资源图、社区图、农户住户类型划分图、社区机构分析图、妇女流动图、季节历或一日图等①。

六、文献法

前述几种研究方法都具有一个共同的特点，即它们都会接触研究对象，都要直接从研究对象那里获取第一手资料，文献法则不同。文献法是指通过阅读、整理、分析文献材料，进行研究的方法。所谓文献（literature），其原义主要包含各种信息的书面材料或文字材料，但随着社会的发展，信息传播的载体越来越多样化，因而可以将文献定义为包含我们希望加以研究的现象的任何信息形式②。文献可包括政策文件、学术文献、新闻报道、档案资料、回忆录、自传、工作报告、社区历史志、社区或社会工作者过往的服务资料、评估资料等。通过阅读、整理和分析相关文献资料可以获得对研究对象的认识与理解。

案例分享

社会工作者征得村干部支持同意后，前往村档案室查阅关于村情的文献资料和工作记录。征得村档案室管理员同意后，对一些可拍照的文献资料和档案进行拍照；不方便拍照的，用笔记本记录下其中有效的信息。通过查阅村情资料和村“两委”、议事会的工作档案，社会工作者对村庄的基本情况（如历史沿革、人口结构、权力结构、经济状况、基础设施等）以及利益相关方的情况（如政府对村庄的扶持、村庄与企业的合作、村庄社会组织的运作等）有了系统的了解。

---

① 路易莎·戈斯林，迈克尔·爱德华兹．发展工作手册［M］．北京：社会科学文献出版社，2007.

② 风笑天．社会研究方法（第四版）［M］．北京：中国人民大学出版社，2013：204.

第三节　调研技巧

一、如何选择调研对象

社会工作者开展社区调研，既是社会工作者的本职工作，也是一项科学研究工作，应遵循社会研究的基本规律。基于此，可以从社区社会工作与调研方法两个角度选择调研对象。

（一）基于社区社会工作的工作条件选择调研对象

1. 经常在社区遇到的人

社会工作者在社区走访或开展服务时，会看到社区有一些经常参与活动或闲聚的人员，他们可能是时间较为充裕的人，多数乐意参与社会工作者开展的调研活动。同时，他们作为本地人，了解社区的基本情况和一些特殊家庭的情况。因此，社会工作者可以先从这些群体展开社区调研。这样既可以了解社区情况，也可以为正式调研积累调研对象，还可以为社工站发掘参与活动的积极分子。

2. 村（居）委会干部与工作人员

社会工作者的工作开展一般会接触村（居）委会干部与工作人员。村（居）委会干部与工作人员大多在社区里有影响力，有的还是村（居）里德高望重的人或能力突出的人。通过对他们的调研，可以获得有效的社区信息。此外，他们的工作性质也决定了他们更有机会全面了解整个社区的基础建设、发展规划、居民生活生产等情况。找这些人调研，可以帮助社会工作者快速摸清社区整体样貌与特殊情况，也便于社会工作服务更好地与社区总体发展保持一致，从而形成合力，更好地扎根社区、服务社区。

3. 社区里的权威人士

社区的权威人士（如乡贤、经济发展带头人等）在社区具有一定的声望，一般受社区群众的尊重，有一定的号召力。对他们进行调研有利于社会工作者了解社区关系网络，挖掘本地的风俗习惯以及传统文化等，也能为社会工作者融入社区奠定基础。

4. 社区里的重点或潜在服务对象

社区工作的重点服务人群决定调研人群，选择什么样的调研对象取决于调研到底想要了解或解决什么人的问题。比如，想要了解村（居）民对于社区某项活动的满意度和评价，那么选择的调研人群应当来源于参加过该活动的村（居）民；如果社工站倾向于服务某一群体，那么社会工作者进驻社区开展服务时也要有所侧重。因此，服务开展前所调研的对象选择与社区重点或潜在服务对象是一致的。

（二）基于调研方法选择调研对象

根据采取调研方法的不同，调研对象的选择也不同，包括调研对象的数量、范围、性别等都有所不同。其中，量化研究和质性研究二者有非常大的区别。例如，量化研究常采用问卷法作为收集资料的方式，问卷法适宜于大规模的社会调查，且有一套系统的、特定的程序要求。社会工作者若使用该方法，则在调研对象的选取上要根据科学原则进行，具体调研数量需根据所用量化研究方法而定。但要考虑社区规模的差异，例如比较小的社区，一般则会选用普查的方法进行。

质性研究中常使用的调研方法包括访谈法、参与观察法、焦点团体法等，选择调研对象时要考虑典型性。比如，若选择焦点团体访谈的方式调研社区资源，从熟悉度上讲，调研对象需要对社区熟悉，且对社区资源有一定的认识，表达能力也要较好，因此，可以寻找物业管理人员、社区骨干以及社区居民代表等作为主要报告人；若要访谈社区融合情况，调研对象则应该包括社区的“外来人员”，他们更能呈现社区融合类服务的提供方向。

二、如何获取调研对象的信任

社会工作者开展调研时，往往会引起村（居）民的注意。在农村社区，这一点更加明显，社会工作者要巧妙利用村（居）民的“注意”与村（居）民建立关系，这也是关系建立的开始期，社会工作者以何种身份、形象出现尤为重要。

第一，社会工作者应巧妙使用标志性工装、胸牌、宣传资料等获取调研对象的信任。标志性的工装等不仅有利于社会工作服务的宣传，也有利于调研对象更好地了解社会工作。如果当地社会工作发展较为成熟，使用标志性工装、胸牌则更容易获取调研对象的信任。

第二，社会工作者应做好开场与访谈前的说明。在开场方面，如果是进行访谈，社会工作者进门后须先“自报家门”，即向受访者表明自己所属的部门、单位，获取调研对象的信任。再者，社会工作者可以从一些日常的寒暄开始，来拉近两人的距离。通过与调研对象“拉家常”，讨论风俗、近期社区的焦点事件、社会热点新闻以及受访者感兴趣的话题等打开双方谈话的局面，逐渐消除双方的紧张感，为访谈营造相对轻松的氛围，达到建立信任关系的目的。在访谈前的说明中，社会工作者要表述清楚此次访谈背景、主要目的、可能涉及的问题、计划安排、访谈时长、资料用途、保密承诺等，通过开诚布公的表达获取调研对象的信任，这也是专业伦理的要求。

第三，社会工作者在调研过程中通过专业素养获取调研对象的信任。首先，社会工作者应秉持尊重、真诚、非评判等专业价值理念，尊重调研对象，与调研对象沟通时要专心、专注，不要心不在焉。悬置自己已有的知识和经验，不作主观臆断的评价。其次，在访谈过程中，社会工作者可以根据调研对象讲话的内容，观察调研对象的面部表情、眼神、手势、姿势等非语言信息，判断调研对象的状态，给予适当的支持与回应，拉近双方的距离，建立信任关系。比如用社区居民熟悉的语言，最好能用本地方言，不要用专业化的术语；让社区居民听清楚问题，气势上不要咄咄逼人；肢体语言要运用恰当，不要有过分夸张的动作，如用力拍打；注意面部表情的变化，比如眼神中透露出同理心或好奇、或尊重、或感兴趣；通过点头等方式表现出赞许、同理等。面对面调研时，社会工作者与访谈对象座位的位置，最好采用个案面谈中社会工作者与服务对象的座位位置，但社区访谈也不一定要严格按照个案面谈的要求，可根据现场实际情况进行调整，如高矮板凳的选择等，让访谈者能够以自由、舒适的姿态进行访谈。这就要求社会工作者在访谈或问卷调研之前需要接受专业训练或督导。

此外，信任的建立完全依赖技巧还不够，还需要做好相应的准备工作，包括查看和了解调研对象的基本情况、家庭状况、兴趣爱好等；特别需要保持文化敏感性与性别敏感性，学习在地文化，见机行事。

三、如何提出问题

虽然社会工作者在进行面对面访谈提问时有事先拟定的访谈提纲，但在访谈时如何提问和引导对整个访谈的进行非常重要。好的提问可以鼓励和引导调研对象充分表达，达到事半功倍的效果。社区调研中的提问应保持中立、把握访谈主题、注意时间顺序、使用简练语言、考虑对象特点。下面介绍一些提问技巧供大家参考。

首先，调研前的提问最好以开放式的问题为主。例如，“我看你好像很累的样子，最近在忙些什么?”

其次，提问的问题类型可以是接触性、试探性、过渡性、检视性提问等。例如，若是检视性的提问，就要对调研对象作出的描述进行验证，即要随时概括调研对象的话语，采取对质、澄清、摘要等技术，然后询问调研对象的意见，比如“你的意思是说……，是这样吗?”对于调研对象遇到的问题则要及时追问确认。

再次，提问顺序要由浅入深、由简入繁。若要转换话题，可按照受访者思路提问，使用过渡性问题，善于引导（归纳、摘要、中断）。

最后，社会工作者可以让调研对象自述故事或某个事件，社会工作者则从旁协助完成叙述。比如，社会工作者可及时追问该事件发生的时间、地点、参与人员以及发生了怎样的故事，这件事对被访谈者有何影响，当时是如何解决的，结果怎么样等。社会工作者也可以根据问题的分类围绕 STAR 原则进行提问，即 Situation（情境）、Task（任务）、Action（行动）和 Result（结果）。具体参见表 2. 1。

表 2.1 围绕 STAR 原则提问

类型	提出的问题
Situation（情境）	这件事发生在什么时候？ 是什么原因导致这样的境况？ 这个过程都有谁参与？ ……
Task（任务）	您在这个工作中的主要任务是什么？ 您面临的主要任务是什么？ 为了……达到什么样的目标？ ……
Action（行动）	在当时的情况下，您采取了什么样的行动？ 您如何看待这个问题？ 您的感受是什么？ 您内心想要做的是什么？ 是什么样的想法让您做了那样的行动？ ……
Result（结果）	最终怎么样了？ 该过程中又发生了什么？ 您最后完成的结果是怎样的？ ……

四、如何解决张力与矛盾

在进入社区进行调研时，可能会遇到一些意想不到的事情，从而影响调研的顺利开展。从调研的整个过程来看，主要有三种类型的矛盾与挑战。

（一）团队内部的矛盾及其解决方式

因价值观差异、知识结构不同、专业水平悬殊，社会工作者看待问题的立场与观点也会有差异，加之许多时候社区调研要组织志愿者一起参与完成，因此诸多因素导致调研团队内部充满张力，甚至矛盾重重。为了寻求张力与矛盾的解决之策，调研人员需要做以下三方面准备。首先，明确调研的操作规范，并对参与人员进行培训。其次，团队内部要明确成员的分工与合作关系，一开始就要避免一些没必要的内耗。最后，社工站要为调研团队设置调研督导。较为理想的状况是，调研团队设置一名调研督导，同时由具有丰富社区调研经验的社会工作者担任调研协调人，负责组织其他参与者开展社区调研。当在调研过程中产生团队矛盾时，由督导进行调解和处理。在调研过程中，应支持与鼓励团队成员之间对于不同的理解多讨论，力争达成共识。对于讨论无法达成共识的问题还是应及时寻求调研督导的协助，避免意见分歧或工作矛盾发展成人际矛盾。

（二）社会工作者与调研对象的张力及其解决方式

社会工作者与调研对象发生张力是指在访谈过程中因特殊或突发情况而导致的受访者消极甚至拒绝接受访谈的情况。比如调研对象本身并不乐意接受调研，只是迫于某种外在压力勉强答应，在访谈过程中可能会不太配合回答问题；或者访谈过程中因社会工作者的表达方式导致受访者消极甚至拒绝接受访谈的情况。针对上述情况，可以采取以下方法解决：一是社会工作者可以在调研时借助调研对象所在的村（居）委会、熟人、同事等介绍，获得调研对象的接纳。二是通过多种渠道了解调研对象相关情况，掌握一些基本信息，如个人问题、擅长话题等，以便在调研访谈中找到共鸣点。三是社会工作者在调研时可以带着调研函、小礼物等，与调研对象个人及其家庭成员打好“感情牌”。四是调研访谈中，若调研对象情绪激动，或者强烈排斥，在安抚下仍然无济于事，社会工作者应立即停止访谈，礼貌离开。五是针对调研对象在调研过程中提出的一些个人诉求，社会工作者可与调研对象展开一定程度的交谈，做好记录，并予以跟进。此外，在调研互动中语言应尽可能简单明了，避免冗长和啰唆，否则容易让被调研对象产生不良情绪。

（三）社会工作者与社区层面的潜在矛盾及其解决方式

社区需求调研不仅是对服务对象开展需求调研，还包括对社区基本情况的了解。在进行社区调研时获得社区“守门人”的基本许可很重要，若处理不当有可能发展成社会工作者与社区“守门人”的矛盾。“守门人”是指能够给予社会工作者在社区开展调研基本许可的人群，比如村（居）委会主任。因此，社会工作者进行社区调研时有必要先去拜访相关的“守门人”，向其讲明自己的身份、调研目的、具体工作开展方式、调研计划等事项，并了解这些“守门人”的期待和建议，必要时需带政府相关部门出具的调研函。此外，也要拜访村（居）里其他关键角色，如村支书、物业经理、业委会代表等，对开展的社区调研加以说明，以获得他们的支持，避免产生矛盾。

五、如何做好调研记录

准确记录访谈内容对于日后的资料分析有重要价值。在实际操作中，做调研记录主要涉及人工记录和机器记录两类。

（一）现场人工记录

一般来说，采取个别访谈的社会工作者可以边访谈边简要记录，也可安排专人记录；在集体访谈中，社会工作者可以考量安排专人记录。现场记录主要是记录调研对象所表达的内容；也可以记录社会工作者在调研过程中看到的场景与事物，如调研环境、调研对象的行为、表情、反应等；还可以记录社会工作者自己在调研现场的感受和体会。人工记录要注意提高笔记速度，事后还要及时进行整理，把记录不完整的内容和没有记录下来的内容及时补充完整。同时，社会工作者要避免只埋头做记录而忽视了对调研对象的适当回应及环境的变化。

（二）借助设备记录

在进行调研时，为了获得完整的调研记录，在征求调研对象本人的意见，获得同意后，最好能对调研过程进行录音或者录像，这就要借助一些设备，比如摄像机、录音笔、手机等。这样可以避免笔记的误差，使得整个调研情境可以重复、再现，便于日后资料的分析和整理。当使用辅助设备时，要事先检查设备是否运转正常，比如设备是否有充足的电量，录音器材的摆放位置是否可以保证音质清晰。如果是摄像器材，则要放在调研对象稍侧面的位置，不要放在正面，避免调研对象产生不必要的心理压力。不管是采取哪种方式记录，都要注重时间、地点、人物、事件等核心信息。

此外，也需要对社区调研的实施过程进行记录，并及时归档，以完善社工站的痕迹管理材料。

六、如何做到资料收集的“客观性”

社会工作者在社区调研中多使用“主观”方法收集资料，但在研究态度与资料收集方面却应尽量“客观”，这就需要借助“三角测定”增进研究的客观性。三角测定指在研究相同的现象或方案时使用多种方法。三角测定分为四种类型①。

一是资料的三角测定。在研究中利用不同的资料来源。

二是研究者的三角测定。指定不同的社会工作者作为研究人员与访谈人员。

三是理论的三角测定。使用多种观点取向去诠释一组资料，比如可以考虑从增能视角、多元文化视角、批判视角、关系视角、生态系统视角等中选用合适的理论视角诠释所收集的资料。

四是方法论的三角测定。以多种方法去研究一个社区问题或社会工作方案。

社会工作者若在社区调研中持有三角测定的社区调研态度，一定可以使研究结果更加丰富、客观，更好地应用于实务工作中，为社工站社区社会工作的发展贡献知识与经验。

案例分享

D村社工站的社会工作者在调研前期，分别拜访了村“两委”干部、村议事会成员以及居住在本村及周边村庄的乡贤人士。调研采用非结构访谈法进行访谈，通过访谈，社会工作者对D村的历史沿革、民风民俗、村庄资源、发展规划等信息有了一定的了解，在访谈中也增进了与处于村庄权力中心或在当地有一定影响力的人物的相互了解和信任，获得了他们对社区调研的支持——村“两委”干部同意社会工作者到村档案室查阅关于村情的资料和村“两委”、议事会的部分工作档案，议事会的成员同意协

① 简春安，邹平仪．社会工作研究方法（上）［M］．上海：华东理工大学出版社，2018：124.

助社会工作者到他们所在的小组开展调研。

在村档案室查阅资料的过程中，社会工作者征得管理员同意，获得了D村村民的花名册，负责各服务领域的社会工作者根据花名册上村民的信息，精准选择调查对象，并在村民议事会成员的带领下前往村民家进行入户访谈。

负责D村长者领域需求调查的社会工作者A和社会工作者B在一位村民议事会成员的带领下前往72岁的村民C家进行访谈，在路上向同行的议事会成员了解了村民C的个人信息和家庭信息。见到村民C，社会工作者A首先进行自我介绍，说明来意，请求支持："陈爷爷您好，我是社工站社会工作者×××，我们近期在做村民对社会工作服务的需求调查，我想耽搁您30分钟左右的时间，聊聊您对村老年人服务的看法和需求。希望您支持和配合！"村民C见社会工作者A彬彬有礼，加之看到熟人带领，答应受访。社会工作者A进一步向村民C说明此次访谈的背景和主题，并说明，"此次访谈的内容我们会予以保密，只用于此次调查分析，不会随意泄露，希望您不要有顾虑"。打消村民C的顾虑后，社会工作者A首先问一些比较轻松、对方容易回答的问题，如"您最近身体怎么样""最近您在忙啥呢"等。村民C回答后，社会工作者A顺着这些话题与他聊到访谈的主题，从自然而流畅的对话中社会工作者了解了村民C对村老年人服务的意见和建议以及他的需求。

在访谈过程中，社会工作者A负责访谈，社会工作者B负责记录。社会工作者B除了在现场用笔记本记录重要信息外，还征得村民C同意，用录音笔记录了完整的访谈内容，以便后续进行资料整理分析。

第四节　调研报告

撰写调研报告是整个调研工作的最后一环，也是呈现调研成果的重要一步。当完成资料分析之后，社会工作者应及时撰写调研报告。调研报告要立足工作实际，把握好以下4点：一是标题与内容呼应，结构合理。二是详细整理素材后，要认真分析素材，注意资料的逻辑性和完整性，并努力挖掘其中蕴含的规律，寻找与社会工作实践的关联性。三是运用好典型案例，叙议结合，做到观点与素材的有机组合。四是力求表达精准，语言通俗易懂、朴实流畅，言之有物。从社会工作实践角度看，调研报告的撰写有一定的格式与规范，应该包括标题（副标题）、绪言、调研方法与过程、分析与发现、结论与建议、参考文献等内容。

一、标题

标题必须准确表达调研报告的主题，比如《D 村村民社会工作服务需求的调研报告》。标题是调研报告全文的“眼睛”，要表意明确，通过标题可以使读者基本理解调研报告的主旨。若有必要，可以通过添加副标题，进一步明确调研报告的主旨。

二、绪言

绪言主要包括问题叙述与文献讨论。本部分要讲清楚调研背景与意义、宗旨与目标，并对问题进行叙述、对基本概念进行界定。值得注意的是，社会工作者所开展的社区调研，通常是为了了解和评估某一社区的问题、需求、资源、权力关系等。因此，绪言部分就特别需要介绍清楚调研组织者的调研背景是什么，究竟想了解什么，以及社区调研与社区社会工作实践的关系是什么。除此之外，还需要有一定的针对已有相关研究成果、实践经验的文献讨论。

三、调研方法与过程

调研方法与过程主要是回答如何调研的问题，具体包括调研方法的选择、调研对象的选取、资料的收集整理与分析的方法与过程、调研资料的检验，以及将不同类型的调研对象分别进行呈现，对调研对象的代表性进行详细介绍等。调研方法的具体实施要有所呈现，调研内容的写作要全面、准确，资料收集的注意事项要说明，资料的分析方法要列清，资料的可信度要足够。此外，还需要从社会工作专业介入的角度，简要说明社会工作介入与社区调研的关系，比如社会工作者如何进入社区、建立关系与实施调研等内容。

四、分析与发现

分析与发现是调研报告最重要的主体，也是焦点所在，是将分析的资料进行呈现，将研究发现叙述清楚。这就涉及资料的种类、分析的方法、呈现的方式以及是否需要作附加的解释等问题①。一般而言，量化调查可以直接用数据、图表等形式呈现，质性调查方法可以考虑按照主题、时间顺序、事件情节、不同场景、实践过程等主轴进行呈现。比如，按照时间顺序，就可以以时间为轴线呈现社区生计、社区需求、社区资源等的变化脉络；按照事件情节，就可以以事件的情节为轴线呈现社区事件，如“龙舟赛”“村史馆修建”等。社会工作大都以主题或领域的方式呈现研究发现，比如D村村情分析、D村儿童青少年服务需求分析、D村妇女家庭服务需求分析等。值得一提的是，若是对过往社会工作服务实践经验或模式的调研，则可以依据实践发展的历程进行呈现，这样读者可以清晰地看到社会工作实践推进的过程脉络与实践逻辑。总之，不论用哪种呈现方式，除了遵循表述的清晰性、通俗易懂性、科学严谨性等原则外，还要考虑何种呈现方式更有助于社会工作者及社区组织工作者的理解，以及何种呈现方式更能将社区的特质、群众的智慧以及社会工作的经验呈现出来。

五、结论与建议

本部分的结论是总结性、综合性的结论，有别于各章节的小结，其抽象层次应较各章节小结的内容更高。就建议而言，应坚持一个基本原则，即研究有多少建议取决于研究有多少发现，避免将平时工作中积累的想法借此机会进行表达。研究建议要回应研究主题、需求和问题，凝练分类，不宜太分散；应基于团队能力、政策及资源条件进行行动策略规划；应突

---

① 简春安，邹平仪．社会工作研究方法（上）［M］．上海：华东理工大学出版社，2018：191.

出社区调研对社会工作实务的意义和贡献，尽量将每一个研究发现引申至社会工作具体实务上。基于此，通常会提出行动建议，比如如何基于调研结论优化或调整服务方案等。因此，调研报告中的每一个建议都应以“根据研究的 XX 发现，建议在 YY 的实践场域中应该做 ZZ 的配合或改变”为基本模式①。与此同时，还要在报告的最后展开对本次社区调研的反思，指出调研中存在的问题、限制与难题，并提出未来完善社区调研的对策与建议等。

六、参考文献与附录

调研报告正文撰写完成之后，需要对有关参考文献（书籍、论文、报刊以及引用到的社区、同行或官方的资料等）按照规范的格式进行罗列。附录的内容一般包括调查问卷、访谈提纲、被访者名单以及相关的表格等。

---

① 简春安，邹平仪．社会工作研究方法（上）［M］．上海：华东理工大学出版社，2018：198.

第 3 章

如何做好社区活动

第一节 社区活动策划与设计的关键要素

在社区社会工作中，“活动”既是名词又是动词，既是达到目标的过程，又是成果的重要呈现方式，也是成果本身。因此，一场好的活动是推动目标实现、完成项目任务的重要载体。如何举办一场好的活动、充分发挥活动的价值与意义，则取决于活动内容的设置、安排与管理。本节以社区活动策划与设计为核心内容，讲述活动时间选取、活动地点选择、活动内容设计、活动形式呈现、活动资源配置 5 个方面的实操方法。

一、活动时间选取

社区活动的时间直接影响参与者逗留时长、活动受关注程度、参与规模等。因此，时间的选择十分重要。此处讲述的“活动时间选取”，是指活动举办时间的选取以及单次活动时长的选取两项内容。

社区活动的时间选取一般考虑以下三方面因素。

第一，目标参与对象。在一场社区活动中，目标参与对象通常包括服务对象、志愿者、支持者、重要嘉宾、关键意见提出人员等，这些对象通常可分为从业人员与无业人员，具体活动时间应根据最核心的目标参与对象的时间而定。针对正常从业的目标参与对象，活动时间最好安排在午间、傍晚以及周末的下午；针对无业的目标参与对象，活动时间应根据其行动能力和作息规律进行具体分析。特殊情况下，要根据参与对象的特殊需求为其安排活动。

第二，活动主题。若围绕节庆主题举办活动，则活动开展时间最好定在节日之前或当天；若节日涉及小长假或长假，活动举办时间最好定在假期第一天或是最后一天；若节日是在假期中间的某天，应尽量避免在当天举办活动。若围绕紧急特殊事件（突发事件）举办活动，则应遵循及时、可行原则。

第三，活动形式与规模。社区活动形式一般包括培训、沙龙、工作坊、会议、表演、展览、体验、社会实践等。表演、展览、体验等形式的活动通常为非限定参与类活动，需要吸引自然人流量形成一定的活动规模，因此该类活动时间定为下午、傍晚、周末为宜；培训、沙龙、工作坊、会议、实践等形式的活动通常为限定参与类活动（目标人群及人数都有限定），此类活动的时间选择可按主办方需要或根据目标参与对象情况具体分析而定。

单次社区活动时长选取相对简单，一般参照活动目标、活动类型、参与对象灵活决定。例如，针对低龄儿童的活动，建议时长不超过 40 分钟，参与人数以 10~15 人为宜；一定规模的知识类活动，建议时长不少于 1.5 小时，最好不超过 1 天；户外互动性较强的活动，建议时长不超过半天，且应设置休息时间及休息场所。

二、活动地点选择

地点的选择将直接影响活动布展的难易程度，包括宣传、引流的成本投入，以及参与者的到达情况等。此处讲述的地点只针对线下活动地点。

对于一个社区来说，开展活动的地点通常以“社区有什么场地可用”为导向。而事实上，线下地点的选择较为考究，活动场地环境与活动主题的匹配度、车程及到达的便利度等都是重点考量的指标。线下活动需要考虑的要点包括：

- 场地规格与容量是否匹配？
- 场地使用是否需要付费？
- 场地使用档期是否合适？
- 是否有足够的布展时间？
- 场地清扫、维护是否有较多的注意事项？
- 使用该场地是否需要办理特别手续，如到派出所报备审批等？
- 场地及场地周边是否有安全隐患？
- 场地使用与参与者到达是否方便？
- 场地管理方能够提供什么支持？提供额外支持是否需额外收取

费用？

- 场地布置方面的成本投入是否可以全部承担或者部分承担？
- 场地其他设施、功能是否齐全？例如，卫生间、贵宾休息区、工作人员工作区、广告展示载体、储物区、电力系统、网络、用水等。
- 场地及工作人员是否有相适应的承接能力？

选择场地时，可根据以上事项清单判断是否适用。

三、活动内容设计

活动内容设计可采用“五三三”公式分析得出。“五三三”公式指五大切入点（需求、资源、兴趣、专业、环境），每个切入点回应三个问题，每个内容设计遵循三个原则。在内容设计过程中，五大切入点可以选一个点作为内容设计依据，也可同时选多个点。详见表 3. 1。

表 3. 1 “五三三”公式表

切入点	回应的问题	内容设计依据	内容设计三原则
需 求	1. 服务对象需要什么帮助？ 2. 资方需要什么回馈？ 3. 我（机构）需要什么结果？	有什么需求做什么活动	1. 匹配度 2. 可操作性 3. 投入产出比
资 源	1. 服务对象有什么直接可用的资源？ 2. 我（机构）有什么直接资源？ 3. 支持者有什么直接可用的资源？	有什么资源做什么活动	
兴 趣	1. 目标服务对象有什么兴趣爱好？ 2. 资方对什么内容和形式感兴趣？ 3. 我（机构）对什么感兴趣？	对什么感兴趣做什么活动	
专 业	1. 目标服务对象的专长是什么？ 2. 我（机构）有什么专长？ 3. 支持者是什么专业、有什么专长？	有什么专长做什么活动	
环境（政策）	1. 活动落地区域的大环境是什么样的？（包括自然环境、人居环境、文化习俗等） 2. 活动落地区域有哪些现行政策？ 3. 活动落地区域有哪些时事热点？	有什么环境（政策）做什么活动	

四、活动形式呈现

社区活动形式通常包括培训类、会议类、演出类、展示展览类、沙龙、工作坊、体验类等。

培训是指通过培养加训练的方式，为有经验或无经验的受训者传授其完成某种行为必需的思维认知、基本知识和技能的过程。培训类活动适合面向居民骨干、志愿者、需要掌握某种技能的居民，以及相应的基层干部和社区工作人员等。

会议一般包括日常工作推进会、研讨会、论坛、座谈会、辩论会等形态。会议类活动相对正式，适合面向上下级、同辈、专家及明确的相关人员，用于实现传递信息、提出要求、布置安排、创想设计、规划计划、专题探讨等目的。

演出类活动是社区活动中最为常见的形式，但有时由于活动举办者对活动主题的理解度、严谨性不够，部分活动现场会出现演出内容与活动主题不契合的情况。例如，同一支舞蹈或一首歌，可能全年反复出现在任何主题的活动现场。事实上演出类形式更适用于举办庆贺、纪念、比赛、传播等方面的主题活动，需要做到内容安排、整体布置与主题设置紧密相关。

展示展览类活动形式目前以展呈美术作品、摄影作品为主。事实上，居民影像作品、社区特色项目、社区特殊物品（例如，老物件或具有本地特色的文创产品、公益产品等）等都适用展示展览形式。

沙龙活动，主要指规模较小、议题简要、非正式化的，由邀约的相关代表聚集在一起进行讨论的一种形式。与会议的各种形态相比，沙龙的交流较为灵活、非正式化，一般备有茶歇或表演。沙龙活动适合在某项议题或计划处于构思阶段、广泛收集思路阶段、提前预热阶段或希望达成初步共识阶段时进行。

工作坊是居民对某一个议题的分析、讨论及共同寻找解决方案的一种常见方法。“工作坊”一词最早出现在教育与心理学的研究领域之中，劳伦斯·哈普林将其概念引用到都市计划中，成为可以供各种不同立场、族群的人们思考、探讨、相互交流的一种方式，甚至在讨论都市计划或是对社区环境议题进行讨论时成为一种鼓励参与、创新以及找出解决对策的手法。工作坊在针对某个事项或议题需要进行共创、探索时较为适用。

体验类活动在社区一般指将自己融入情境中或场景中，通过亲身经历、社会实践获得经验的活动。通常可开展的体验类活动主题有：职业体验、角色体验（如适老化体验、残障体验等）、环境体验（如垃圾场体验、饥渴体验等）。

五、活动资源配置

要确保一场活动顺利开展且质量较高，适当的活动资源必不可少。活动资源可分为人力资源、财力资源、物料资源等。其中，人力资源是一场活动中的核心部分，可分为组织者与参与者两类。活动内容和形式不同，相应的人力资源也有所不同。详见表 3.2。

表 3.2　人力资源类别、职能细分与功能

	类别	职能细分	功能
组织者	策划及执行者	活动总策划 现场总导演 嘉宾接待人员 物料管理人员 舞台管理人员 观众管理人员 秩序管理人员 布置管理人员 传播管理人员 服务台管理人员 机动人员	确保活动能够顺利落地举办
参与者	志愿者	组织者的各项职能对应的志愿者	分摊组织者工作内容，减轻压力
	嘉宾	资方代表 政府代表 专家代表 行业代表 骨干代表 其他合作方代表	体现对活动的重视与支持

续表

	类别	职能细分	功能
参与者	传播者	传统媒体记者 自媒体创作者	提高公信度，扩大影响力
	内容提供者	主要内容提供者 互动体验提供者 特色服务提供者 特定消费内容提供者	保证活动内容质量，提高活动丰富性和趣味性
	普通参与者	观众 学员 旁观者	接收和传播活动呈现出来的信息

财力资源是直接影响一场活动能否按预期开展的根本。有固定资方支持的活动就有了基本保证，而针对无固定资方或现有资方支持资金不足以支撑活动内容要求的情况，则需要链接更多资金资源，具体方法有：联动其他部门支持、拉动企业赞助、通过公募平台公开募集资金、搭车其他活动等。

一场活动当中，物料的需求体现在各个方面，内容可简单归纳为如下几种，如图 3.1 所示。

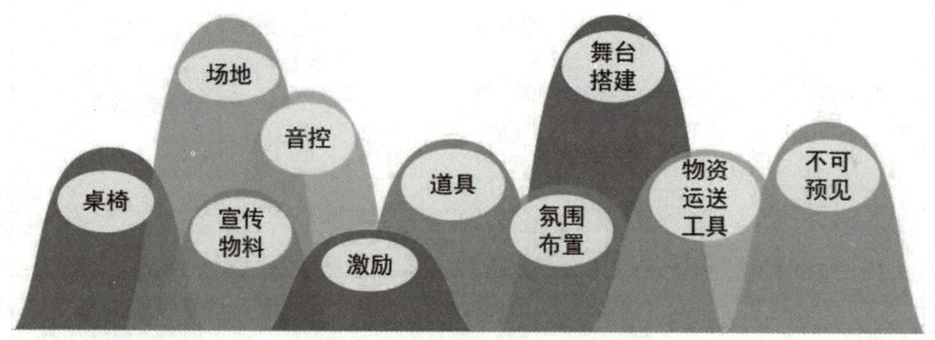

图 3.1　活动中需要的物质资源

活动中需要的其他资源主要指其他无形资源，如在地文化习俗、环境氛围、时事热点、政策等。结合这些无形资源设计开展活动，可使活动更具特色、更符合大政方针和社会风向。

第二节 社区活动策划的流程与步骤

策划是有计划、打算的意思，是对未来采取的行为、行动作决定的准备过程。社区活动是以社区作为活动场域，针对特定的人群、特定的事情，通过有目的、有计划、有组织的行动，达到目标的行为事件的总和。社区活动是社会工作在社区服务中最重要的手段，充分及有质量的活动策划是活动高质量呈现的重要基础。社区活动策划的主要流程包括设定目标、确定内容、现场勘测、明确资源、策划创意、形成方案几个关键步骤。

一、明确总目标与分目标

社区活动实施之前，需要明确本次活动的主要目标，即通过这次活动，期望达到的结果。“目标管理”由管理学大师彼得·德鲁克（Peter F. Drucker）提出，首先出现于他的著作《管理的实践》一书中。根据彼得·德鲁克的说法，管理人员一定要避免“活动陷阱”，不能只顾低头拉车，而不抬头看路，最终忘了自己的主要目标。因此，不论是单次活动，还是系列活动，都需要对活动的目标更明确。

（一）社区活动目标的5个原则

制定目标看似是一件简单的事情，每个社会工作者在策划项目或者活动时都有制定目标的经历，但是如果上升到技术层面，就必须学习并掌握SMART原则。SMART原则如下：

- 目标必须是具体的（Specific）。
- 目标必须是可以衡量的（Measurable）。
- 目标必须是可以达到的（Attainable）。
- 目标必须和其他目标具有相关性（Relevant）。
- 目标必须具有明确的截止期限（Time-bound）。

无论是制定项目和活动的目标，还是明确团队工作的目标都必须符合上述原则，5 个原则缺一不可。

（二）社区活动目标的 4 个面向

在活动开展初期，通常已经确定了活动的主题，但往往对活动的总目标还不是非常清楚。社区活动总目标的制定，需要基于社区的场景，从社会工作的功能和作用维度出发来考量。社会工作在社区活动中通常有以下 4 个面向的目标：

- 促进居民参与，解决社区问题。
- 改善社区关系，提升社区意识。
- 挖掘社区资源，满足居民需求。
- 提供智力支持，助力社区发展。

社区活动的目标设定应从上述 4 个面向进行回应。但在制定具体目标时，还需要遵循 SMART 原则，从而使目标更加具体、清晰、明确，否则可能会出现目标不明确、参与者不清楚、结果无法衡量等问题。

案例分享

“提升居民参与意识”的误区

我们在很多项目或者活动方案中，会看到“提升居民参与意识”的目标描述。这种对目标的描述就不明确，因为“提升居民参与意识”有许多具体做法，也会有不同维度的具体目标。比如“提升居民在院落公共环境改善中的参与度，参与率从原来的 10%提升到 30%”，就是一个相对清晰、明确的活动目标。

在社区社会工作中，人们容易把任务目标与过程目标混淆。任务目标是指解决特定的社会问题或满足社区需要而设立的目标，如举办一场节日庆典活动、组织一次社区会议等。过程目标则强调参与者的成长，如提升居民的归属感、提升居民应对社区问题的能力等。建立一个社区自治组织即是任务目标；而增强社区居民的自治能力、沟通协商能力、矛盾纠纷化解能力等则是过程目标。

二、设置目标活动内容

社区活动的内容是为满足服务对象及利益相关方需求，解决相关问题，依据活动的目标而设计的解决方案。设计活动内容时需要充分考量活动具体时间、地点、参与对象、利益相关方需求、各方期望的目标，从而最终明确具体要实施的内容。

关于社区活动内容的确定，一般分为两个阶段。

第一阶段，做好参与方或者利益相关方的需求调查。可以采取访谈法、问卷法、焦点小组等方法，明确主题和方向，寻找共同关注点和目标，设置活动内容，这样相关参与者才有动力参与活动。

第二阶段，确定主要活动内容。活动内容的确定是一个综合考量、选择和取舍的过程。资源和时间是有限的，一场活动能达到的目标也是有限的，不可能面面俱到。活动内容的设计往往会因为不同活动的主题、目标、形式、类型差别而有所不同。常见的社区活动包括启动仪式、颁奖典礼、文艺展演、宣传展示等形式，如果按照社会工作服务类型来分，则包括便民服务活动、志愿服务活动、居民教育活动、公益宣传活动等。社区活动因面对的人群、形式、主题等不同而呈现多元化特征。

针对不同活动类型，活动内容也会有所不同。比如居民培训类活动，活动内容应包括培训方案制订、培训学员招募、培训老师邀请、培训课件开发、培训现场管理、培训反馈和培训后续收尾工作等。

三、活动现场勘测

活动现场勘测是一项复杂而又容易被忽略的环节。现场勘测一定要清晰、完整地记录活动场地及周边的环境、交通、设备、安全等信息。

（一）环境的勘测

活动场地环境的勘测内容包括场地本身的空间大小、周边环境、室内环境等是否满足活动的需要。如果是室内活动，通常会选在社区党群服务中心、小区广场、文化活动中心、商场、图书馆等公共场所。选择室内活动场馆需要考虑活动的楼层，如果是高楼层，则要考虑是否安装有电梯，是否方便行动不便的老年人或残疾人等特殊人群参与；在活动过程中，是否会因为活动的嘈杂、人多等状况影响到其他人。如果是室外活动，一般会选在广场、公园等户外空间。户外活动场地的选择，需要考虑场地大小、树荫、草坪、建筑等对活动的影响。不管是室内活动还是室外活动，环境勘测的内容一定要清晰地记录下来。

环境的记录常以现场拍照、视频及手绘示意图三种方式记录，这三种方式相辅相成、相互印证、相互补充。记录的过程中，拍照应该有全景、重点场景特写等关键照片；手绘示意图需提前准备好卷尺，丈量活动场地，预估活动中大概的布局。不能靠“印象”和“大概”，否则，可能会因前期对环境观察、记录不到位，而造成活动设计和宣传物品的准备工作不足。

（二）交通情况

在活动策划和筹备期，工作人员一定要对活动场地周边的交通状况进行充分的了解。特别是对于大、中型活动，一定要考虑参与活动人员前往现场时的交通情况，要选择乘坐公共交通便捷、停车方便的活动场地。因此，在活动场地对周边的交通情况进行勘测时，需要提前了解公共交通类型、车次以及停车情况。

（三）设备情况

在活动策划和筹备期，要对活动现场的设备情况进行信息收集和了解。通常来说，需要收集信息的设备包括投影、音响、电源、话筒、灯光等，应检查各项设备是否具备满足活动需要的功能。要明确记录各项设备的具体规格、尺寸和数量，以便活动讨论时考虑其是否符合活动需要。比如，在活动进行过程中，投影设备往往因为尺寸过小、分辨率过低等原因，导致投影画面过小、看不清楚，这会严重影响活动的开展；再比如，音响设备经常会在活动进行过程中出现音质差、无法连接电脑等问题，导致其无法使用或者呈现效果不好。因此，在活动实地勘测时，不仅要看是否有相应的各项设备，还要对设备的性能、尺寸、规格、数量进行详细的信息收集与记录。

（四）安全情况

在活动现场勘测时需要对活动环境的安全性进行评估和考量。工作人员在现场勘测时应充分考虑活动参与者的身体状况、健康、年龄等因素，选择适宜的活动场地。应特别考虑高龄人群、残障群体等特殊群体，尽量避免选择高层建筑，或者有多层台阶的场地；应注意评估活动现场周围是否存在道路安全隐患、用电安全隐患、用火安全隐患等；应尽可能避免在工地、河边、山上、地面不平的场所开展活动。在所有活动中，工作人员应制订安全应急预案，规避安全风险，一旦出现意外情况，应能够及时启动预案进行有效处理。

场地勘测过程中，应该有的资料与记录包括：

- 场地周边图片及环境记录。
- 场地布置手绘示意图。
- 舞台、背景、条幅、宣传展架等各项宣传展示物品的内容、尺寸及示意图。
- 现场指示标识、标牌的位置标记。
- 人员流动路线的规划。
- 空间利用最大化，合理规划功能区域。
- 安全应急逃生路线。

四、明确活动资源

在确定活动目标、完成前期现场勘测及制定活动内容后，活动所需资源就可逐步明确。通常情况下，活动资源包括以下三方面内容。

（一）活动资金预算

工作人员应根据活动的规模、形式、人力、物料等，来确定活动的资金预算。预算的内容包括物料费、志愿者补贴、宣传费、交通费等。各类费用需要有明细、规格、数量等可量化的数据性指标。比如，舞台搭建中，舞台背景材质不同，价格就会不同，背景用喷绘布还是用 LED 屏幕都会对最终的预算有影响。我们在进行社会组织项目评估时发现，在不少社区活动方案的预算中存在物品没有标明规格、材质，价格远远高于市场价等问题，这可能会使活动的资金预算和使用的合理性受到质疑。

（二）活动物料清单

根据活动流程、现场布置需求等，确定活动物料清单。

基本广告物料：舞台（方形舞台、异形舞台）、桁架、地毯、拱门、帐篷、太阳伞、隔离带等。

展示物料：喷绘、写真、宣传展板、展架（X展架、门型展架、易拉宝）、指示牌、横幅、旗帜等。

应用物料：签到墙（本、表）、发言台、桌椅、凳子、请柬（邀请函）、绶带、饮用水等。

效果物料：气球、花卉、植物等。

设施设备类：灯光、LED屏幕、音响、话筒（耳麦）、相机、电源、插线板等。

活动道具类：游戏用品、绘画笔、手工品等。

（三）活动人力资源

活动人力资源涵盖的范围较广，包含策划团队、执行团队、专家团队、领导、嘉宾、合作方、媒体、志愿者、居民等。活动中部分主要人力资源的管理注意事项见表3.3。

表3.3　活动人力资源管理注意事项

人力资源	具体对象	注意事项
组织方	主办、协办、承办等单位	工作人员在现场应注意统一着装或统一佩戴标识，以便寻找
志愿者	大学生、居民、社会志愿者等	志愿者统一着装
嘉宾	领导、专家等	有休息区域和专门的座位区域，并设置座位牌
观众	居民、学生、家长、企业、社会组织等	观众区，或专门安排的参与区域
媒体	电视、报纸、新媒体等	专人对接，预留电视摄像的位置，撰写新闻通稿等

五、创意策划与优化

一场好的社区活动策划，可以通过“杠杆点”达到意想不到的效果，给参与者留下深刻印象。活动创意的来源有两个方面：一方面是从参与者的角度出发假定他们参与的动机，包括精神方面的动机和物质方面的动机；另一方面是依靠社会工作者活动策划所设计的外在技巧和方法。活动的形式是吸引参与者的关键点，可以借此来达到活动的目的。一个活动成功与否，有时候就是一个“点”的问题。一般情况下，社会工作者会召开头脑风暴会，对活动形式进行沟通；在部分中、大型活动中，社会工作者也会邀请活动相关方（包括政府机关、出资方、志愿者、广告公司等）参与活动的筹备和讨论。

具体来说，活动策划创意可以从以下几个方面来开展。

第一，内容为王。活动的主题、内容要符合参与者的刚性需求。比如疫情来临时，群众对于生活物资、疫情防控等资源、信息缺乏了解，这时就可以做一些线上宣传类型的活动，以此来解答疑惑，缓解群众的焦虑情绪。

第二，特别有趣、有创意。根据活动主题，活动现场要设置有趣的场景、内容或环节。如为了吸引儿童参与，可以设置类型多样化且内容丰富的游戏活动等。

第三，设置对比和竞争。可开设各种主题的竞赛或者排行榜，比如知识竞赛、厨艺大赛等。

第四，赋予参与对象被重视和尊重的感受。活动中要让参与对象受到足够的尊重和礼遇，比如注重邀请函、奖杯、奖品的品质设计，用心准备，不应付了事；或给予重要参与对象特殊的活动身份，比如嘉宾等。

第五，设计概率性事件。设置一些多数人比较乐于参与的抽奖、有奖问答等环节。

第六，赋予参与对象某种表达的机会。优化活动主题、环境或者内容，让参与对象有意愿将活动相关内容分享到社交媒体，或者愿意与他人分享活动的经历。

第七，营造稀缺感气氛。活动的参与要有一定门槛，可设置参与条件或者人数限制，让参与对象感到“机会难得”。

第八，给予参与对象必要的物质激励。可在适当范围内，给予参与对象必要的物质奖励，如优惠券、礼品、奖品等。

第三节　社区活动筹备

社区工作的开展需要不同形式的活动来满足和推进。社区活动策划能够帮助社会工作者进行充分准备，协调参与各方的诉求和资源，提前制订和把握活动进程，确保活动顺利进行。但有了好的活动策划就可以开展一场优质的社区活动了吗？显然还不够，要想开展一场优质的社区活动，需要通过充分的活动准备，尽可能完整地呈现活动预期的目标和效果。因此，只有制订进一步详细的执行方案、进行合理的分工、做好充分的准备，才能助力活动顺利开展。

一、制订详细执行计划

计划是对未来活动所做的事前预测、安排和应变处理，其目的是实现预定的各项目标。每一项计划都是针对某一个特定目标制定的，因此，制订一项计划时首先要明确该计划针对的目标，并根据活动目标制定标准和流程。

在制订社区活动计划过程中，活动执行者还要进一步细化和优化前期的活动方案。活动方案不仅要具有吸引力，具备可行性、可操作性，还要包含活动的具体步骤、具体分工、详细时间节点等内容。活动方案首先应该确定 3 个方面的内容：合适的部门、合适的人、明确的时间节点。

以上 3 个方面确定以后，制订活动方案和执行计划主要分为以下步骤。

第一，确定活动整体的统筹者 1 人。

第二，根据活动类型和大小，确定活动主要执行人员，构建团队。

第三，根据活动类型和大小，预估活动准备时间周期。小型活动需要提前一周确认活动方案和计划，中、大型活动需要提前30天以上确定并细化活动方案。在将活动方案进行细化拆分后，应根据方案不同的板块内容，制订具体的计划和安排。

第四，提前召开活动执行计划任务会议，确定最终计划，并落实责任人员和分工。

第五，根据活动进度安排，定期召开多方碰头会、内外部沟通会，实时监测执行计划是否按时按质落实，是否需要调整和优化。

第六，在活动前3天召开执行前的碰头会，根据执行计划表确认准备工作是否完成，并查漏补缺。活动前1天召开最终确认会议。

根据活动制订相应的整体流程安排，如图3.2所示。

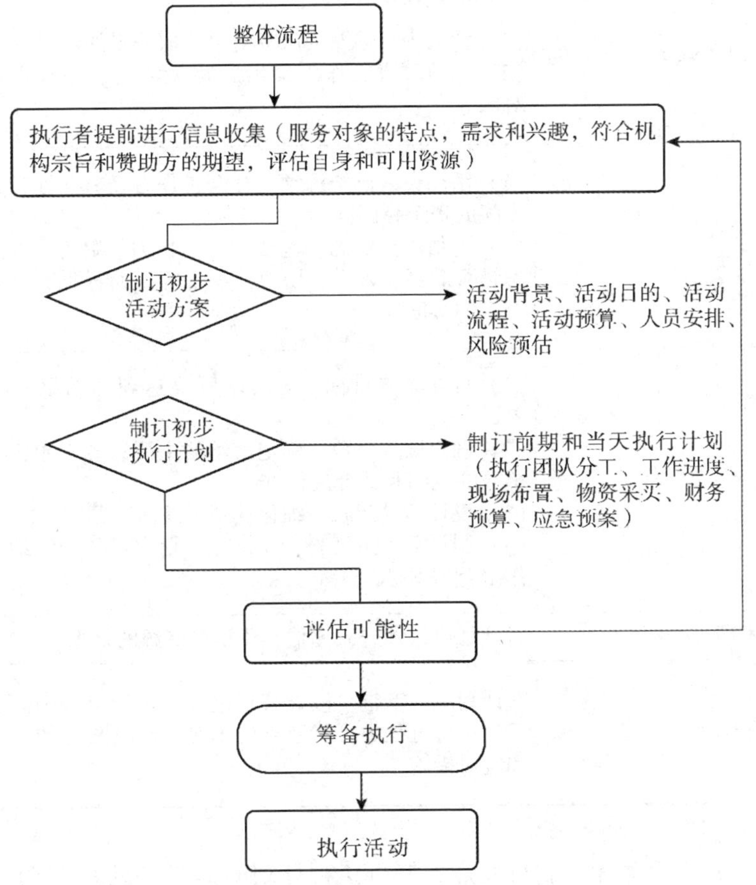

图 3.2　社区活动整体计划流程图

活动开始筹备期间，还需要进一步明确和细化活动执行方案和细节。可以参考活动执行计划制订基本要点（见表3.4）。

表3.4 活动计划制订要点

活动要素	计划制订要点
活动基本目标确定角度	（1）服务对象的特点 （2）组织的目的 （3）问题的解决 （4）提升居民意识
服务对象的特点、需要、兴趣	（1）考虑服务对象的背景，确保活动的适切性和居民的参与率 （2）活动形式、内容及时间安排上符合服务对象的基本特征，如年龄、职业、身体健康状况等
符合机构的宗旨、资方的期待	（1）活动中，涉及为服务对象争取公平的资源分配 （2）邀请政府工作人员出席相关活动、一起走访服务对象
评估自身拥有的人员及可动员的资源	（1）活动投入的资源须与社会工作者及其所在机构能够支配的资源相匹配 （2）评估本身资源，包括人力、物力、财力。此外，考虑是否需要在人手、场地、设备等方面寻求其他组织或个人的协助
制订执行计划	（1）订立具体目标，对活动所要达到的结果有清晰的界定 （2）确定服务对象，确定活动的主要服务对象，并说明招募的范围和选择的标准 （3）设计活动形式，细化计划中的活动形式 （4）制订活动进度表，在执行计划中对整个活动的进度作出合理安排
评估可行性	对计划可行性进行评估，注重对资源的要求
预期困难及解决方法	对计划进行审查，检查策划过程中可能忽略的因素，以及在执行过程中可能遇到的困难，制订相应的解决方案和应对措施

结合上述活动计划制订要点，制订执行计划的框架（见表3.5）。

表 3.5 活动计划表

活动基本信息	执行团队成员	前期筹备事宜
· 时间、地点、名称、背景、目的、意义与口号（Slogan） · 主办/承办/协办/合作单位 · 与会领导、嘉宾、媒体 · 活动视频 · 活动详细流程/活动日程安排 · 赞助机构与合作媒体 · 会务服务	· 执行总负责人、小组负责人 · 具体组员名单	· 筹备事宜列项 · 人员分工、筹备日程安排
	现场执行事宜	活动后期工作
	· 现场布置说明 · 人员分工安排 · 筹备日程安排	· 后期事项明细 · 人员分工安排 · 完成时限要求
活动预算	活动合同签订	活动应急方案
· 嘉宾、主持、志愿者等人员预算 · 场地、舞台、广告等物料预算 · 宣传预算 · 后勤接待预算	· 活动意图真实、明确 · 不违反法律及公共利益 · 活动合同签订者有民事行为能力	· 风险评估和通告程序 · 应急方案措施、后勤资源储备 · 应急场景信息发布与通告处理
制订活动执行计划注意事项： (1) 活动执行计划需要根据方案板块内容拆分成细小的执行步骤，每一部分都需确定负责人负责内容完成的时间节点。 (2) 计划安排至少要在活动开展前 15 天定稿，大型活动需要更长时间制订执行方案。 (3) 活动统筹者需要实时根据计划执行表监测整个活动的筹备情况及内容是否完成。		

二、团队建构

在执行活动时，由于团队分工不明确、人员调动不足，容易出现三个问题：一是活动现场分工不明确导致管理混乱；二是活动前期准备不足造成现场事项的漏缺；三是对现场突发事件的处理缺乏一定的准备和技巧。因此，在活动执行前，首先必须做好角色的划分。角色管理的前提是对参与活动执行的全体人员进行科学的角色划分——这是实施操作活动现场工作的基础，因为角色划分的最终目的就是为了使工作分工明确，易于操作。

例如，组织一场儿童友好社区义集活动，需要以下主要角色分工。

一是活动统筹者。活动统筹者在岗位当中的工作任务十分重要，会直接影响活动的进度及效果。活动统筹者主要负责渠道维护和全程协调，需要进行各个方面的渠道沟通与交流，能够完成意见的传达和需求与任务的传递（如活动主背景、主持词、出席领导确定与接待、领导座位牌安置以及现场整体调控等）。

二是活动负责人。各板块负责人负责各自板块的物料和人员统计，需要对活动当中应使用到的各种物料和人员进行有效的统计和把控，为活动开展提供保障。

三是活动参与者。活动参与者主要负责活动的整体执行和管理，现场工作的落实和推进，完成活动前、中、后期的各项具体工作，包括参与活动现场管理、解决突发问题、传达活动信息、更新相关资料、整理汇总活动数据和照片等。

三、任务分工

活动筹备期间要进行有效的任务划分，通过良好协作和共同策划，保证活动设计的部门和人员对该活动计划和执行的参与性。任务分工表需要包括详细的工作任务、责任人及完成时限。需要细化内容，明确时间进度，落实责任人，分工要具体明确，设计合理，以确保各项活动和安排有序进行。具体可参考表 3.6。

表 3.6 大型活动工作任务分解表

活动名称：××大型活动　　活动周期：

活动目标：　　活动负责人：

日期：

序号	整体规划	任务分解	任务重点	负责人	目标进度	时间节点	物资准备
1	活动策划	筹备启动	搭建负责团队，具体分工		团队分工		团队分工表
2		确定主题活动目标及定位			活动方案		活动方案和计划
3		确定主题活动策划及预算					
4		确定主题活动组织结构	与协办机构、支持机构等合作伙伴确定合作方案				
5		确定主题活动实施方案及时间推进表			实施方案与进度表		
6	合同签订	起草及审核合同	机构内部及律师审核		合同文本		合同文件
7		定稿版方案	内部审核后，甲方确认		定稿版方案		合同文件
8		发票及收款事项跟进	联系财务开票，交给甲方		发票交甲方，收款		发票
9	前期筹备	报名售票	报名系统搭建		参会名单		
10			宣传销售				
11			跟进预定销售目标				

续表

序号	整体规划	任务分解	任务重点	负责人	目标进度	时间节点	物资准备
12			主视觉风格				
13		与活动公司沟通确定活动方案	延展物料的设计与制作		现场设计效果图		
14			现场执行方案与流程				
15		议程及主舞台操作方案			议程		
16		确定出席嘉宾	嘉宾接待分工表		嘉宾名单		
17		确定各环节各合作伙伴			合作伙伴名单		
18	前期筹备	确定协办机构、支持机构等合作伙伴			协办和支持单位名单		
19		志愿者招募管理	招募、分组		志愿者名单		
20			培训		志愿者岗位要求		
21		分工、广告物资清单	活动分工表		活动分工表		
22			物资清单及负责人		活动广告物料清单		
23		主持人	与主持人沟通主持稿				主持稿
24			活动整体流程彩排				活动流程表
25	现场实施	彩排	嘉宾彩排		活动彩排		
26			表演志愿者彩排				

续表

序号	整体规划	任务分解	任务重点	负责人	目标进度	时间节点	物资准备
27	现场实施	明确工作人员岗位安排	现场工作分工会议		现场会议		
28			一一确认各时间段各自所在的岗位工作内容		一对一确认		岗位职责和分工表
29		现场管理	组织半天1次碰头会议		半天1次碰头会议记录		
30			处理现场突发状况				
31			处理参会者的反馈				
32		宣传	现场拍照及录像、新闻稿		调研反馈表		
33		调研反馈	评价与建议				
34	后期总结	项目总结与复盘	主办方内部回顾总结		会议记录和经验教训记录		
35			与合作方一同回顾总结				
36			总结经验、教训				
37		参会感谢	参会者、嘉宾、合作机构、会场等		感谢邮件		
38		定稿材料归档	整理文件，将重要文件整理归档，形成本次大型活动定稿文件资料库		定稿资料归档		

注：1. 大型活动筹备前期，须根据活动目标和内容要求提前制定时间推进表和人员分工表。2. 提前进行活动执行内容和人员分工对应规划，团队成员需清楚了解各自分工和执行进度。3. 工作人员各自整理好所负责板块的定稿版活动资料，交给资料收集总负责人统一归档。4. 根据活动实际情况进行筹备。

四、活动现场设计与布置

无论举办什么活动，都需要进行活动现场布置。活动现场布置会影响整个活动的效果，对于一场活动来说意义重大。社会工作者需要根据活动整体要求，与相关方进行初步沟通并多次到现场进行整体安排落实，包括现场展示内容、视觉效果、整体设计、物料摆放等，并确认重要内容能够得到凸显。具体从以下几个方面准备。

一是提前准备物料。要根据活动的要求及物料实际情况筹备，这是做好活动现场布置策划的第一步。在准备物料时，应首先制定物资准备表，尽可能考虑细致和充分。

二是当开始布置活动现场时，一定要根据事情的轻重缓急做好现场团队职责划分。将各个环节的任务分配到位，将人员的能动性发挥到最大，以便在较短时间内完成活动现场布置工作。

三是提前2个小时布置好现场。无论前期的策划做得如何细致和精准，在实际执行过程中总是会出现一些意料之外的新问题，这就需要对现场进行检查和改正。一般来说，提前2个小时完成现场的布置，才能预留足够的时间进行后续的调整和优化。这2个小时的预留时间不仅要在前期的时间规划表中得到体现，而且要在实际执行过程中严格执行。

案例分享

××社区儿童义集活动现场区域布置

一、总服务台

总服务台以活动前台设计的形式呈现，承担活动指引、人员签到、物资供给、后勤服务、活动咨询、义卖捐赠等总协调功能。

二、舞台区

舞台区以舞台搭建、LED屏幕搭建、音响设备摆放等形式呈现，重点呈现以下内容。

启动仪式：相关领导发言，并举行启动仪式。

鸣锣开市：以鸣锣开市方式作为集市的正式开始，营造浓浓的集市氛围。

节目表演：儿童主题节目展演，丰富活动氛围。

氛围营造：舞台以向日葵元素进行设计；其他区域板块皆以儿童为核心，从色彩、形状、展示形式上体现童趣。

三、义卖区

义卖区主要以“帐篷+桌椅”的标准摊位形式呈现，主场活动摊位若干个，承担摊主进行相关物品售卖功能。

氛围营造：统一使用印有活动 LOGO 和宣传主题的帐篷、义卖区摊位简介、摊位布置（加入儿童特色的元素，比如布艺熊猫装饰等），为参与义卖家庭统一制作带有活动 LOGO 的义卖围裙等。

四、互动区

互动区主要以“区域化”特色文宣展板、互动设施形式呈现，此次围绕某一互动主题设置若干互动区。

氛围营造：统一模板，根据不同的项目准备相关体验道具，呈现整个互动区域。

五、展示区

展示区主要以“帐篷+桌椅”的标准摊位形式呈现，用于易拉宝、展架、文创产品展示等。

氛围营造：根据广场的特点，以儿童活泼可爱向上的设计风格，设置入场门型框架、签名墙、打卡拍照区、拍照背景、手持牌等体现儿童友好城市场景，以及宣传指引牌、引导手册、地贴、区域牌、互动区域游戏规则介绍等。工作人员及志愿者统一工作服，矿泉水等物资统一贴 LOGO 等。

区域划分：活动现场具体区域划分（可用图片或者表格方式）。

注意事项：在整体设计中应注意活动主题、LOGO 的准确性，物料摆放位置的标准化。

五、物资采买及管理

开展活动要根据活动类型准备物料，所需要用到和可能用到的物资都要提前准备好，并根据具体分工表内容，分板块、分内容购买。

线下购买：可固定长期供应的商家，如正规超市、商场等渠道。

线上采买：可提供正规发票的线上商家，如淘宝、京东等。

(购买时需要注意：超过一定金额时需要进行三方比价；必须列清单、开发票；对物资进行拍照；制作物资清单签领表，用于后续报销。)

物资借用：对于不需要购买的物资，可以进行机构内部不同站点或者外部站点互借，做好登记和归还。

物资管理：确定物资统筹人，确定活动现场的物资堆放处，做好物资出入库的整体管理及收纳，活动结束后进行物资清点。

活动物料准备可参考表 3.7。

表 3.7　活动物料准备表

序号	项目	清单	说明	负责人
1	矿泉水	嘉宾座席一座一瓶	数量待定	
2	场馆使用	嘉宾席×排、××座； 会场参会席预计××座	桌布、坐垫提前洗净	
3	茶歇	预计××人份	包括饮用水、茶、点心若干及摆盘，卫生纸、垃圾桶、杯子等	
4	展示（室内）	海报架准备××个	架子及 KT 板成套	
5	舞台设施设备	话筒××个		
6		LED 显示屏		
7		舞台×色面		
8		音响×套		
9		桌面话筒架×个		
10		翻页笔×个		

续表

序号	项目	清单	说明	负责人
11	舞台设施设备	话筒贴××个		
12		讲台鲜花		
13		录音笔××支		
14	伴手礼	××份	备用××份	
15	其他物料	卫生防疫物料若干	体温枪、口罩、酒精等	
16		工作牌、工作证		
17		座位指示牌	嘉宾、观众	
18		U 盘	备用	

六、组织参与

（一）邀请领导及嘉宾

在邀请领导及嘉宾时，需要注意以下要点：一是提前确认出席领导及嘉宾。二是一定要核实领导及嘉宾的单位、姓名、职务及级别。三是要考虑活动的层次与邀请的领导及嘉宾是否匹配。小型活动，一般不用邀请高层级的领导及嘉宾；大型活动，如果邀请的领导及嘉宾层级不够，会显得主办方欠缺考虑。四是要确定领导及嘉宾的出行方式和出行线路，询问是否需要安排接送，收集乘车数量、人数及车牌号，提前沟通停车位及车辆进出路线等。

1. 明确领导及嘉宾参与活动的角色定位

在邀请领导及嘉宾前，需要明确其参会的角色和参与内容。领导参与活动的角色一般包括致辞、讲话、颁奖、参与仪式、提要求、总结等；嘉宾参与活动的角色主要包括点评、颁奖、建议等。一般来说，活动中忌讳出现领导及嘉宾出席活动却没有对应的活动安排的现象。

2. 有专人对接和接待

对于邀请的领导及嘉宾，在前期邀请、活动对接、现场接待、交通安排、停车安排、用餐安排、活动结束后的送离等方面，都需要安排相匹配的组织负责人、当地政府部门负责人参与。活动现场最好有领导及嘉宾等候室，并准备必要的茶歇。

（二）组织居民参与

一般的社区活动，居民是主要的参与主体，也是我们主要的社区活动对象。在组织居民参与过程中，需要注意以下几点。

1. 理解居民参与的动机与动力

居民是否参与社区活动取决于内、外两方面因素。从居民自身因素来说，主要包括：居民是否对活动的主题、内容感兴趣；该活动是否满足居民物质上或者精神上的需求，以及这些需求的迫切性、必要性如何。从影响居民参与的外部因素来说，主要包括：活动的设计是否精巧；活动地点是否方便到达；活动时间是否合适；活动的主题、形式和内容是否有更明确的参与人群定位；活动信息能否准确送达目标参与对象等。这些都会影响居民的参与意愿，影响活动的预期目标和成效。

2. 活动策划充分考虑居民的诉求

从前文中，我们已经了解到，居民参与活动的影响因素是多元的，活动策划是其中比较重要的因素。好的活动策划，不仅能够深切地回应居民关注的主题、需求，还能在形式上实现有趣、丰富、多元的价值。

3. 有效宣传与信息传达

活动组织人员要提前准备社区宣传海报、线上宣传信息等，确保相关活动信息能够发送给目标参与群体。需要注意的是，线上宣传需要有相关的居民群、业主群、活动群、公众号等协助，以尽可能保证把活动信息多渠道地传递给居民；线下宣传和招募时，要尽可能把宣传海报投进居民小区。同时，要避免参与者只是长期参与的部分人群，应给更多社区居民提供参与的机会。

4. 居民参与的优势视角

在组织居民参与过程中，需要用到优势视角。要充分相信居民有能力参与、会持续成长且具有发展的潜能。要充分相信居民有能力在活动中发挥作用，不要只看到居民的弱点和不足。要多强调和看重居民的优点和长处，并在活动中寻找、挖掘居民的长处和优势。

（三）组织志愿者参与

志愿者是社区活动的重要参与主体，可以在活动中起到协助、辅助的功能和作用，也能弥补活动中人力资源不足的问题。做好志愿者参与工作，需要注意以下几个方面。

1. 招募合适的志愿者

在志愿者招募前，需要明确志愿者服务的岗位、岗位职责、参与要求、服务内容、服务周期、服务地点等基本信息；通过线上、线下发布招募信息，开展招募宣传。对于报名的志愿者，活动组织方应进行初步筛选。

2. 开展志愿者培训

要提升志愿服务水平，就必须提升志愿者服务技巧和能力，对志愿者进行一些简单的知识培训。比如，宣讲社会工作价值观和基本知识，训练志愿者掌握面谈和沟通技巧，使其了解不同群体（儿童、青少年、老年人、残疾人、妇女）的特点及服务技巧等。通过培训，有助于提升志愿服务的成效。

3. 志愿者激励

根据志愿者参与情况，活动组织方可以给予适当的物质激励和精神激励。既可以根据志愿者在活动中承担志愿服务任务的多少，给予其适当的报酬或者物品；也可以通过颁发志愿服务证书、志愿服务证明的方式，给予其相应的肯定和鼓励。

4. 志愿服务的信心反馈

当活动结束后，活动组织者需要注意了解志愿者参与活动过程中的收获、感受，以及在活动中的困惑或者不足。工作人员通过分享参与活动的一些经历、一些印象深刻的故事，可以唤起志愿者对于此次活动的认同感，进一步完善和志愿者的关系，为号召志愿者持续参与社区活动打下良好基础。

七、活动宣传准备

举办中、大型活动时，活动组织方需要进行媒体邀约，从而促进新闻稿推广及活动宣传。邀请的方式包括：主办方邀约；借由其他渠道资源邀约；提前准备邀请函进行网络邀约。

（一）自行邀约媒体前的准备工作

一是拟定要邀请的媒体单位名单，并准备好邀请函。

二是定好活动时间。可以通知媒体提前半个小时到场，确保媒体准时出席。

三是定好活动的具体地址，并提前发给媒体。

四是提前准备好资料袋，里面包括活动议程、新闻通稿、礼品、其他活动信息等，并于活动现场发放给媒体记者。另外，要准备好媒体现场签到表，做好到场标记。

五是确定具体邀请时间。一般提前3~5天邀约媒体，并在活动前一天跟进提醒。

六是邀约方式。一般来说，书面邀请函更加正式严谨，对于比较熟悉的媒体记者也可以直接电话邀请。

（二）正式开始邀约媒体时的具体步骤

一是再次确认拟邀请媒体的名单。

二是致电给拟参加活动的媒体负责人，进行电话邀约，并以邮件形式发送邀请函。

三是邀请结束后跟进确认媒体具体人数、到场的方式及参加活动的媒体记者电话。

（需要注意的是：邀请的技巧很重要，可以通过强调特别的主题、重要的内容、有趣的形式、创新点或者符合当下热点、政策方向等吸引记者到场。邀请媒体的数量要合适，可以邀请与本次活动主办方、相关政府部门有合作关系的记者参加，如需烘托现场氛围，可以再适当邀请一些平面媒体记者、摄影记者、视频媒体记者。另外，应在活动开始时发布新闻内容，记者可以提早完成采访工作，确保顺利及时地发稿。）

四是在现场设置独立签到处，安排专人接待，将媒体记者引进会场入席。结束后，确认媒体的返程时间并再次表示感谢。

五是后期跟进。要和媒体沟通发稿的情况，包括发稿图片。同时，要提前准备好媒体补充名单，当遭媒体拒稿或新闻稿审核不通过时要有相应的应急措施。

六是合作反馈汇报。每一次发布会结束后，要对媒体合作情况予以总结，了解合作媒体的传播度是否能达到活动所期待的效果，以备下一次活动可以选出更合适的合作媒体。

八、困难预估及应对措施

活动常见问题及应对措施见表 3.8。

表 3.8 活动常见问题及应对措施

	活动常见问题			应对措施
活动执行中存在的问题及对策	人力资源方面	社会工作者	人员协调、分工不明确	1. 确定一个活动统筹人，最好不要临时更换 2. 活动统筹人要做好分工，制定清晰的活动分工表，可以细分为活动前、后分工表和活动当天分工表 3. 活动前召开分工会议，讨论、解答和协调工作人员不明白的问题 4. 活动前到活动场地踩点 5. 活动统筹人全程参与，及时安排、调整人员与分工，及时解决突发问题
			对社会工作者分工的任务跟进不及时导致某一个环节影响整个活动	1. 活动前做预估困难的准备，尽可能把困难预估充分，可查阅以往大型活动的总结报告，吸取经验教训，做好活动前的应变准备 2. 统筹人及时跟进分配给社会工作者的任务 3. 及时协助社会工作者解决任务中的困难 4. 社会工作者及时向统筹人汇报工作进度
			活动前、中、后协调脱节	1. 由固定的一个统筹人在活动前、活动中和活动后做好人员的协调 2. 社会工作者需将工作进度汇报给统筹人
			社会工作者在组织活动时没有自信	1. 通过培训、自学等多种渠道学习带活动的技巧 2. 由有经验的社会工作者带活动，新社会工作者现场观摩学习 3. 新社会工作者协助老社会工作者做活动，先有限参与再独立带活动 4. 督导给予新社会工作者组织活动的点评，帮助其提高技巧
		志愿者	对志愿者培训不足，导致完成质量不太好	1. 活动前邀请志愿者骨干参与活动的分工会，一起讨论活动分工与活动内容，加强志愿者参与角色，促进志愿者对活动的投入度 2. 在活动开始前进行培训，对于有难度的工作进行演练

续表

	活动常见问题			应对措施
活动执行中存在的问题及对策	人力资源方面	志愿者	志愿者到现场不知道具体任务或不知道如何入手	1. 指定社会工作者跟进志愿者的工作分配。特别是针对活动前期的分工通知，在现场再加以确定 2. 管理志愿者的社会工作者在志愿者到现场后要分工并跟进各个志愿者的工作 3. 对于有难度的工作及时协助
			志愿者管理不完善	1. 制度上要重视对志愿者的管理，包括时间管理、请假管理、培训管理、激励等 2. 及时跟进，事后对事情和人员进行表扬。对于志愿者的不适当行为进行纠正并给予鼓励，敦促其下次做得更好
		合作伙伴	在活动中较少体现社会工作服务专业性	1. 合作之初让合作单位了解社会工作，合作时共同发挥各自优势，努力做到社会工作专业有适当的融合 2. 在合作中遇到与社会工作专业相冲突的事情时，要坚持社会工作的专业性
			合作伙伴活动带有较强的商业化倾向	1. 让双方充分了解合作目的后，达成合作共识 2. 若合作伙伴毁约或单方面想要商业化，则坚持原则 3. 考虑下次与这个合作伙伴合作的必要性
			与合作单位协调工作、善后工作及反馈工作不足等	1. 指定合作单位的一个负责人，不多头管理、多人负责 2. 活动开始前多次确定各自的职责，避免推诿，可以书面的形式明确双方的职责 3. 要及时跟进对方负责的工作，有困难时协助对方解决 4. 活动结束后要发布相关的通讯以及活动照片 5. 写感谢函给合作方，提出下次合作的愿望

续表

		活动常见问题	应对措施
活动执行中存在的问题及对策	活动目标实现方面	活动目标与活动内容不一致，两者脱节	1. 事前充分调查与评估，了解服务对象的需求，以确定开展的活动是服务对象所需要的，对他们是有吸引力的。进行调查与评估时，可以采取焦点小组、访谈的方式来了解服务对象的需求 2. 明确目标，避免本末倒置的情况出现，不能为开展活动而开展活动，要以目标导向来设计活动内容 3. 可以把总目标细分成可衡量、可评估的分目标，用分目标指向的活动环节合成整个活动的内容，这部分可以在活动计划书上体现出来 4. 为保证内容不偏离目标，必要时在内容上设计备选方案（备选内容也要紧贴目标）。当原定的内容因条件改变而需要改变时启动备选方案，防止因时间较紧只为完成任务而忽略目标
		活动后往往忽略、不重视活动评估与检讨	1. 工作人员本身的检讨。检讨内容需重视分析工作人员在活动过程中未能做好的地方，降低同样的问题在下次活动中出现的可能性。为解决这个问题，可以使用一些量表进行辅助评估。同时，重视活动中工作人员的观察及活动结束后的反思，避免总结报告过于简单，体现不出实际问题 2. 参与者对活动的评估。参与者对活动的评估带有一定的客观性，往往能给以后活动的组织带来有用的信息。收集参与者的意见，常常使用问卷、访谈、匿名意见、愿望卡等方式 3. 志愿者作为参与者也可参与评估。除评估志愿者需要改进的内容，更需评估活动目标的完成情况以及内容的合适度 4. 合作单位亦可参与评估。可邀请他们提出宝贵的意见，助力共同目标的实现

续表

		活动常见问题	应对措施
活动执行中存在的问题及对策	活动准备方面	物资、场地、各方面资源的前期准备、进程中管理混乱	1. 做一份清晰、详尽的细节分工表，由1~2名社会工作者作为活动的统筹人。如活动有仪式部分，可分为台上统筹人与台下统筹人 2. 根据活动的需要分为物资组、宣传组、接待组、摊位组等。各组设组长，配备所需的社会工作者与志愿者。组长需在活动前期准备、活动进程中与活动结束后跟进本组的分工与进度，并及时与统筹人沟通。活动过程中，每组的情况由组长负责督促，统筹人主要负责活动的整体协调与应变 3. 活动前需召开分工会议，让工作人员充分了解活动的整个流程与分工 4. 准备一份活动现场地图，便于所有活动协助人员清楚场地的布置、物资的摆放、车辆的停放（可以安排指引）
		活动物资丢失	1. 物资组统筹全部物品，只指定一个负责人，避免多头管理 2. 活动前清点并登记物资；若物品需分到各个组，则需要领取人签名 3. 活动结束后马上清点物品并签字确认
		出现突发事件时，缺乏应急管理措施	1. 关注天气预报，尽量避免雨天等不良天气；必要时需准备雨棚 2. 准备常用药品，大型活动可找医生志愿者协助应对突发情况
		如何确保有合适数量的参与者	活动前，充分的宣传、招募很重要。宣传、招募的形式有多种，可以根据活动性质、目标群体和已掌握的资源来选择不同的形式，如邮件、短信平台、电话联系、宣传单张、海报等；还可以通过活动合作单位（街道、社区、学校、企业）进行宣传、招募，一般也会请合作单位帮忙招募，比较节省人力与时间，招募的参加者人数比较多且稳定

第四节 社区活动现场管理技巧

由于社区活动现场参与人数较多、事务繁复，控制好现场的各项工作，对于活动的组织方来说是一个极大的挑战。在社区活动过程中，常常出现活动前期准备不足造成现场事务的漏缺、活动现场分工不明确导致活动现场管理混乱、组织者缺乏应对活动现场突发情况的准备和应急技巧等情况。因此，为了保证活动顺利进行，活动组织者应遵循一定的原则，对社区活动现场进行程序化、科学化管理。通常来讲，社区活动现场管理包括角色管理、流程管理、物料管理、应急管理。

一、基本原则

（一）人员职责分工明确

为了提高活动实施阶段的管理效率，需要制定并执行人员分工表。由执行负责人制订整体工作分工方案，然后由各项工作的具体负责人制订针对自身工作的详细分工计划，再交由执行负责人进行汇总，以此控制整个活动进程。整个活动由执行负责人统一安排，团结协作，互相配合。参与活动的工作人员，从活动筹备前期到活动现场执行，再到活动后期，应一直负责到底，从而进一步保证活动的进程与效率。同时，在保证各自工作内容完成的情况下，团队之间要相互配合。人员分工表第一行写明活动主题；第二行写标题，包括序号、内容、区域、具体事项、执行要求、时间节点（起止时间）、所需物料、执行人及电话、统筹人及电话、社区对接人及电话、备注等。具体见表 3.9。

表 3.9　大型社区活动现场分工表（示例）

<table>
<tr><th colspan="7">××××××大型社区活动现场分工表</th></tr>
<tr><td>备注：</td><td colspan="6">1. 工作人员 8：30 到场，并开始现场的布置和协调工作；
2. 请务必穿着工服，统一佩戴工作牌；
3. 到现场后请各社会工作者再次确认好自己的分工内容，做好自己工作后协助其他社会工作者开展工作，做好配合和协调；
4. 舞台区：×××，×××，×××；观众区：×××；展示区：×××，服务台：×××，整场调度：×××</td></tr>
<tr><th>内容</th><th>时间</th><th>区域</th><th>具体事项</th><th>所需物资</th><th>负责人员</th><th>备注</th></tr>
<tr><td rowspan="5">会场布置</td><td>9：00 前</td><td rowspan="2">舞台区</td><td>1. 跟进广告公司摆展情况；
2. 舞台布置、音响设备、音乐等</td><td>广告公司提供所有会场布置物料</td><td>×××</td><td>每家社会组织两瓶矿泉水提前摆放好</td></tr>
<tr><td>9：00—9：40</td><td>召集参加社区之歌的社会工作者进行现场排练</td><td>歌词，文件夹</td><td>×××</td><td></td></tr>
<tr><td rowspan="3">9：00—9：50</td><td rowspan="3">展示区</td><td>引导社会组织到摆展位置并规范摆展</td><td rowspan="2">社会组织、社区、企业联系表、布展图，协助其寻找到展位</td><td>×××</td><td rowspan="2">参展组织必须 9：00 之前到场，9：50 之前把所有物资摆放整齐；××的摆展</td></tr>
<tr><td>引导社区、企业到摆展位置并规范摆展</td><td>×××</td></tr>
<tr><td>体验项目布置</td><td>提前协调参加体验的项目</td><td>×××</td><td>9：50 前布置好，并请社会组织的社会工作者值守</td></tr>
</table>

续表

内容	时间	区域	具体事项	所需物资	负责人员	备注
会场布置	9：30—9：40	观众区	嘉宾物资、座牌等摆放	矿泉水、流程图、纸巾、纸、笔、领导座牌、座次表、领导讲话稿、文件袋	×××	摆放好后协助签到处的布置和引领
	9：30—9：50		观众区： 1. 摆放矿泉水； 2. 贴座位名单； 3. 摆放资料； 4. 引导领导、嘉宾、镇街、职能部门、社会组织入座	矿泉水、座位名单、透明胶、剪刀、座次表、流程图、参展机构分布图和机构介绍、文件袋	×××	
	9：00—9：50		签到处： 1. 布置签到处，三个签到册分别设置签到台（镇街、社区签到台；参展社会组织签到台；参展社区、企业签到台）； 2. 摆放好签到册和笔； 3. 清理好工作证和参展证	签到册、签到台、文件夹、参展证和工作证、新闻稿、领导讲话稿、参展机构通讯录、参展机构分布图和机构介绍。信封、志愿者补贴表	×××	

现场人员分工表可以有效地帮助活动执行索引现场分工情况，能够将现场活动分工内容清单化、流程化、规范化，让所有参与人员在活动现场都清晰明了地知道自己要干什么、要和谁协作、需要的物料，以及完成时间等，为活动结束后复盘奠定基础。

（二）区域功能标识清晰

根据社区活动的类型设置清晰可见的标识至关重要，这是引导活动参与人员快速找到功能区域的重要方式。社区活动功能区域一般包括舞台区、观众区、展示区、路引指示牌、候场区，以及其他跟社区活动相关的标识标牌。

（三）区域安排科学合理

区域安排是根据活动场地的现实情况，以及活动的内容板块要求而形成的一种对活动场地布局的安排。区域安排要遵循一定的场地布局顺序，把相关的、类似的内容放在一起，并且有一定的逻辑关系。比如在入口处设置签到台是比较常见的做法，同时在签到台旁边设置服务台，以及舞台要面对马路等，这样就可以吸引更多的人关注这场社区活动。活动现场区域安排示例如图 3.3 所示。

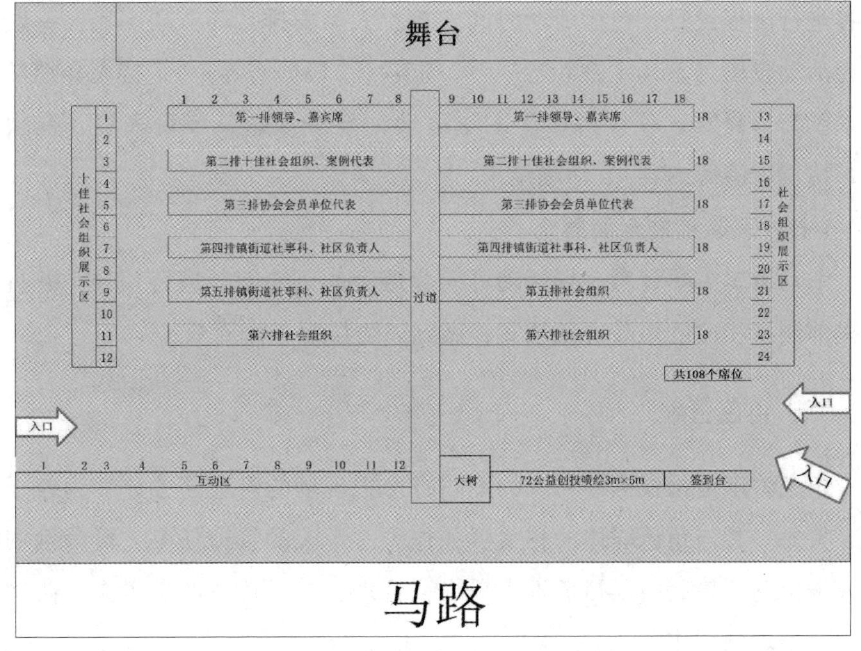

图 3.3　活动现场区域安排示例

（四）现场秩序井然有序

现场秩序是体现一场活动效果的重要尺度。活动井然有序是指在活动现场所有工作按照预想流程顺利进行，即便有突发情况也能够在良好的分工协作下得到很好的处理，活动的整体效果较好。试想一下，如果一场社区活动场面混乱、活动时间拖延严重、分工不明晰、突发状况无法有效处理等，就会导致参与人体验感较差，从而大大影响活动效果。因此，需要组织人员提前做好分工安排、流程安排、风险应对处理等统筹工作，以确保整场活动井然有序地开展。

（五）物料管理适时适用

物料是一场社区活动不可或缺的内容，要根据社区活动各个区域的功能情况进行分类整理、实时摆放、一一盘查，确保现场需要的物料无遗漏、无多余、无错置、无损坏，物料管理是确保现场活动顺利完成的重要一环。

（六）活动流程安排合理

活动流程是整场活动最能体现活动成效的要素，要根据活动的目的和内容进行流程设置，包括活动时间安排、人员安排、环节顺序等，一般可分为活动暖场（音乐、视频等）、开场节目（根据需要）、主持人介绍活动背景和与会嘉宾、领导讲话、主题呈现（发表演讲、节目表演、视频展示、情境表演等内容）、活动结束。

（七）风险控制全面周全

活动组织方要针对一场活动可能会遇到的风险问题进行预判，并且能够提前制订相应的风险应急预案，做到风险控制全面周全。

二、角色管理

角色管理是指根据参与者的不同身份把现场的管理任务分解为若干任务，将每一参与角色群体的相关事务作为一个大的管理任务，再分别安排专人来负责，最后由项目负责人来统一管理各个大任务的负责人，协调和控制整个现场工作。

根据参与活动的主要成员的身份不同大致可以将人员分类为：活动组织方，活动场地管理方，志愿者，嘉宾及观众方，媒体记者方和舞台、灯光、音响制作方。

活动组织方主要包括主办、协办、承办等参与活动整体策划和运作的单位和个人。活动组织方需要紧密合作与联系，对于活动现场的角色管理非常重要。通常情况下，活动承办方是本次活动的主要执行者，因此，活动现场分工明确并且落实到位，是活动顺利进行的关键要素。特别要注意的是，活动现场的工作人员要有统一衣服或者标识，以便他人在现场寻找。

志愿者主要包括大学生、社区居民、社会志愿者等。志愿者最好统一着装。活动现场志愿者管理包括志愿者签到、现场培训、任务安排与职责分工、活动评估与反馈，以及志愿者权益保障等。

嘉宾及观众主要包括参加活动的领导、专家、现场观众等。对于领导、专家等人员，需要活动组织方较为资深的负责人进行接待，并对活动现场进行介绍、引导入座。同时，根据活动期间的致辞、演讲、授牌、颁奖等相关安排，工作人员应在活动现场与相关领导、专家进行沟通，并告知其具体流程和细节。在社区活动中，观众一般包括社区居民、学生、学生家长、社区相关企业、社会组织等，要做好观众参与活动的引导、服务、秩序维护等工作。

媒体方主要包括活动邀请的媒体和主动前来采访的媒体，包括电视台、报刊、新媒体等。社区活动需要借助媒体将活动内容广而告之，以取得一定的社会宣传效益，扩大活动的影响力。因此，在活动现场要把活动的主题和意义清楚地介绍给媒体方，以便让媒体方能够全面认识社区活动，感知社区活动承载的价值。活动现场一定要有专人对接媒体，预留电视摄像的位置，准备新闻通稿等，协助做好文字介绍、图片提供、安排采访对象等工作。

三、流程管理

现场流程管理是确保社区活动顺利进行的重要工作，一般由活动负责人对活动当天的流程进行整体把控。

（一）场地布置

活动前，组织方要按照场地规划图、每个区域的物资、人员分工等情况进行场地布置。重大活动的场地布置要交给专业的会务公司处理，并由主要负责人全程跟进，避免布置错误；普通活动一般由组织方的社会工作者布置现场。社会工作者要按照场地布置图分板块进行场地布置，如舞台区、接待区、观众区、展示区等，分别由不同的人或团队进行布置。总负责人须整体查看场地布置是否准确，随时监测场地布置的情况，注意把控时间节奏。场地布置完成后，须确保每个区域有专人值守、看护物资和做好居民引导工作等。

（二）再次排查

在活动正式开始前，所有工作人员应提前就位。执行负责人须结合排练情况对现场工作进行全面排查，尤其是要排查涉及安排的重要环节，具体包括以下几个方面。

人员分工：工作人员重述自己的工作职责，确保所有人员全部到位。

物品摆放：查看现场桌椅、桌牌、茶水、资料、鲜花、信纸和笔等是否摆放整齐。

场地布置：查看场地布置是否美观、干净、整洁、合理。

电子设备：查看电子设备是否运行正常，所有音频、PPT 等电子资料是否已完全到位。

嘉宾伴手礼：检查伴手礼是否到位并摆放整齐，工作人员是否清楚不同嘉宾的礼品类别。

（三）活动签到

活动开始后，现场工作人员要有序安排到场人员进行签到。根据活动参与人数的多少提前确定设置签到处的数量，并确保每个签到处都有专人负责。

（四）嘉宾接待

设立活动接待组，分设多个接待小组，每个小组由两人组成，由接待组组长负责小组间的人员协调和调配。当嘉宾到场时，小组中一名接待人员负责引导休息，另一名于接待处迎接其他嘉宾。

接待工作的通常流程如下：

——联系嘉宾，确认活动地址、交通路线图等信息，预先告知迎接事宜；

——嘉宾即将到达时，接待小组须注意来往车辆，到迎接处做好准备；

——对于需活动组织方负责人亲自迎接的嘉宾，嘉宾即将到达时接待小组负责人需提前电话告知活动组织方负责人；

——活动礼仪人员引导嘉宾休息等待活动开始，并安排茶水。

（五）活动开场

如有需要，活动组织方可以根据活动的性质播放一定的暖场音乐，但要注意控制音量，不要影响现场工作协调以及周围居民。活动开场前，可以播放一些暖场音乐或者大屏幕播放相关宣传片。同时，活动主要负责人要把控活动开场时间，提醒主持人做好开场前的说明。如遇重要领导未到或其他重要物资未到等情况，要推迟活动开场时间，须做好应急预案。如询问领导到场时间、提前开展部分领导不参与的环节等。

（六）岗位就位

活动场地和物资落实好后，要确保每个区域、每个环节的工作人员就位并熟悉各自工作岗位，每个板块的负责人要清点所有人员和物资是否都对应到位，每个参与活动的社会工作者都必须熟悉活动流程，以便能够及时做好准备和衔接。

（七）流程把控

活动主要负责人要全程把控活动的流程和时间，要把控好每个环节的衔接工作，做好提醒和监测，确保活动流程在规定的时间内顺利完成。

（八）现场拍照

可使用相机和手机相结合的方式同步进行现场拍照；相机需提前充好电，带上备用电池，查看相机内存等；拍照时，需全景、近景、特写等全面进行；拍照过程中要注意安全，避免碰到人或其他物资。

（九）嘉宾参观、离场

嘉宾如需对活动现场的其他区域进行参观，则由活动负责人带领并介绍基本情况；嘉宾如需中途离场，活动负责人须为其安排好离场后的相关事宜，如出行方式、是否需要签订劳务合同、了解嘉宾对活动的看法等。

（十）活动结束

活动结束后，活动方应有序组织居民离场。离场前如需领取奖品，须做好秩序维护工作，避免现场哄抢物资。同时，提醒离场居民带好随身物品及产生的垃圾，照顾好小孩和老人。

（十一）活动评估

为了了解活动的实际效果，找出问题和不足，并为后续活动改进提供依据，活动组织方应在活动结束后针对不同的对象采取不同的评估方式进行活动评估，如现场询问、线上填写问卷等；开展评估时要注意与居民交谈的语气，避免居民反感。

（十二）收拾场地

每个岗位的负责人应自行收拾整理本岗位剩余的物资，清点好数量，归置到物资签领的地方，并履行好交接手续。重要的签到表、签领表、劳务合同等文案材料需单独保存，交由专人负责保管。必要时可邀请参与的居民协助收拾场地，这样既可以增强居民的参与意识，也可以减轻工作人员收拾场地的压力。所有人员和物资离场后，须与场地负责人做好交接工作。

（十三）活动用餐

活动结束后，如有用餐安排，活动组织方应提前安排好用餐座次，并在活动结束后引导嘉宾至用餐地点。在去往用餐地点的路上，应确认嘉宾是否有物品遗落。同时，用餐现场需有一名工作人员跟进对接。

四、物料管理

（一）物料的盘点

首先，工作人员应对活动现场所需物料进行分类，区分什么是现场需要的，什么是现场不需要的；其次，工作人员应对每个区域的物料到位情况逐一检查，确保无遗漏、无损坏、无多余、无错置；最后，工作人员应对物料进行科学合理的布置和摆放，以便用最快的速度取得所需之物。

（二）物料的使用

物料管理中，坚持谁使用、谁管理、谁负责的原则。

（三）制作物料清单

制作物料清单的目的是对一次活动中需要用到的所有物料进行汇总，借助物料清单对所需物料进行统筹管理和盘点，确保活动顺利进行。

1. 物料清单的作用

详尽的物料清单主要有以下作用：活动开始前核对检查物资准备情况，以防丢三落四；根据活动策划方案做成本预算；费用结算及下次活动备用参考。

2. 物料清单的要求

（1）做好分类。没有经过分类整理的物料容易混乱，对所有物料进行分类有助于使工作变得井然有序。物料应分类打包放置，然后安排给对应的负责人（参照企划活动人员排班表）管理，活动结束后应对所有物料分类打包回收。

（2）把握时间节点。做完以上步骤，首先需要清楚每一个物料会在什么时间节点使用，其次要理解所有物料之间的关系，这样只要提及或看到其中的一个物料，与之相关的物料都会顺带被想起来。

五、应急管理

社区活动现场的应急管理是指活动组织方在活动现场针对突发情况或问题做出的预防、应对、恢复等相关工作。应急管理可以避免突发情况对社区活动产生的不良影响。因此，在开展一场社区活动前，为确保活动顺利开展，组织方需要认真分析可能存在的问题，并提前做好防范，准备好应对策略（见表3.10）。

表 3.10　活动现场常见问题及应对办法

序号	常见问题	应对办法
1	嘉宾迟到	通知嘉宾提前半小时到达现场，在活动前 2 小时再次电话或者短信告知当天活动时间和地点，并确认参加
2	停车问题	提前协调或者告知停车地点，重要嘉宾在停车处或者重要位置停车，并在现场设置停车指示牌
3	流程混乱	提前 1 天进行活动整体的彩排，理顺活动流程，对活动细节作出更合理的调整和安排
4	物料遗漏	利用物料清单对物料进行分类管理，物料转移或人员更替时做好物料交接，填写物料交接表；使用者在活动开始之前应检查物料准备情况
5	安全问题	设置安全指示牌；现场安全疏散通道；医疗急救品；大型活动安排必要的消防设备并配置急救人员。在活动区域周围及主要通道处安排工作人员及保安，防止中途发生突发事件，如发生意外变化应及时疏导来宾。如场内发生混乱，场内的工作人员及礼仪人员迅速引领嘉宾至安全区域，同时负责人利用场内广播对场内人员进行引导和疏散
6	活动拖延	提前沟通时间安排；设置时间警示，严格把控时间流程
7	设备故障	现场所有电子设备（包括笔记本电脑）均需在活动进场前、进场后进行多次检查，以确保所有设备良好运转。活动进行中的所有文件应同时在两台笔记本电脑上备份，以保证现场电脑出现问题时可以马上切换另一台
8	现场纠纷	当活动现场出现群众纠纷时，组织方应积极应对和保持沟通，认真倾听群众的心声，避免矛盾激化
9	天气变化	如果是室外活动，但预测可能下雨，组织人员需要在活动开始前实时观测天气变化情况，根据天气情况对活动作出是否延期开展的决定。如果照常进行，则需要准备相应的防雨装备，比如雨衣、雨棚等

第五节 事后工作事项

事后工作也叫收尾工作，是指社区活动结束之后，组织方对本次活动进行整理、总结、复盘的工作。这是社区活动不可缺少的部分，也是工作成效的展现。通常来讲，收尾阶段应处理的工作事项主要包括活动总结及报告、各方反馈信息收集、活动宣传报道、活动物料清点与入库、财务工作处理、活动资料归档等内容。

一、活动总结及报告

（一）总结会议

在活动结束之后，应召开总结会议，讨论活动的成功做法和不足之处，为再次开展社区活动提供借鉴。根据需要及具体情况，总结会议分为所有组织方的总结会与活动执行团队的内部总结会。需要注意的是，总结会一定要着眼未来，所有参与总结会议的人员一定要把讨论的焦点聚焦在这次活动给我们带来了什么启示、有哪些好的做法、产生了什么成效、存在哪些不足之处、后期应该怎么改善等方面。如果一场活动总结会变成了批评与自我批评会，就违背了活动的真实意图。

总结会议现场需要安排记录人员，详细记录本次会议讨论的内容，为后续经验梳理和活动报告提供素材。

（二）实现目标情况

社区活动目标是整个活动的重要内容，指引整个活动的方向，保证活动不偏离预期。因此，在活动收尾阶段，考察目标的实现情况是不可或缺的。

1. 目标实现的内容

在活动收尾阶段，要对目标实现情况进行总结，明确目标实现的内容，重点对以下 4 个方面的内容进行回顾和总结。

（1）核对通过社区活动完成了哪些事件或内容。

(2) 核对具体指标完成的情况。

(3) 核对社区活动参与的人数和参与活跃度。

(4) 核对社区活动带来的社会影响力。

2. 目标实现的评估方法

可以采取定量和定性分析来确定目标完成情况。如果是定性目标，需要具体阐述目标是如何完成的；如果是定量目标，则需要数据支撑。

3. 明确未实现目标

在活动收尾阶段，要分析是什么原因导致目标没有完成，比如活动准备不充分、动员不足、宣传不到位、活动设计不合理、工作人员能力不足、技术问题等。针对这些问题，要明确后期活动中有什么方法可以避免，以期为未来社区活动提供相应的参考。

（三）经验梳理

一是按照整个活动从策划、计划、筹备、实施四个阶段进行每个事项、每个过程的回顾。

二是每个环节的成功经验有哪些，包括与相关组织方合作情况、活动现场的气氛、参与度、现场布置、物资管理、人员管理、突发事件处理等方面。

三是在哪些环节、内容上需要完善、改善，不足之处有哪些，改善的建议是什么。

四是收集参与者的体验感受和反馈，了解活动效果。

（四）活动报告

在活动结束后，活动组织方应就活动情况与活动成效向资方和社会公众进行展示和报告，具体包括以下几项内容。

1. 活动简报

活动结束后，相关工作人员应按照时间、地点、人、事、目标、成效六要素编写活动简报，简明扼要地呈现活动的主要内容和成效，能让读者看到简报之后有代入感和画面感。

2. 活动总结

活动结束后，工作人员对活动完成情况进行检视，包括物资准备与使用情况、文书及档案工作、宣传报道工作、人员分工与协作、财务报销工作、当日活动成效等所有与社区活动有关的工作。

3. 活动相关信息的报告

活动结束后，活动组织方应向相关方报告活动情况，同时报送活动简报，让资方知晓活动开展情况，增进其对社会工作者的信任感，同时也为后期的工作开展奠定良好的关系基础。

4. 照片筛选与报告配图

活动结束后，工作人员应及时处理和筛选高质量的图片，包括全景图、中景图、特色图等。图片内容要突出主题、有现场感。整体画面要清晰，内容明确。筛选图片时，要对具有代表性的照片进行单独存档，如活动全景照片、颁奖照片、嘉宾讲话照片、居民参与的特写、体现活动主题的大合影等。删除重复的、不清晰的照片，对剩余照片进行存档。

二、各方反馈信息收集

社区活动结束后，为评估活动的有效性，还应开展活动信息的反馈调查，为评估社区活动有效性和完善下一次社区活动提供依据。工作人员可以通过总结复盘、口头交流、问卷调查等方式向参加活动的全体成员收集参与活动的感受、满意度、问题和建议等。下面主要介绍总结复盘的工作方法。

复盘工作法是对已经完成的工作进行回顾、讨论的行动。复盘工作法分为 4 个步骤：回顾目标、评估结果、分析原因、总结经验。

（一）回顾目标

针对活动期待达到的目的和结果，可以采取罗列法分别列举清楚，让所有人员对活动目标有共时性的认知。在复盘过程中，工作人员往往会过分注重过程和执行中的细节，而忽略了整个活动的目标和结果。此外，关于所有人员针对本次复盘讨论所期望达到的目标和结果，也需要达成共识；复杂问题中不同利益相关者目的不同，也有不同的层次，需要梳理和引导；申明目的与目标的区别，目标需要支持目的，目标设置必须符合 SMART 原则，如原有活动目的（目标）缺失，可以引导讨论重新设定。

（二）评估结果

在评估环节，所有与会人员需要一起回顾本次活动的亮点是什么，哪些结果超出预期；活动中有哪些不足，哪些结果不令人满意；在关键工作、关键环节中是否准备充分、执行到位；是否有因为意外情况影响活动正常开展的情况；是否达到利益相关方（包括资方、合作方、居民、团队内部等）的预期。在评估过程中，要注意避免报喜不报忧、事实不清、各说各话、问题太多不聚焦等现象；要尽可能以目标为导向，依据目标达成情况找出工作亮点与不足，并把握关键因素，聚焦后续研讨主题。

（三）分析原因

评估阶段提出亮点与不足后，若想为后续提供更多经验，则需要分析活动成功的关键点是什么，哪些工作亮点让整个活动出彩；活动的不足是什么，是什么原因造成的，哪些是人为因素，哪些是意外因素，哪些是因为准备不充分，哪些是活动本身设计有缺陷。在原因分析过程中，要尽可能避免浅尝辄止，只看到表面现象，把活动不足或者失败的部分归因于外部因素，从而忽略团队内部的问题；要尽可能避免出现推卸责任和发生争吵、冲突的情况，要聚焦活动本身而不是归因于个别岗位和个别人员；要抓重要原因和主要原因，不求面面俱到。总而言之，在原因分析阶段，要重点遵循以下几项原则。

一是聚焦重点，层层深入，而非面面俱到。

二是运用“5W”分析法深入实质，不浮于表面。

三是客观评估环境因素，针对不足多看内因。

四是运用系统思维考虑复杂问题。

五是自我反思时，即使是外部原因也要多问“还可以做什么?”“为何没做?”

六是对事不对人，不追究是谁的责任。

七是关注工作氛围，发生冲突及时介入。

（四）总结经验

总结经验教训，是为了梳理和改善未来的活动计划。在这个部分，工作人员需要注意自己获得了哪些值得学习、值得坚持、值得改善的经验、知识、技巧或者方法，共同讨论接下来需要完成的事项有哪些。在总结经验过程中，需要注意避免好高骛远、过快得出结论、不尊重事实、缺乏后续改善的实际行动的问题。如何总结经验呢？可以从以下几个方面来实施。

一是经验教训要与评估阶段列出的亮点与不足的根本原因有关联，而非就事论事。

二是经验教训不能是空泛的原则或口号、心得，而要明确、具体、可落地。

三是要思考得出的经验教训是否具有可迁移性。

四是改进行动要可控，要明确后续行动计划的时间和责任人，避免在心中将行动落实之事寄托于他人。

三、活动宣传报道

社区活动的宣传报道是社区居民了解社区活动的窗口，当社区居民看到报道之后，不仅能了解社区生活的丰富性，还能增强居民参与社区活动的积极性。因此，在活动完成当天，活动组织方应及时撰写活动新闻稿并报送给相关媒体，同时转发相应平台，包括传统媒体和新媒体，扩大活动的影响力。活动宣传报道需要注意以下事项。

一是及时宣传。宣传时间最好在活动结束后 1 个工作日之内，以保证宣传的时效性。

二是及时收集。应尽可能完整地对媒体宣传报道进行信息收集，准备纸质和电子档的归档材料；同时，建立媒体宣传汇总表格，内容包括主题、时间、媒体名称、存放地址和链接等。

三是与相关方共享。整理媒体宣传报道资料后，需要形成宣传的简报信息，及时与合作方、资方或者相关部门共享，并向上级政府部门报告。

四、活动物料清点与入库

活动结束后，活动物料清点与整理是非常有必要的，主要包括以下两项工作。

一是清点入库。活动结束后，相关工作人员需要对活动剩余物资进行清点，并做好分类登记入库，移交给物资管理人员，以备后续使用。需要注意的是，部分物品有保质期，或者特殊保存要求，需要注意物资的及时清理和使用。如有剩余的礼品，则可用于拜访活动利益相关方。

二是归还交接。借用的物资要及时归还，并做好交接工作。在交接时，需要对物品是否损坏、数量是否正确等进行核实，最好有交接单，相关人员签字或者盖章，以确保交接的规范性，避免后期物品出现问题时权责不清。

五、财务工作处理

活动结束后，相关工作人员要按照机构的财务规定及时、规范处理报销材料。需要付款给供应商的部分，需及时向供应商索取相应的资料，如发票、采购清单、合同等，并告知付款的流程和时长，维护好与供应商的关系。

六、活动资料归档

活动档案归档是社区活动的最后一环。规范、专业、全面是档案资料归档的基本要求。

活动档案资料分为电子档案资料和纸质档案资料。电子档案资料应按照项目的归档要求进行归档，并进行分类和编号，包括活动方案、分工表、物资清单、简信、签到表（扫描）、检视表、活动调查问卷、活动总结报告、影像资料、财务资料等。对于一些特殊文件，应及时将电子档案资料打印存档，并报送给有需要的单位，如街道办事处、社区居委会等。同时，在活动结束后应及时对活动图片、视频等音像资料进行整理、修饰和剪辑。针对重要活动的视频和图片还须刻盘，连同其他活动成果资料、洗印照片等共同整理归档。

社区活动有着促进居民参与、建立社区网络、满足居民需求、回应社区问题、构建社区社会资本等重要意义和价值。因此，可以灵活地将社区活动作为社区社会工作的重要形式之一，应用到社工站社区社会工作之中，从而提升社区社会工作的服务效能。

第 4 章

如何培育社区社会组织

社区社会组织既是社区治理的重要力量，也是社区协商的主体之一，是社会组织中最贴民心、最接地气的一类组织。因此，做好社区社会组织的培育工作，既能够夯实党在基层的执政力量，又能够提升基层社区治理的能力，更能够将服务百姓、以人为本落在实处。近年来，培育社区社会组织已经成为各级政府部门关注的工作焦点，本章将重点就如何培育社区社会组织进行阐述，最终达到掌握社区社会组织培育过程中调研、培力、陪伴和评估等实务方法的目的。

知识链接

社区社会组织的四大作用

- 连接社区居民的关系网络，打造熟人社区环境。
- 促进社区居民的民主议事，扩大居民参与渠道。
- 提高社区居民的公共精神，营造互助服务氛围。
- 提升社区居民主人翁意识，形塑文化促进和谐。

第一节　培育前的调查研究

对社区社会组织进行培育前的调查研究，主要目的包括：一是了解社区社会组织的生长环境和整体情况；二是了解社区社会组织的培育意愿和培育需求；三是建立培育方与社区社会组织之间的信任关系。

通过调研了解社区社会组织的生长环境和基本情况，通常可以从以下三方面入手。

一、社区社会组织所在街区的情况

社区社会组织所在街区的情况通常可以分为基本情况以及“人、文、地、产、景”等维度。

社区的基本情况包括社区的行政区划、社区类型（传统单位型、商品房住宅型、老旧街区型、城中村型、纯乡村型等）、占地面积、四至范围、建制沿革等。

“人”一般指人口结构特征，包括根据性别、年龄、民族、姓氏等划分而呈现的人口数量和人口结构情况，特殊家庭结构（如单亲家庭、失独家庭、空巢老人家庭、独居老人家庭、残障人士家庭、留守儿童家庭等）的特征和数量等基本情况。

“文”一般指历史文化内涵，包括重大历史事件、当地方言、当地名人、特色习俗、特色美食、重要节日、文艺作品、手工艺品、社区符号（如社区 LOGO、旗帜）等。

“地”一般指地理空间状况，包括地貌特征、水资源情况（河道、池塘等）、特殊植被、名木古树等。

“产”一般指地方产业特色，包括企业资源（如大型企业和“七小”门店，包括小餐饮、小旅馆、小便利店、小网吧、小美容美发、小歌舞厅、小浴室等）和社会资源（如学校、医院、派出所、银行、社会组织、社区能人等）。

“景”一般指景观建筑情况，包括建筑风格、特色地标建筑、历史建筑、社区内的观光景点、公园绿地、公共设施等。其中，公共设施包括街镇、区级以上的设施，如大型会议中心、音乐厅、博物馆、大型图书馆、街镇文化活动中心等；还包括社区内的公共活动空间，如党群服务中心、社区活动中心、社区花园、儿童公共游乐设施、公共健身设施、卫生服务站等。

二、在地社区社会组织的整体情况

由于社区基本环境不同，导致各地社区社会组织的发展情况有所差异。通过对社区社会组织整体情况的分析，基本可以了解当下社区社会组织的优势和不足，为社区社会组织培育体系及方案的设计提供基础信息。调研社区社会组织的整体情况可以从组织数量、组织类别以及成立年份等3个方面进行。其中，社区社会组织的类别可以按照备案注册情况［民政部门注册登记、街道（乡镇）备案登记、未注册且未备案］和活动内容（兴趣类、教育类、环保类、服务类、互助类、自治类、慈善类、支持类、维权类）等类别进行划分。

三、社区社会组织的个体情况

可以根据社区社会组织的6个基本要素，初步了解社区社会组织的基本情况，包括组织的参与者、组织架构、制度规范、组织目标、行动技术以及生态环境等。其中，组织的参与者可以从参与者的构成、参与者的个体情况、组织发起人的情况等方面进行了解。

案例分享

社区社会组织培育调研

Q社会组织与D街道合作进行社区社会组织培育工作。Q社会组织首先需要了解D街道的基本情况，以及街道内每一个社区社会组织的情况。以S社区的传承队为例，通过对街道科室工作人员、社区书记、社区工作者、社区社会组织负责人及组织成员的访谈，从街区基本情况、S社区社会组织整体情况以及S社区传承队个体情况三方面进行了调查研究。

从街区整体情况来看：D街道属于老旧胡同街区，距今已经有600年历史，共有9个社区。街道常住人口为4万多人，人口结构以老年群体和流动人口群体为主，辖区内的特殊群体如残障人士、低保户等人数较多，整体收入水平偏低。街道内辖区单位有百余家，多为小微企业。街道公共活动空间面积较小、数量有限，对社区社会组织的发展具有一定的抑制作用。

S社区社会组织整体情况如下：一是组织数量。S社区共有6个社区社会组织，均为已备案未登记的状态。二是组织类型。6个社区社会组织分别为服务类2个、兴趣类3个、环保类1个。三是组织成立时间。最早的社区社会组织是2007年成立的，其余组织分别于2008年、2010年、2015年、2016年、2017年成立。

S社区传承队个体情况如下：一是成立时间及背景。S社区传承队成立于2017年，由几位社区居民共同推动成立。二是组织成员情况。S社区传承队共有22人，其中管理层2人、核心层5人、一般层15人，均为本街道居民，其中2位是外社区居民，队员平均年龄65岁。三是组织架构。S社区传承队有1位组织负责人、1位副队长、3位分队长和3位副分队长。四是组织目标。S社区传承队以“宣传本社区的历史文化，增强居民的归属感和认同感，共建美好家园”为组织目标。五是组织行动技术。S社区传承队主要工作目标是对本社区的历史文化进行讲解说明，畅通社区内外部人员了解本社区历史的渠道。S社区传承队固定的活动时间以周为单位，有固定的活动场地。六是组织制度规范。S社区传承队具有组织准入及准出规则、会议制度、考勤制度、财务制度、物资申领及保管制度等组织规范。S社区传承队已经链接到本街道、本社区以及区级的支持资源，同时与辖区外的社会组织进行合作联合申请社区服务项目。S社区传承队是社区的品牌组织，曾多次被市级媒体采访报道。S社区传承队的组织需求在于提高组织成员的讲解水平，吸纳年轻群体加入。

通过从以上3个层次对社区社会组织进行调查研究，能够更为全面完整地了解社区社会组织的基本情况以及所在区域的总体情况，为组织培育工作奠定良好的基础。

第二节　培育中的培力赋能

根据社区社会组织发展的不同阶段，培力赋能的作用是提供适宜其生长的支撑体系，通过一系列培训和实践的过程，提高社区社会组织的能力，助力社区社会组织的成长发育，起到“授人以渔”的作用。培力赋能具有 4 个原则：自愿性、参与性、多元性和持续性。

培力赋能的方式具有多样性，按照不同的应用场景通常分为讲授式、小组讨论、工作坊等形式。在社区社会组织培育过程中，常见的培力方式主要包括室内培训学习和室外参访交流。室内培训学习包括长、中、短期的培训班，宣讲会、路演活动、集体或小组工作坊、一对一咨询等。室外参访交流包括本地参访和跨省市参访，以及短期参访交流和长期深度参访学习等方式。

根据社区社会组织的生发过程，会出现 4 个阶段的培力实务过程，包括形成组织初级形态的育种阶段、组织发展成为稳定形态的萌芽阶段、组织具有公共服务特征的小苗阶段、多组织间形成协商平台的成熟阶段。每个阶段的培力赋能依然遵循 4 个培力原则，按照不同的培力周期和内容，采用适宜的培力方式。下面，以“微公益创投”方式为例详细说明社区社会组织培育过程中的培力赋能实务方法。

微公益创投方式是将经济领域中的“风险投资”或“创业投资”理念延伸到社会领域，即以公益的方式进行社区创业和资源分配，从而动员社区居民参与社区事务，培育社区社会组织，回应社区居民参与率不足、社区原子化以及社区“减负”等问题的系统实务方法。

以微公益创投方式培育社区社会组织包括社区公益项目大赛（育种及萌芽阶段）、社区民生议题会（小苗阶段）、社区社会组织协商平台（成熟阶段）等系列实务方法，适用于社区社会组织发展的不同阶段。微公益创投过程中的培力赋能目的是提升社区社会组织的各方面能力，包括组织内部管理能力、组织项目运作能力、资金规范使用能力、组织对外宣传能力以及筹集外部资源能力等。

案例分享

社区社会组织培力赋能体系

Q社会组织在D街道进行了长达6年的社区社会组织的培育历程，根据社区社会组织的不同发展阶段，构建出一整套培力赋能体系，实务方法包括育种阶段的项目大赛、萌芽阶段的微创投、小苗阶段的民生会、成熟阶段的协商平台。每个阶段所采用的具体方法包括每年举办的培训班、阶段性开展的宣讲会、每半个月定期开展的培力工坊、不定期进行的一对一咨询、阶段性开展的社区级协商平台辅导、组织的联合接访等。每一个具体方法都进行了量化统计（见表4.1）。可以发现，长期进行的一对一咨询以及培力工坊在实际培力中的需求量较大，其他培力方法仅仅是为了适应组织在某一阶段发展的需要而开展的。例如，宣讲会在组织形成之后开展频率有所下降，联合接访需要在每个组织发展相对成熟之后才会开展，而平台辅导是在组织发展相对成熟阶段才会逐渐出现。

Q社会组织自2015年开始以培力赋能的方式进行社区社会组织的培育。经过10次培力工坊后，共有20个社区社会组织成为第一批种子。2016年，Q社会组织在举办了为期3天的培训班后，通过6场社区宣讲会挖掘到34位新的社区能人；并与2015年培育的组织一起，通过94次一对一赋能和辅导，最终共出现27个社区社会组织及其项目；通过汇报路演及主动淘汰的方式，最终共有24个社区社会组织进入下一阶段继续接受培育。从2017年开始，随着组织数量的增加，以及组织发展程度不同，Q社会组织采用分层方式对不同发展阶段的社区社会组织进行培力赋能，同时，一对一辅导和咨询的次数也与日俱增。截至2019年，Q社会组织共进行655次培力赋能，持续开展74次培力工坊，培育了50个社区社会组织，出现了除了单个社区社会组织的多个社区社会组织的联合体组织形态，并以社区社会组织为主体联合接待外部参访团20余次，为游客朋友讲述街区历史文化故事，形成D街道的品牌社区社会组织。

表 4.1　D 街道组织培育体系

组织发展阶段	时间	培力实务方法	培训班	宣讲会	培力工坊	一对一咨询	平台辅导	联合接访
		1. 培力方式	讲授式	工作坊	分享式、参访交流	小组讨论		交流学习
		2. 培力内容	组织案例、项目设计、社区平台搭建	理念传递	组织管理、项目管理、财务管理、资源筹集、专业技术等			组织发展历程、协商合作
		3. 培力周期	每年	每周（阶段性）	每半月（长期）	不定期（长期）	每周（阶段性，仅 3 个社区）	每周（阶段性）
育种阶段	2015 年	项目大赛	挖掘地方文化特色的社区营造（4 天）	6 次	10 次	—	0 次	0 次
	2016 年		共同营造，创想家园（3 天）		0 次	94 次	0 次	0 次
萌芽阶段	2017 年	微创投	协力营造，共创家园（3 天）	0 次	18 次	181 次	0 次	0 次
小苗阶段	2018 年	民生会	共同营造有温度的社区家园（3 天）	0 次	25 次	277 次	13 次	11 次
成熟阶段	2019 年	协商平台	联合行动，协商共治（2 天）	0 次	21 次	103 次	18 次	9 次
总计			5 期年度培训班	6 次	74 次	655 次	31 次	20 次

通过以上案例，可以发现在组织发展的过程中培力赋能过程的重要性，以及通过培力赋能后，社区社会组织将会发生状态的变化，由“松散型”向“规范型”发展，从“单个组织”向“多组织联合体”状态发展。

第三节 培育中的陪伴助力

陪伴助力是培育方通过日常观察和长期陪伴以助力社区社会组织成长发展的一种培育方式。

陪伴助力的作用主要体现在两个方面：一是陪伴助力能够更为直接地理解社区社会组织所面临的需求或问题，培育方可以及时发现社区社会组织的短板或不足之处，从而设计出更适宜本地组织发展所需的培力赋能实务方法；二是陪伴助力的方式是双向互动的过程，能够促进培育方与社区社会组织之间增进信任关系，社区社会组织能够向培育方袒露心声，培育方能够了解组织的真实情况，保证培力赋能的有效性。

培育方在进行陪伴助力的过程中，也需要把握好 3 个原则：一是以具有相关知识并做好基础调研为前提。二是保持培育方中立、客观的身份和角色，避免影响组织的自主活动、避免介入组织的内部事务、避免与组织成员谈论是非、避免“被成为”组织成员。三是持久性。陪伴助力并非一朝一夕，而是一个长期的、持续的过程。对于社区社会组织而言，熟悉培育方需要一定的时间，对培育方的认可和信任也需要一定的时间，只有形成了信任关系，才更容易进行培力赋能。陪伴是双向互动的过程，正如“陪伴是最长情的告白”，只有将心比心，社区社会组织才会对培育方具有信任感，而培育方的工作也才会对社区社会组织的成长发展具有价值和意义。

陪伴助力可以通过“线下”和“线上”两种方式进行，主要表现为在“线下”进行组织活动的追踪，在“线上”进行组织情况的观察，将“线上”和“线下”两种方式结合起来，陪伴助力将会更为全面、更为有效。

在“线下”陪伴助力的过程中，培育方可以通过观察社区社会组织行为发现组织成员之间的关系结构，并挖掘出组织的真实需求。同时，也可以通过培育方与社区社会组织的互动，增强双方的信任关系和工作关系。

“线下”陪伴助力的方式适用于培育方与社区社会组织直接进行的互动交流，例如培育方追踪社区社会组织的活动，包括自主活动和非自主性活动；再如培育方参加社区社会组织的各类会议，既可以是内部会议也可以是全体会议；又如培育方与社区社会组织的交流互动，包括闲聊和访谈。

案例分享

社区社会组织陪伴助力

L 组织属于兴趣类社区社会组织，活动内容以手工编织为主，活动地点均在社区活动室。由于已经成立近 8 年，因此组织成员构成及规模均较为固定，活动时间和频次也比较固定，组织一直处于较为平稳的运行状态。

作为培育方，Q 社会组织发现 L 组织负责人及成员对组织的发展均无明显期待，只希望大家在一起能够身心愉悦、手工作品能够赏心悦目即可。面对此类组织，Q 社会组织没有直接采取培力赋能的方式，而是采用陪伴助力为主的培育方式，固定安排 S 伙伴作为 L 组织的陪伴助力者，并持续性地对 L 组织的活动进行追踪以便对 L 组织进行充分了解，亲身融入组织中从而发现 L 组织的亮点、发掘其优势。在参加 L 组织的活动前，S 伙伴会提前与 L 组织的负责人联系，询问自己一起参加 L 组织的活动是否方便，并表明自己仅仅是希望能够更了解 L 组织的活动内容。当获得 L 组织负责人的允许后，S 伙伴保持每周均全程参加 L 组织的活动，进行“线下”的陪伴助力。

S 伙伴在“线下”陪伴助力的主要目的是观察组织成员间的互动情况，

以及组织成员在活动过程中表露出的情绪和想法。例如，S伙伴在参加L组织的活动时，发现大家比较喜欢照相，于是S伙伴便主动为大家拍照，尤其是帮助组织成员与其作品合影，S伙伴逐渐获得L组织成员的认可。同时，在与组织成员一起参与作品的制作过程中，S伙伴观察到队员之间往往是互相帮助，自己也因技术不佳经常成为“帮扶对象”，S伙伴逐渐与组织成员融入，建立起彼此信任的关系。在得知L组织有自己的微信群时，依靠与组织成员建立的信任关系，S伙伴被L组织负责人邀请进微信群，同时也在“线上”观察组织的情况。

在“线下”参加组织活动时，S伙伴发现组织已有的手工作品非常多，以致存放空间不足，同时发现组织成员其实非常希望手工作品能够获得更多人的认可，也希望作品能够通过售卖带来收入从而购买新的手工材料。因此S伙伴与L组织负责人聊了关于对作品的想法，并鼓励L组织可以参加一些义卖活动。不久后，在街道举办的大型展示活动上，经由S伙伴的链接，L组织作为参展组织之一，在活动现场进行义卖，并将所获得的资金统一交由L组织财务负责人管理，用于分期购买手工材料，L组织在一定程度上迈出了“自我造血”的第一步。

在刚刚开始进行组织培育时，由于需要留存组织活动资料，为此L组织的成员对自己写活动记录有抵触情绪，于是S伙伴便不厌其烦地回答组织成员的各种问题，说明留下活动记录的作用。当社区工作者看到L组织的档案资料时，才知道L组织原来可以做这么多事，因此给予了L组织更多的支持和肯定，L组织的成员对于留存过程资料的态度也有所转变，到后期已经能够自主留存每次活动的资料。

通过以上案例，我们能够发现，陪伴助力实际上是增加培育方与组织成员之间的黏性，提高彼此间的信任感。S伙伴以“润物细无声”的方式对L组织进行陪伴助力，通过观察组织成员的行为进而了解组织的“真实需求”，从而为组织提供所需的支持，实现“陪伴助力”效果最大化。

第四节 培育后的以评促建

社区社会组织的评估是多个相关方对该组织综合情况的评估，评估的内容包括组织自我管理的程度、组织自主项目运营情况及所产生的社会效应、项目资金规范合理使用的情况等方面。社区社会组织评估的目的并非为了评分或排名，而是通过评估达到以评促建的目的，了解组织阶段性的发展情况，聚焦组织痛点及需求，以提供更有效的培力及陪伴支持，提升社区社会组织的自主运营和“自我造血”能力，发挥社区社会组织在社区治理中的功能与作用。

社区社会组织以评促建的目的具体体现在 3 个方面：第一，从社区社会组织的角度来看，社区社会组织通过评估过程能够了解自己组织的不足，也能够看到其他组织的优势，并且通过评估可以搭建组织间相互交流和共享的平台；与此同时，社区社会组织也能够通过评估发现自己组织的优势，并且逐渐扩大和发挥优势，有助于组织筹集到更多发展所需的资源。第二，从培育方的角度来看，通过评估过程，培育方可以更为客观地了解社区社会组织的发展现状，并且设计和优化社区社会组织的培育体系。第三，从其他相关方的角度来看，可以通过评估结果挖掘社区社会组织的发展潜力，并且提供给组织更多的助力和支持，促进社区社会组织生长和发展的生态环境更加繁盛。

对于社区社会组织而言，评估对象即为社区社会组织，范围可以包括正在培育的组织、尚未进行培育的组织，或是曾经进行过培育的组织。而评估方则是除了被评估的组织以外所有的相关方，例如评估对象是 A 社区社会组织，则评估方可以是 A 组织所提供服务的服务对象、参加 A 组织活动的受益群体，A 组织所在的街道（乡镇）、社区“两委”、驻区单位、其他社区社会组织，A 组织的培育方、外部专业社会组织、枢纽型社会组织等，即所有与 A 组织有关系的各个相关方。而在众多的评估方中，A 组织的服务对象或受益群体是最为重要的评估方。

在社区社会组织的评估过程中，需要坚持3个原则：一是坚持以评促建的原则，鼓励社区社会组织更好地发展，避免打击组织的积极性。要建立规范的组织评估体系和奖励机制，避免“平均主义”，例如每个社区每年都需要有一个组织获得奖励；避免“轮流坐庄”的现象，例如每年轮换几个获得奖励的组织。以上几种形式都会不同程度地打击组织的积极性。二是坚持以多元主体参与评估的360度评估方式，全面系统地对社区社会组织进行客观分析。360度评估包括组织自评、服务对象评估、组织间同侪互评以及外部专家评估等维度，其中外部专家维度既可以包括各领域的专家代表，又可以包括所在街道（乡镇）、社区“两委”、外部专业社会组织、内部枢纽型社会组织等多个培育方。三是坚持评估的时效性、操作的便捷性以及过程的持久性。社区社会组织的评估过程是实时进行的，最为有效的评估是具有时效性特征的评估。社区社会组织最为关键且重要的评估方来自社区居民，而社区居民的结构又会呈现出多元化的特征，因此简化评估流程、降低评估操作难度就显得尤为重要。培育社区社会组织是一个长期的过程，相应地对于社区社会组织的评估也是一个持续性的过程，即使对于培育之后可以独立运行的社区社会组织，依然需要对其有实时的、持久的评估，才会更好地陪伴助力其发展。

案例分享

培育后的以评促建

D街道委托外部第三方Q社会组织通过政府购买服务的形式开展社区社会组织培育的项目。在培育过程中，Q组织以每半个月为周期，举办一次“社区社会组织评估评议会”（以下简称“评估会”）。需要说明的是，“评估会”能够实现“360度评估法”中的外部专家评估、组织互评以及服务对象评估，而组织自评环节则是社区社会组织集体讨论，暂不需要在“评估会”上实现，后期由评估方汇总各项分数即可。“评估会”的主要步骤如下。

首先，拟定“评估会”的时间和场地。由于是每半个月举办一次“评估会”，评估时间基本固定，例如在周三上午举办，因此只要确认当天街道无重大活动，或是社区“两委”无集中例会即可确定评估时间。确定了会议时间后，需要尽快预约会议场地，以免场地被占用。从筹备到举办，通常需要一周的时间准备。

其次，邀请街道办事处领导、社区居委会领导、外部评估专家以及参加评估的社区社会组织和组织的服务对象。第一，通常会邀请街道主管科室的领导及工作人员来参加“评估会”，一是为了展示社区社会组织此阶段所做的工作和组织的风采，二是为了社区社会组织获得来自街道的认可。第二，邀请社区书记、主任或是主管社区社会组织的社区工作人员参加会议，也是为了让社区更加了解社区社会组织，并使得社区社会组织获得社区的支持。第三，邀请外部不同领域的专家参与评估，包括社区服务项目及活动方面的专家、社区社会组织领域的专家、政府资金监管及财务方面的专家等。专家身份可以是高校学者，也可以是实务工作者，还可以是其他街道或社区的工作人员。邀请外部专家的目的是给社区社会组织一些启发，同时也是为了促进不同地区伙伴间的交流。第四，确认参加评估的社区社会组织。参加评估的组织通常是在此阶段开展活动或是实施了社区服务项目的组织。评估时要邀请两位以上的组织成员共同出席，能够体现出“组织感”，而非“单打独斗”或是“孤军奋战”。第五，邀请一部分社区居民或是社区社会组织的服务对象。由于此部分需要考虑覆盖范围，因此可以采用线上平台让更多的社区居民或服务对象参与评估。可以在常用的公众号或小程序上，发布评估活动举办的时间和参与方式，通常将打分表与活动通知以二维码的形式链接。

再次，确定会议的议程并在各平台上发布会议通知，准备会议资料确保会议顺利举办。第一，会议议程的设置一般分为三部分：一是介绍“评估会”的流程、评估规则和领导嘉宾。二是每个社区社会组织进行汇报和现场互动，根据组织数量调整汇报和互动的时间。汇报的形式可以采用PPT，也可以口头汇报，还可以使用实物展示，只要符合社区社会组织自身活动内容，展示出组织风采即可。同时可以采用组织成员集体上台共同汇报的形式，体现“组织感”的同时，也达到了组织成员间互补的效果。三是公布评估结果并邀请领导专家进行总结，提高组织举办活动或服务的创新性和规范性。第二，在形成完整的会议议程后，需要在各种平台上发布“评估会”的通知，进行“广而告之”。第三，准备会议资料，包括会议议程以及评估表。评估表包括外部专家评估表（主要为街道、社区、外部专家所使用）、组织互评表（主要为社区社会组织所使用）、服务对象评估表（主要为社区居民和服务对象所使用）。其中组织互评表，参评的社区社会组织自己不填写，由其他社区社会组织为参评的组织打分。360 度评估法中每一个维度的评估指标详见表 4.2。

最后，正式举办“评估会”。在前期准备工作充足的情况下，现场配备 4~5 名工作人员即可，分工可以根据现场情况设置，例如主持串场、设备播放、会议纪要、拍照录像、签到辅助等。“评估会”现场需要注意的：一是评估顺序的抽签。这部分工作可以在会议前准备好抽签号码，在签到时进行抽签，确定汇报顺序。二是控场和气氛调节。遇到冷场局面时，主持人需要采用一定的引导方法，鼓励组织成员或社区居民表达自己的感受及提出建议。三是对评估表的使用需要进行说明。这部分工作可以提前对社区社会组织进行培力，也可以在会前对领导、专家作说明解释。四是控制时长。有时候会因为汇报超时或交流超时等原因，无法按时结束会议，需要主持人把握好时间，并采用多元提示方法和技巧，控制会议时长。五是在“评估会”结束后可以采用合影或集体口号的方式，增强活动的仪式感。在会后，实施方也需要及时进行资料整理和会议总结，做好媒体宣传的工作。

通过举办“评估会”，能够对社区社会组织能力的提升起到促进作用，同时也可以实现与外部专家、内部伙伴进行交流的目的，还能够搭建整个区域的信息交流和资源共享平台，实现以评促建。

表 4.2 社区社会组织 360 度评估指标体系

评估维度	一级指标	二级指标
外部专家评估维度	组织管理	组织具备社区居民的主体性，且具有所属地域性特征
		组织具有稳定的内部结构和组织规模，管理层、核心层、一般层均较为完整
		组织具有内部管理规范，能够独立处理组织内部事务，已经形成自治理机制
		组织拥有资深专业技术，且具有非营利性和非政府性特征，并具备社区公共服务的意识和能力
	活动管理	组织具有自主设计社区服务活动的意识和能力，并且服务活动能够满足服务对象的需求
		组织能够按原计划独立开展服务活动，自主推进服务活动顺利完成，并能够达到预期效果及目标
		组织的社区服务活动具有可持续性、可推广性、可复制性
	资金管理	组织能够合法合规地进行活动资金预算编制
		组织能够规范使用活动资金，并能够及时规范地调整资金使用金额和用途
	资源筹集	组织具有主动筹集外部资源的意识和能力，能够自主宣传组织活动
组织间互评维度	活动实施	我们组织喜欢该组织所设计的社区服务活动
		我们组织认为该组织实施的活动可以满足服务对象的需求
	经验借鉴	我们组织会借鉴该组织的设计或实施的方法
服务对象评估维度	活动实施	我喜欢本次活动
	参与意愿	我愿意继续参加此类活动
		我会把此类活动推荐给家人或朋友

续表

评估维度	一级指标	二级指标
组织自评维度	组织管理	组织内部核心团队成员和组织总人数均比较稳定，组织成员之间能够协商组织的内部事务，已经制定了组织内部管理规范和微信群聊规范
	活动管理	能够独立设计社区公益服务活动，并按照计划自主开展服务活动，活动能够满足服务对象的需求，并获得服务对象的好评
	资金管理	能够合法合规地编制社区服务活动的资金预算，并规范使用活动资金，按时整理票据资料，能够按规范调整活动资金的使用用途
	资源筹集	能够自主宣传服务活动信息，积极筹集外部资源（含资金），保障组织服务活动的持续开展

第 5 章

如何做好社区基金

社区基金，简单地说，就是在具有公募资格的慈善组织账户下，设立用于社区公益慈善事业的专项基金账务科目，在符合慈善组织宗旨的前提下遵照发起人（或捐赠人）的意愿，专款专用。通过发展社区基金，可以让慈善资源更多地服务社区，让社区居民参与慈善活动，以社区微基金为平台促进居民参与社区治理，从而使一些社会问题在社区层面以慈善、公益、自治、互助的方式得以解决。其实质就是用本地的钱、聚本地的人、做本地的事。如何做好社区基金，如何通过社区基金整合社区资源，搭建合作治理平台，促进多元主体参与，则取决于社区基金如何实现花钱和筹钱之间的良性循环。本章以基层社工站如何做好社区基金为核心内容，阐述城乡社区公益慈善基金设立、募资、使用等方面的实操方法。

知识链接

社区基金的五大功能定位

- 社区基金是社区公益资源的联动者。
- 社区基金是社区公益慈善活动和项目的本地资助者。
- 社区基金是社区治理问题的本地回应者。
- 社区基金是社区议题的本地倡导者。
- 社区基金是多元主体参与社区治理的跨界合作推动者。

第一节　社区基金的成立

社工站做好社区基金，首先要了解社区基金的发起主体、挂靠的慈善组织、名称、成立的条件、成立流程等。只有如此，社工站才能立足社区的特点和需求，有序推动社区基金的成立。

一、社区基金的发起主体与挂靠的慈善组织

（一）社区基金的发起主体

出于公益目的、符合法律法规规定的个人或机构都可以担任社区基金的发起人。具体来说，社区基金在符合慈善组织宗旨和业务范围的前提下可由乡镇（街道）政府部门、辖区内事业单位、村民委员会（社区居民委员会）、社会组织、企业、个人等倡议发起，向慈善组织申请，经慈善组织批复同意后即宣告成立。

例如，湖南省众善公益慈善基金会在长沙市天心区金盆岭街道赤岭路社区成立的公益发展基金，其发起主体为长沙市天心区金盆岭街道赤岭路社区居民委员会。长沙市慈善总会在长沙盟员企业服务有限公司成立的“长沙民盟企业家联谊会”公益基金，该公益基金的发起主体为长沙盟员企业服务有限公司。成都市锦江区社会组织发展基金会在成都市成华区明德社工服务中心成立的锦基金成华明德社工专项基金，其发起方为成都市成华区明德社工服务中心。

（二）社区基金挂靠的慈善组织

对于社区基金挂靠的慈善组织，发起人（或单位）根据捐赠意愿，寻找具有募捐资格的基金会或者其他慈善组织设立专项基金，需要符合慈善组织的宗旨和业务范围。根据挂靠的基金会或其他慈善组织所具备募捐资质的不同，冠名基金在募捐方式上同样存在差异性。挂靠在有公募资质的主体下，冠名基金可以公开募集款项；挂靠在非公募基金会或慈善组织下的主体，只能以非公募的方式筹款筹物。

为推动社区基金的设立，部分基金会或慈善组织对挂靠在其名下的社区公益基金予以资金支持。例如，长沙市慈善总会为支持社区发展基金的发展，对筹款金额超过 5 万元的社区、3 万元的村进行配捐激励，每只基金配捐 1 万元（限配一次）；对累计筹集金额在 10 万元以上的基金按 20%的比例进行配捐激励，每只基金的配捐激励最高金额不超过 5 万元；配捐

资金注入基金账户，由社区居民委员会和村民委员会统筹使用。在长沙市宁乡市，长沙市慈善总会为累计筹集金额在 10 万元以上的社区基金（或乡村振兴基金）按 10%的比例进行配捐激励，每笔社区基金（或乡村振兴基金）的配捐激励最高金额不超过 5 万元；配捐资金注入社区基金（或乡村振兴基金），由社区居民委员会（村民委员会）统筹使用。

二、社区基金的名称

（一）社区基金的名称构成

根据《中华人民共和国慈善法》《基金会管理条例》《民政部关于进一步加强基金会专项基金管理工作的通知》《基金会专项基金管理办法》等法律法规和相关规定，一般来说，专项基金的名称需包括慈善组织名称、字号名，并以“基金”字样结束。其中，字号名可为自然人姓名、社区（村）名称、注册商标或具有良好含义的中文名称。具体命名规则要符合民政部办公厅 2021 年印发的《关于加强民政部业务主管基金会专项基金管理工作的通知》和 2021 年 8 月印发的《社区社会组织章程示范文本（试行）》的有关规定，不能与其相背离。

社区基金的规范名称一般可为“慈善组织全称+街道（乡镇）社区基金”，可简称为“××街道社区基金”或“××社区基金”，也有冠以“公益微基金”“慈善微基金”“社区公益基金”“社区发展基金”“社区公益发展基金”“社区慈善基金”“社区慈善发展基金”等名称的，命名方式大体可以参照上述样式。

例如，湖南省众善公益慈善基金会在长沙市天心区金盆岭街道赤岭路社区成立的社区公益发展基金，其全名为“湖南省众善公益慈善基金会金盆岭街道赤岭路社区公益发展基金”，简称为“赤岭路社区公益发展基金”。长沙市慈善总会在长沙县开慧镇开慧村村民委员会成立的乡村振兴慈善基金，其全名为“长沙市慈善总会开慧村村民委员会乡村振兴慈善基金”，简称为“开慧慈善基金”。宁乡市基金会规定，挂靠在基金会账户下的社区基金、乡村振兴基金规范命名为“‘爱心宁乡’××（社区称谓）慈善基金”“‘爱心宁乡’××（村民委员会称谓）乡村振兴慈善基金”。

（二）社区基金名称的限制

作为专项基金的一种类型，社区基金的名称要规范使用。社区基金名称应当使用符合国家规范的汉字，不得使用可能对公众造成欺骗或者引起公众误解的字样或内容，不得使用国家相关法规政策禁止的内容。利用社区基金开展活动、进行宣传时，应当使用冠以所属慈善组织名称的规范全称。

三、社区基金成立的条件及材料

（一）成立社区基金的条件

和成立基金会的高门槛不同，社区基金以专项基金的形式设立，其设立的门槛没有统一规定，各慈善组织一般根据本机构的宗旨来评估社区基金的发起人（或单位）、目标、用途、现有规模和未来发展等因素，决定是否予以设立。

社区基金无须注册，全部账目挂靠在相应的基金会和慈善组织之下，不具有独立法人资格，由慈善总会进行监管。除此之外，社区基金也不能直接开具票据，不具有独立的民事行为能力，不能为任何法律行为承担后果。因此，社区基金所挂靠的慈善组织对社区基金负有完全的管理责任并需要承担最终的法律责任和履行合规义务。

例如，长沙市慈善总会规定，凡长沙市致力于发展公益慈善事业的社区（村），均可自愿在长沙市慈善总会设立社区基金（或乡村振兴慈善基金），没有具体要求，也不设具体门槛。《珠海市香洲区社区基金设立工作指引》规定，设立社区基金的首次捐款额为人民币5万元（含）以上。成都市金堂社区发展基金会规定，由政府部门、企业单位发起设立的专项基金，启动资金不低于10万元，每自然年度注入资金总额原则上不低于5万元；由社会组织、个人发起设立的专项基金，启动资金不低于5万元，每自然年度注入资金总额原则上不低于3万元；由社区（村）发起设立的专项基金（社区基金），启动资金不低于1万元，每自然年度注入资金总额原则上不低于0.5万元。

（二）申请成立社区基金需要提交的材料

个人或机构在申请成立社区基金时，发起方需准备并提供如下相关资料：村（社区）需提供机构相关的合法、有效的证件复印件，复印件包括但不限于法人登记证、税务登记证、组织机构代码证、银行开户许可证以及机构简介等，所有材料需加盖公章；个人发起成立社区基金需提供身份证复印件、个人简历等资料，其他具体要求，发起人可与挂靠的慈善组织进行确认。

四、社区基金的成立流程

各慈善组织对社区基金的要求存在一定的差异，图 5.1 只是基金设立的一般流程，供参考。

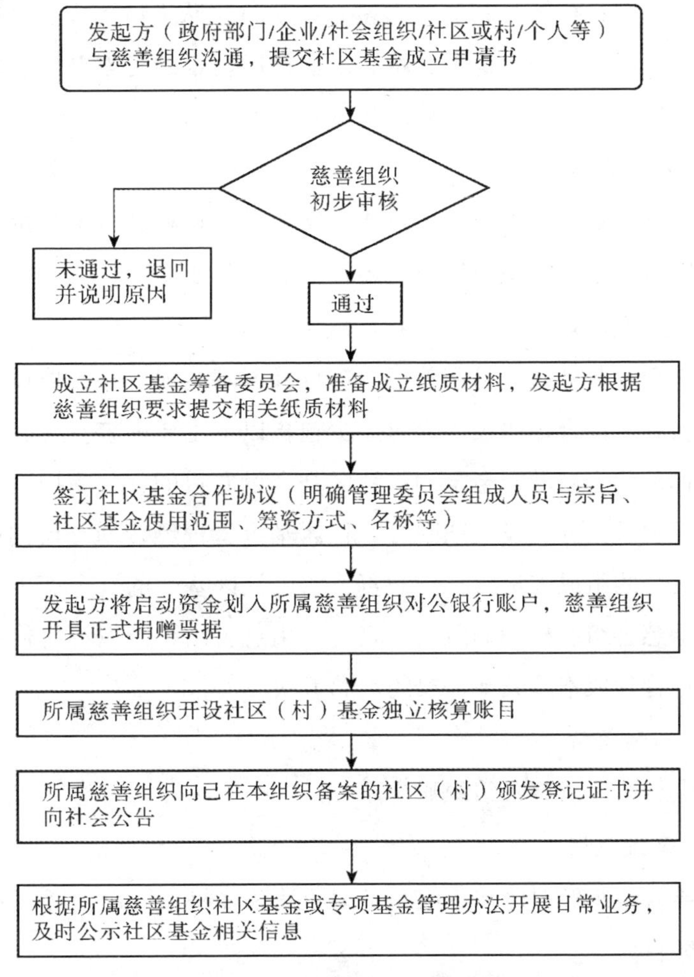

图 5.1　社区基金成立流程图

（一）提出申请

由社区（村）意向发起方根据所属慈善组织专项基金的发起要求向慈善组织提出书面申请，书面申请需提交如下相关材料：社区（村）慈善基金的名称；社区慈善基金的发起人、设立的原因和目的、宗旨和业务范围；社区慈善基金的原始资金来源，成立后的资金募集方式及渠道；社区慈善基金管理委员会的成员类型、数量、成员简历、治理结构，以及管理委员会职责；社区慈善基金的运作类别，是资助型、执行型还是资助及执行均有的混合型；社区（村）慈善基金的执行团队人员构成。具体需要提供发起设立社区基金的申请书、发起设立社区基金的管理办法、发起设立社区基金捐赠协议、发起设立社区基金成立协议书。

（二）审核批复

所属慈善组织按照审批程序对所提交的设立材料进行审核批复。同意设立的，则所属慈善组织与发起人签订基金设立协议。

（三）签订协议

社区基金发起方通过与慈善组织签订社区基金成立合作协议，确立双方责任与权利。该合作协议内容应至少包含以下主要内容：发起设立社区基金的名称及约定启动资金金额；社区基金设立目的、款物用途及管理方式、双方权利及义务、设立期限等；社区基金管理经费列支比例；社区基金管理委员会的组成人员及工作职责；明确社区基金的资金产生的相关利息要捐赠给慈善组织作为非限定性资金，由慈善组织予以统筹使用；基金终止条件；管理成本及其他需要约定的事项。

（四）拨付资金

启动资金拨付至慈善组织账户。

（五）开设账目

所属慈善组织针对已在本组织备案的社区（村）开设社区（村）基金独立核算账目。

（六）发布公告

所属慈善组织向已在本组织备案的社区（村）颁发登记证书并向社会

公告专项基金相关信息。

案例分享

长沙市慈善总会社区发展基金合作协议书

甲方：长沙市慈善总会（以下简称甲方）

乙方：______________（以下简称乙方）

为深入挖掘社区（村）慈善资源，帮助社区（村）搭建慈善服务平台，培育慈善力量，充分发挥慈善在第三次分配中的主体作用，助推共同富裕，乙方决定在甲方设立“社区发展基金”。为规范基金管理，根据《长沙市慈善总会社区发展基金章程》的有关规定，经甲乙双方友好协商，达成如下协议，以资共同遵守执行。

一、基金名称

长沙市慈善总会__________________发展基金。

二、基金来源

（一）创始资金。乙方可以通过相关部门和单位的赞助或自筹资金筹集创始基金。

（二）社会捐赠。乙方可以联合甲方发动企事业单位、社会组织、个体经营户、社会公众个人等对基金进行线下捐赠。甲方银行账户信息如下：

账户名称：长沙市慈善总会

开户银行：农业银行滨江支行

银行账号：××××××××××××××××××

乙方联合甲方开设线上慈善项目，发动企事业单位、社会组织、个体经营户、个人等对基金进行线上捐赠。

（三）网络募捐。乙方可以联合甲方面向社会开展网络募捐筹集资金。

（四）活动筹资。乙方可以通过组织开展专项募捐活动及合作项目等集资金。

（五）激励资金。具体激励金额根据甲方当年的经费安排和相关规定执行。配捐资金注入社区基金，由乙方统筹使用。

（六）其他合法收入。

三、基金使用

基金的使用范围仅限于以下内容：

（一）开展社区（村）扶贫济困和走访慰问等慈善活动（助困、助老、助孤、助学、助残、助医等）；

（二）开展社区（村）文化体育活动、教育和卫生健康等服务；

（三）开展美丽宜居、智慧便民、文明共建、和谐善治、幸福共享“五型社区”建设；

（四）扶持社区（村）人才培养和产业发展；

（五）扶持社区（村）发展社会组织和志愿服务队伍，开展志愿服务活动；

（六）其他有助于社区（村）建设的项目。

四、基金终止

基金因故终止，甲方负责在30个工作日内做出处理基金事务的清算报告，并向乙方通报和向社会公布。基金余额充入甲方慈善基金账户，用于目的相同或相近的其他慈善项目。

五、双方权利与义务

（一）甲方

1. 负责对基金进行无偿管理，在接收到乙方提供的基金使用申请书和基金使用计划明细表5个工作日内，按照乙方的要求及时拨付资金；

2. 定期向乙方通报基金使用情况；

3. 及时为基金捐赠方开具捐赠票据，颁发捐赠证书；

4. 在征得乙方同意后，每年年底将基金捐赠和使用情况在有关媒体公示，接受公众和社会监督；

5. 接受国家相关部门和有关方面的行政监督和审计监督，并将基金使用情况在年度审计报告中予以披露；

6. 优先推荐基金捐赠方参与国家和省、市的慈善评先表彰活动；

7. 甲方不承担任何因项目实施带来的风险，也不负责此类纠纷的处理。

（二）乙方

1. 拥有基金的冠名权、知情权、使用权；

2. 基金一旦建立，所捐资金不能撤回；

3. 不得以任何名义在社会上为基金非法劝募；

4. 按照基金管理相关要求，及时向甲方提供详细的资金使用证明材料和资金接收票据；

5. 乙方保证定向捐赠款项资金来源合法合规，如因款项资金来源问题引发纠纷的，乙方应承担全部法律责任；

6. 按照本协议约定积极配合甲方完成捐赠公益项目事项。

六、双方责任

（一）甲方应按本协议约定及时支付捐赠资金和注入激励资金。如果甲方未按本协议支付捐赠资金或注入激励资金，乙方可以要求甲方限期交付；甲方拒不交付的，乙方可以依法向当地人民法院申请支付令或者提起诉讼。若因甲方违约给乙方造成其他损失，则甲方应向乙方进行相应的损失赔偿。

（二）乙方应当按照本协议及附件的约定使用资金。如果乙方违反本协议使用资金，甲方有权要求其改正；拒不改正的，甲方可以向民政部门投诉、举报或者向当地人民法院提起诉讼。若因乙方违约给甲方造成其他损失，则乙方应向甲方进行相应的损失赔偿。

七、运行方法

甲乙双方严格按照《长沙市慈善总会社区发展基金章程》及相关的法律法规进行管理、运作。

八、其他约定

（一）本协议未尽事宜，由甲、乙双方另行协商，签订补充协议。补充协议与本协议具有同等法律效力。

（二）本协议自甲乙双方签字盖章之日起生效。

（三）本协议一式肆份，甲乙双方各持贰份，均具有同等的法律效力。

附件：《长沙市慈善总会社区发展基金章程》
（以下无正文，为签署区）

甲方（盖章）：长沙市慈善总会	乙方（盖章）：
法定代表人或	法定代表人或
授权代表（签字）：	授权代表（签字）：
联系电话：	联系电话：
地址：	地址：
日期：　　年　　月　　日	日期：　　年　　月　　日

第二节　社区基金的内部治理

慈善组织不同，其管理规定也不同，但总体而言大同小异。社区基金的设立和运营管理取决于所属慈善组织的管理规定，不同的组织有不同的管理要求。

一、社区基金的组织架构

（一）管理委员会

为规范社区基金的设立与运作，社区基金一经捐赠设立，街道（镇）或社区（村）应建立社区基金管理委员会（以下简称管委会），一般由发起方组建。管委会一般由所属慈善组织、社区和大额捐赠方等有关负责人组成，负责对社区基金进行日常运营。此外，社区基金项目可由管委会直接实施，或委托社会组织、社区内志愿服务团体等实施。管委会具体人数由发起方与所属慈善组织协商决定。

1. 管委会人员组成

管委会人员结构宜由主任、副主任、委员以及相应的职能部门人员组成，原则上不少于 3 人（包括 3 人），且人数为单数。管委会组成人员一般包括以下几类：社区（村）慈善基金发起人；属地街道办事处（镇政府）或社区（村）委员会指定人员，负责社区慈善基金日常的监督和管理；社区（村）居民代表；捐赠人（企业代表）；所属慈善组织指定人员；辖区企业、业主委员会、物业公司等其他利益相关方代表。

2. 管委会的选举

管委会由发起人选举产生，人数应为不少于 3 人的单数。

3. 管委会的换届

管委会主任宜每三年换届一次，由社区（村）基金管委会内部选举产生。

4. 管委会的职权

起草、修改和审定社区（村）基金章程或管理办法，制定社区（村）基金各项管理制度和实施细则；审议和批准社区（村）基金日常运营管理机构主要负责人及财务负责人；依法开展慈善募捐；审议和批准社区（村）基金业务活动计划，包括基金的募得款物用途、业务活动和资金使用计划；审核社区（村）基金年度收支和预决算情况；保证专项基金的使用及所开展的项目符合国家有关政策和所属慈善组织章程规定，以及民生福祉目标；协助所属慈善组织开展对专项基金相关财务审计；与所属慈善组织进行沟通并完成相关要求；终止社区基金等其他事宜。

（二）人员管理

社区（村）基金的人员管理包括管委会成员的选定、日常管理机构的人员选用以及开展社区慈善活动所需的志愿者管理等。社区（村）基金聘用专职或兼职工作人员，确保基金正常运行。如开展社区（村）慈善活动需要招募志愿者的，应以所属慈善组织的名义与志愿者签订志愿服务协议，协议中应约定志愿服务的时间、场地、内容以及风险管理等条款。社区慈善活动的组织方如实登记志愿者的志愿服务时数，为志愿者开具志愿服务证明。

二、社区基金的日常管理

社区基金每年至少召开2次会议，会议由管委会主任负责召集和主持。须有不少于2/3（含）委员出席方能召开，会议决议须经出席委员不少于半数（含）通过方为有效。

社区基金每年应面向社会各界开展慈善募捐工作，但不得以独立组织的名义开展募捐。如需开展公开募捐活动，应与所属慈善组织联合开展，相关款物将直接进入所属慈善组织的专用账户；现场接受的捐赠款物须由至少两位相关参与人员负责在3个工作日内进行清点，并存入所属慈善组织专用账户。

社区基金可在符合所属慈善组织章程及社区基金设立目的与用途的前提下，确定具体开展的业务。相关业务的开展应当坚持公益性和非营利性，并遵循公开、透明原则。

所属慈善组织有权对社区基金业务的实施、管理运营、资金使用等情况进行独立检查、审计、监督并提出合理化建议。对违法违规或违反社区基金设立目的的行为，一经发现，将视不同情况予以制止，提出整改或终止。

社区基金存续期间，如发生发起方、管委会成员等信息变更时，应及时向所属慈善组织进行书面备案。

三、社区基金的财务管理

（一）社区基金来源及资金使用

根据社区（村）慈善基金的年度工作规划，配合基金的年度各项开支，如项目、活动、提供的服务以及其他日常开支等，对社区基金的财务管理进行设计。

1. 社区基金来源

（1）社会募集。社会募集对象包括企业、组织和个人等，募集形式包括线上和线下。

（2）慈善组织资助。鼓励各类慈善组织通过资助形式推动社区慈善基金开展慈善救助、资助社区公益慈善项目和社区公益慈善活动。

（3）政府扶持资金和政府购买社会服务资金。社区基金可依托所属慈善组织，积极申请政府扶持资金、购买公共服务资金和公益创投资金，通过项目化运作方式，实现资金结构多元化和服务专业化。

（4）其他合法收入。社区基金的其他合法收入包括：基金的银行利息；固定资产、股权及股权收益；无形资产；文物文化资产；食品、药品、医疗器械等法律规定的财产形式。其中，社区基金受赠的固定资产、股权、无形资产、文物文化资产，应以具有合法资质的第三方机构的评估作为确认入账价值的依据。无法评估或经评估无法确认价格的，则不计捐赠收入，不予开具捐赠票据，但可在备查簿中登记，进行表外公示。另外，社区基金受赠的食品、药品、医疗器械等物品应在保质期内并具备合格证，以确保物品在到达受益人手中时仍处于保质期内；社区基金接受的捐赠物资不能直接用于公益目的的，通过拍卖变现的方式用于公益目的，慈善组织按拍卖成交价进行捐赠收入处理，并给捐赠方开具捐赠票据。

2. 使用范围

社区慈善基金的使用范围包括但不限于：资助和支持改善社区教育、科学、文化、卫生、体育、环保、扶贫、济困、扶老、救孤、助残、恤病、优抚、救灾等方面的慈善项目；资助和培育社区社会组织的建设和发展；资助和发展社区（村）志愿服务；改善社区（村）公共服务设施；开展慈善文化宣传；其他公益性服务、项目或活动。

3. 使用形式

社区慈善基金的使用形式主要有：直接资助；开展社区慈善项目及活动；提供社区志愿服务；其他符合社区慈善目的的基金使用形式。

（二）日常开支管理

社区（村）基金的日常开支管理，如报销、审批流程，须符合所属慈善组织对专项基金的财务管理规定。

社区（村）基金在法律上属于所属慈善组织，所以出现风险由所属慈善组织承担责任，而且账户和财务也由所属慈善组织承担。因此，经与社区基金发起方协商，所属慈善组织可以从社区基金中列支一定比例的管理经费。在符合相关规定情况下，该经费列支比例一般在1%~10%，具体由双方协商后确认，并在双方签订的社区基金设立合作协议中进行具体约定。管理经费用于但不限于内部审计、行政性工作支出以及广泛而深入的慈善宣传和教育工作、提升专业和劝募能力的各类活动、提高管理水平和工作效率的各类交流培训等。

社区（村）基金的财务管理遵循公开、透明的原则，社区（村）发起方、管委会和捐赠方有权向所属慈善组织查询社区（村）基金款物的收支、使用、管理情况，并提出意见和建议。对于相关查询，所属慈善组织应当及时给予如实答复。

社区基金开展业务，原则上需由社区基金管委会提出书面申请，由管委会主任签字、基金发起方盖章，并提交《××慈善组织专项基金拨款申请审批表》，经报所属慈善组织相关会议审核通过后，开展相关业务并予以拨付（或报销）相关费用，业务完成后须在15日内提交相关结项报告及资金使用情况说明，并通过网站等渠道予以公布，以接受社会监督。

例如，长沙市慈善总会规定，所有社区基金都必须注入长沙市慈善总会社区基金专门账户，由长沙市慈善总会实行专账计结，做到专款专用。资金使用前，社区（村）必须提交《长沙市慈善总会社区发展慈善基金使用委托书》，提出资金使用说明及具体金额，提供相关佐证材料（包括项目实施方案、合作协议、采购发票等），先报所在街道（乡镇）审核后，再报长沙市慈善总会审批。长沙市慈善总会在5个工作日内办理审批手续，符合要求的立即通过银行转账拨付资金。社区（村）应当诚信自律，严格按照与长沙市慈善总会签订的社区基金协议约定、提交的《长沙市慈善总会社区发展慈善基金使用委托书》及附件中的内容使用资金。如社区（村）违约违规使用资金，长沙市慈善总会有权要求其改正；对拒不改正的，提请司法部门依法追究其相关责任。

案例分享

长沙市慈善总会社区发展慈善基金使用委托书

<table>
<tr><td colspan="4">长沙市慈善总会：
茲委托贵会从本社区（村）设立的社区发展基金中拨付
____元（大写：______）用于____________________（详见附件）。
社区（村）居民委员会公章（签字）：
委托日期：　年　月　日</td></tr>
<tr><td>所在街道（乡镇）意见</td><td colspan="3">公章（签字）：
年　月　日</td></tr>
<tr><td>筹募办负责人核查意见</td><td>年　月　日</td><td>财务部负责人复核意见</td><td>年　月　日</td></tr>
<tr><td colspan="4">分管副秘书长（业务、财务）审核意见：</td></tr>
<tr><td colspan="4">秘书长审批结论：</td></tr>
</table>

社区基金一般使用流程如图 5.2 所示。

（三）编制预决算

社区（村）慈善基金应参照慈善组织的财务管理要求，进行基金的预决算管理，包括编制预算方案及决算报告等。

每年的第一季度慈善组织向社区基金管理委员会递交上一年度该社区基金财务年度收支汇总表。另外，社区基金使用情况接受相关部门的监督

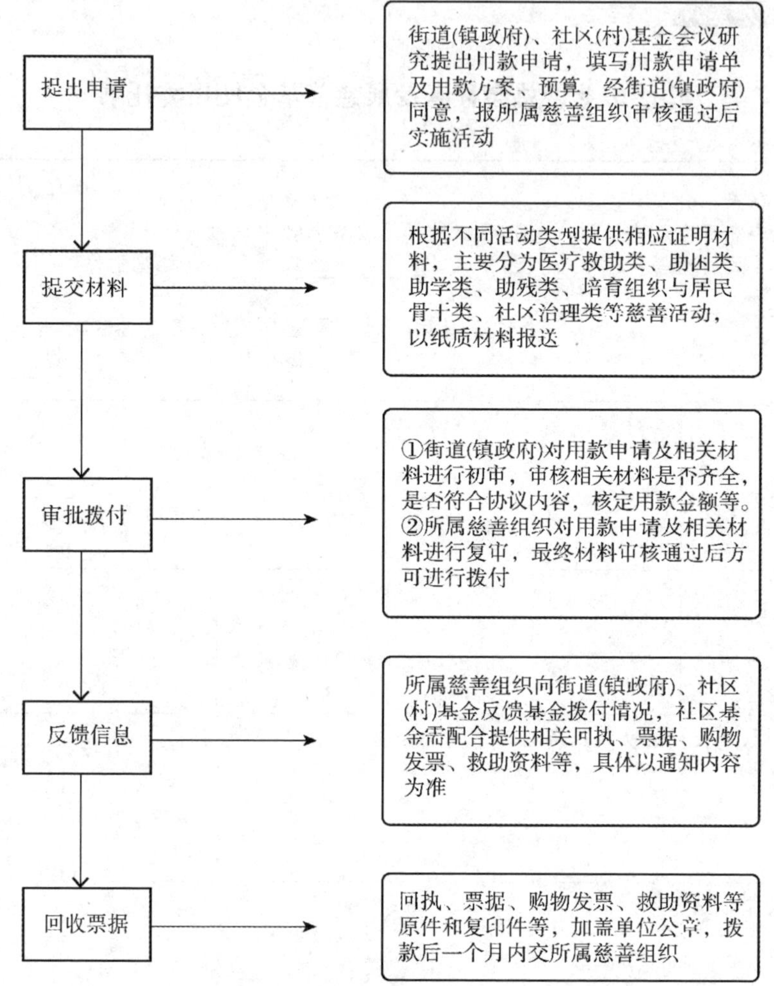

图 5.2　社区基金一般使用流程

检查和年度财务审计，年度审计也纳入所属慈善组织的审计中，审计结果在所属慈善组织年度审计报告中公开；如需要对社区基金开展单独审计，社区基金管委会须予以配合。

专项基金终止或者按照国家法律法规规定需进行财务审计的情形，原则上应开展专项审计。

案例分享

社区慈善基金预算表

序号	科目名称	参数或属性	数量	单位	单价	小计（元）
……						
合计						

四、社区基金的信息公开

（一）公开内容

社区（村）慈善基金的信息公开内容包括：管委会成员及治理结构；募资方案；资金使用情况；审计报告；有关法律法规规定应予以披露的信息和重大事项。

1. 预算公开

将由××区××街道××社区根据实际筹款情况和帮扶计划及时公布。

2. 项目计划公开

所募资金将用于社区（村）开展扶贫济困和走访慰问等慈善活动，社区文化体育活动、教育和卫生健康等服务，以及美丽宜居、智慧便民、文明共建、和谐善治、幸福共享“五型社区”建设；扶持社区（村）人才培养和产业发展，发展社会组织和志愿服务队伍、开展志愿服务活动。

案例分享

ZZ 区 ZZ 街道 ZZ 社区发展慈善基金进度安排表

序号	项目内容或目标	开始日期	完成日期	备注
……				

（二）及时公开

社区（村）慈善基金应根据所属慈善组织规定，在相应时限内主动向捐赠人反馈公益项目资金使用和项目进展情况，方便捐赠人和社区（村）居民查阅公开的信息资料。若公开募捐周期或者慈善项目实施周期超过 6 个月的，则至少每 3 个月公开一次募捐或者项目实施情况，公开募捐活动或者项目结束后 3 个月内应当全面公开相关情况。

（三）公开渠道

社区慈善基金依据相关规章制度，如所属慈善组织专项基金的管理办法以及社区慈善基金的管理办法或工作规则，秉承及时、充分、真实原则在相关指定平台进行信息公开。社区慈善基金可采用社交媒体等形式，主动公开信息，自觉接受媒体舆论监督和社区居民监督。

第三节　如何筹款

社区基金成立的目的是希望以此为平台，通过捐款捐物等方式，进而关心自己社区的公共服务，建立一个大家参与社区事务的渠道，促进大家关注自己的社区。筹措一定金额的款项物资是社区基金得以有效运转的关键，但不是社区基金的根本目的。社区基金的目的是要通过款项筹措来激发居民共同参与社区公共事务的积极性，也只有以促进居民共同参与为目的筹款方式才是长效的、可持续的。一般来说，可以通过以下渠道进行筹款。

一、社区“两委”直接发动辖区单位、企业、居民等捐赠

社区党组织和社区居委会因熟悉辖区内的单位、企业、居民的基本情况，可以凭借与居民、单位、企业之间的信任，基于辖区内各主体的需求，通过优质的筹款项目、有力的宣传活动，直接发动捐赠。一般来说，若平时社区能够做好基础服务，辖区居民、单位、企业一般都会给社区“面子”，愿意参与社区基金的筹集。例如，长沙市慈善总会在2022年底推动成立的一批村（社区）公益慈善基金，其筹款方式基本属于此类。一方面，社区在平时要与辖区单位、企业、居民多沟通，为居民解难题，回应他们的诉求，积累居民的信任和认可，为社区筹款打下良好基础；另一方面，社区可采取多种方式宣传，例如将筹款倡议书、筹款海报张贴在社区宣传栏上，转发至社区微信群、社区公众号、微信朋友圈内，动员社区居民“一起捐”。

案例分享

白沙河街道吴家屯：人人奉献捐款热 党群心联“户户通”

山东省青岛市平度市白沙河街道吴家屯网格村的道路常年来一直被村民们所诟病，遇到雨雪天气异常泥泞，人车难行，修路一事迫在眉睫。依靠种植大棚草莓实现经济收入的村民，更是迫切期待村里的道路情况能有所改善，以便于草莓运输。道路的好坏直接关系着村民的生活能否改善。

村党支部书记通过微信群把本村的村民聚集到一起，常年在外居住的村民、嫁出村的女儿、之前从不问村里事务的年轻人甚至还在上学的孩子们，都被邀请进群。在微信群里，村“两委”成员带头捐款，并发动亲戚做出表率。随着村党支部书记在微信群里不停地呼吁，越来越多的捐款汇集到村委会。“吴××善捐5000元；吴××的女儿吴×善捐1000元；吴××的

儿子吴×善捐2000元；李××善捐1000元……”村委会会计在群里实时更新着捐款的进展。

村党支部成员也一刻都没闲着，持续主动联系呼吁本村的创业先进户、常年在外居住的乡亲、在外事业有成的年轻人，苦口婆心的电话一打就是半个小时。捐款活动开始的第三天，善捐人数达到了96人，捐款金额已超过11万元。同时，村党支部保证，本次的筹款作为村公益基金，款数金额及后期使用情况都会对本村所有人员及时、适时公开。

吴家屯网格村共有207户村民，参与善捐人数达219人，累计捐款金额超过了24万元，远超原计划所需的18万元修路款，村里的道路终于得以修缮。这次的善款募集活动，充分增强了吴家屯网格村全体村民的凝聚力和向心力，让大家感受到了人间大美和大爱，增进了新、老两辈乡亲的感情交流。

二、利用社区资源筹款

做好社区公益基金的工作，整合社区资源极其重要。如何快速有效地开发及整合社区资源，可从以下四方面入手。一是进行资源识别。一般来说，社区资源是一个笼统的概念，只要是有助于社区发展的、满足社区居民需求的，均可视为社区资源。而识别社区优势资源和闲置资源是整合资源的起点，通过挖掘社区优势资源和闲置资源，设计公益项目，开展公益活动，能够快速激活社区基金池。二是进行有效联想。在完成资源识别及信息收集以后，需要思考的问题是“这个资源可以怎么用”。只有对这个问题有所思考，并和自己的具体工作进行联结，才能够内化成自己的内在资源地图，在未来的筹款中才有机会调动这些资源，把社区资源真正盘活，带动社区商业发展，反哺社区基金。三是进行有效链接。如何与资源方维系好关系并促成合作，达到有效链接，有两个方面需要思考。一方面要了解资源方的动机。资源方参与社区公益慈善活动的目的是什么？要区分资源方的参与动机，确定自己的底线，哪些允许，哪些需要限制，哪些需要回避。另一方面要让资源方有获得感。在合作过程中，如何让资源方受益，给它增加价值，让它有所收获？要突破限制，除了可以回应资源方自身的动机以外，还可以增加他们预期以外的价值。四是要维系发展好关系。对社区资源进行链接使用后，还需要有维系发展社区资源的经营意识。需考虑与资源方建立稳定的、制度化的合作关系，避免合作关系受到双方人事流动的影响。

案例分享

锦基金锦官驿街道“大慈益锦”社区慈善专项基金

锦基金锦官驿街道“大慈益锦”社区慈善专项基金是成都市锦江区锦官驿街道办事处在 2020 年 10 月发起设立的基金。2020 年，四川省开展引导慈善力量参与基层治理试点工作，锦官驿街道作为其中一个试点街道成立了专项基金，开始通过整合链接辖区资源，聚合政府、企业、居民利益共同体，开展慈善服务，拓宽社会公众参与慈善的渠道，引导慈善资金参与基层治理。短短 3 年时间，该基金已筹款 119 万余元，其中不包含政府补助资金。

锦官驿街道的社区慈善资源的整合主要围绕“资金”“物资”和“人”三大板块展开。一是在“物资”资源方面制定了物资捐赠管理办法，可以接受合法合规合格的实物形式的资产。2022 年 11 月，成都因疫情防控需要，急需防疫物资，街道超市、医院、银行便纷纷捐赠食品、防疫物品以及帐篷助力抗击疫情；此外，还有一些商业楼宇会捐赠办公物资，改善社区办公条件。二是“人”的资源，也就是志愿服务，企业、居民、商户等可以通过志愿服务的形式参与社区慈善。如口腔医院免费为辖区儿童提供口腔检查服务，中医理疗馆为老人提供免费艾灸，摄影工作室给老人提供免费的家庭照拍摄服务，等等。三是在空间场地资源方面，当社区慈善活动需要场地支持时，一些楼宇办公空间也会免费提供活动空间。

该基金的特别之处在于“人”的资源，也就是管委会成员的组成。目前该管委会委员共有 14 人，管委会主任由街道办事处党工委委员担任，作为街道分管领导牵头开展工作。其他委员则由街道办民生相关的科室工作人员以及街道下属6个社区的党委书记组成。基金自成立以来，锦官驿街道先后召开8次工委会、10次“大慈益锦”社区慈善基金管理委员会会议、20余次项目研究专题讨论会，锦江区慈善会、锦基金、社会工作服务机构、社区等相关单位出席会议，推动了项目的有序运转。

三、设计项目筹款

项目筹款是公益慈善常见的也是最有效的筹款方式。项目筹款离不开项目设计，好的项目设计与方案是筹款能否成功的关键。设计好项目，最主要的是能写出有吸引力的公益项目文案。好的公益项目文案有以下3个特点：一是能清楚地介绍项目内容，项目文案能让公众产生同理心。项目文案要能引起共鸣，可以对生动、真实的核心人物和大家关注度较高的事件进行描述，让公众觉得自己面对的是一个活生生的人与事，可以拉近双方的距离，增加公众的信任感。项目标题要动之以情、项目详情要晓之以理，公众有了共鸣才会有类似于冲动消费的自溢情感。如在一些重要节点举办的社区邻里节、重阳节敬老等活动文案中，要把活动的来龙去脉清晰明了地向大家介绍清楚，内容要保持真诚与真实，往往质朴的故事最能打动人心。二是要明确说明项目如何做，即有个较好的执行计划。在制订项目执行计划之前，需要有清晰完整的可行性分析报告，在深入调研的基础上，制订翔实的执行计划。执行计划应包括项目周期、时间安排、项目重要节点、各个节点的工作内容等。科学合理地执行计划可以有效增强公众捐款的积极性，计划谁来执行、如何分工、执行保障措施等都应该让人觉得有信服力。三是要清晰地告知公众将钱花到哪里。透明度是公益慈善的生命线，公益项目的预算编制要合理，钱怎么用的，用多少都要有公示，都做到公开透明，项目预算涉及的明细最好以表格形式呈现。此外，有条件的项目，还可以通过多种方式开展捐赠人答谢，定期反馈项目进展。在做到公开、透明的同时，项目进展的及时反馈有利于密切基金组织与捐赠人的联系，从而争取更多的捐赠机会。如果社区公益筹款项目有条件利用互联网资源，在大型筹款平台开通筹款渠道，可发展的空间就会更大。

案例分享

广州“微心愿·善暖万家”项目为 11428 个困难家庭圆梦

自 2019 年 10 月起，广州市慈善会发起“微心愿·善暖万家”项目，聚焦六类兜底特殊困难群体的实际生活困难，通过“慈善+社工+志愿服务”模式收集困难群众“微心愿”，发挥及调动党组织、爱心企业单位、党员、社会爱心人士等力量，优化配置资源，通过物资、资金等方式帮助辖区特殊困难群众圆梦“微心愿”，从而实现了“微心愿”精准对接。这一模式让很多参与者切实感受到了实实在在的意义。

据了解，项目启动以来，已有广汽集团、星河湾集团、香雪制药、富力集团等 200 多家爱心企业为项目捐款捐物。截至 2021 年，广州市慈善会“微心愿·善暖万家”项目共筹集款物约 226.6 万元，支出款物约 272.6 万元，累计帮助 11428 个困难家庭实现“微心愿”，27166 人次受惠。

广州市慈善会不断总结项目实施流程等经验，力求不断优化服务质量。一方面，完善合作协议内容、优化项目执行指引，明确各项工作流程，建立核心伙伴资源库，与各社会服务机构和慈善组织协力推进项目实施以及筹款。另一方面，主动对接市民政局救助处等相关部门，对接困难群众兜底保障安全网等平台，建立受助者台账，完善项目慈善救助信息，进一步畅通政府救助和慈善救助信息共享，助力慈善救助融合发展。

四、融合商业模式筹款

公益与商业的跨界，是商业向善的潮流，尝试在公益和商业之间找到一种均衡，在公益模式和商业模式之间找寻一个共赢点，是社区公益基金良性发展的一个关键点。公益与商业如何结合呢？可以从以下几个方面进行探讨。一是成立社区社会企业。社区社会企业是一个融公益性和商业性于一体的混合体，以实现社会目标为导向。借鉴成都市的做法，可以以社区居民委员会作为特别法人身份成立独资控股公司，以社区党组织为引领、居民委员会为主导、社区资源活化利用为路径、实现社区公共利益为导向，以改善社区治理、服务居民群众为目标，通过整合社区闲置资源，以竞价招租、便民服务市场运营等方式将部分所得收益注入社区基金池，用于持续反哺社区发展。二是引入社区合伙人。社区合伙人是指在党组织领导下，符合社区发展治理需要的组织、团体、个人等各类主体，以人力、技术、智力、资金、场地、信息数据等资源为依托与社区共建发展，为居民提供专业化、个性化、精准化公益服务，激发社区公益活力，推动建设人人有责、人人尽责、人人享有的社会治理共同体的模式。社区可以把辖区内的企事业单位、爱心商家、社会组织、爱心个人等紧密团结在一起，组成商企合伙人、社群合伙人、个体合伙人等合作团队，通过建立亲密的“伙伴关系”，与入驻“社区合伙人”签订协议，在提供相应便利与支持的基础上，每年从入驻“社区合伙人”中提取纯利润额的一定比例进入“社区基金池”。如引入咖啡馆，每卖出一杯咖啡，捐款一定的额度到社区公益基金，用于社区公益事业。三是发展社区慈善超市。社区慈善超市主要业务是接受、处理和销售市民捐赠的旧物，并且用销售这些物资得到的善款为残疾人、失业者等兴办各种类型的福利工厂、职业培训机构和就业安置场所。慈善超市履行着接受经常性社会捐赠、捐赠物资义卖、开展慈善救助的基础功能。可以通过盘活社区的闲置场所，成立慈善超市。超市内可以专门设置捐赠物资义卖区，所售商品均来自社会、个人或企业捐赠的物资。超市日常销售所得的一部分资金可投入社区公益基金池，其余资金可用作慈善超市日常商品流转使用。同时，每月可定期举行“公益集市”活动，公益集市向摊主、居民征集公益金，征集的所有公益金全部打入社区公益基金固定账户，以支持社区公益事业发展和社区治理等，实现取之于民、用之于民。

案例分享

发挥社区社会企业参与社区治理的积极作用

四川省成都市新都区正因金瑞商务服务有限公司，成立于2018年，由新都区正因社区居民委员会全资成立。正因社区是一个紧邻高校、商圈成熟的社区，由曾经的正因村发展而来。

2000年，西南石油大学征地拆迁，为安置失地农民，由政府统规、农民自建形成了现在的正因社区。社区占地约0.5平方千米，辖区内有8个居民小组，4个商住小区、1个机关事业单位、1家医院、1家幼儿园，常住人口5846人，户籍人口2132人。正因社区曾存在油烟乱排、污水乱倒、物料乱堆、招牌乱设、线缆乱牵、摊位乱摆、车辆乱停、垃圾乱丢、违章乱建等问题。

为解决这些问题，2018年4月，正因社区居民委员会成立了社区社会企业——成都市新都区正因金瑞商务服务有限公司，注册资金100万元人民币，由社区居委会全额认缴，主要从事市场管理服务、房屋租赁服务、停车场收费等业务。公司的公益定位是：持续为社区增添发展动能，不断满足社区服务，创新发展社区公益，促进社区职能归位。2019年，成都市新都区正因金瑞商务服务有限公司被认定为社区社会企业，2021年经评选进入成都十大社会企业榜单。

目前，该公司的收入主要来自两方面：一是售卖亭的租金。为解决大学路小商贩占道经营问题，社区居委会出面建设了7个售卖亭，资金来自原正因村富强市场的积累。富强市场是村集体资产，经集体经济组织议事会表决同意，通过便民服务市场的运营，盘活了社区内公共资源，每年可获得近百万元的收入，其收益大部分分配给村民，留一部分给社区建设售卖亭，其租金由全体社区居民享受。二是便民市场的摊位和管理费用。为解决同福路占道经营卖菜问题，街道办事处配置了一块3000平方米的闲置空地并出资建成临时便民市场，交付正因金瑞公司采取商业化招租和运营，通过市场机制实现其升级改造，对过去分散的流动摊贩进行规范化管理。公司收益全部反哺社区治理，每年约增加10万元的机动资金。其中，20%投入社区公益基金池；80%以社区服务和活动的形式反哺社区，一部分用于街面秩序、社区治安、环境美化等公共管理服务，一部分用于扶贫帮困等社区公益事业。

五、寻找爱心大使等筹款

爱心大使是指有爱心、有责任感，关注需要帮助的人的人士。他们往往能力较强、社会声望较高，对周边的人有较大的社会影响力。选择爱心人士作为公益筹款大使，可以通过其个人影响力来号召和呼吁身边爱心人士关注并支持公益项目。那么，如何找到爱心大使呢？一是梳理爱心大使资源。在寻找爱心大使之前，要梳理好自己身边能够胜任爱心大使角色的人员名单，除社区公益基金所在社区内的有影响力的骨干能人，辖区所在镇街、区县各行政部门负责人、各事业单位负责人、各企业负责人、有影响力的社会名流等，都可以作为爱心大使的备选对象。二是要以适当的方式，主动联系拜访拟聘的爱心大使。在拜访时，要做足功课，对方什么时候有空，如何以对方能接受的方式在较短的时间内阐述清楚来访目的，如何引发对方的关注点激发对方的参与意愿，都需要提前做好相关准备。若是对方答应做爱心大使，除致以感谢外，关于爱心大使的相关工作流程和要求要简洁清晰地向对方阐释清楚，最好有相关的文字说明。三是爱心大使的聘任可以简单些，但要有仪式感，以加深对方的印象，让对方感受到受邀方的诚意以及对他的重视。同时，要建立好常态化的沟通交流机制，要及时向对方汇报介绍项目相关进展。一个爱心大使就是一个资源库，建立好与爱心大使的关系，是公益筹款的重要一环。

案例分享

2000所城乡学校因书连接，46名爱心大使助力阅读公益

2019年，中国青少年发展基金会联手中国平安和幕天公益，发起了

“希望工程·幕天同阅”公益项目，筹划走进1000所城市中小学，举办千校筹书活动，筹集200万册图书寄送至1000所乡村学校，用“捐书”连接城乡少年，搭建城市与乡村的图书捐赠桥梁，让彼此都获得成长。行善15年的孟彩媚等46名热心公益的平安人被聘为“希望工程·幕天同阅”爱心大使。

“99公益日”，46名爱心大使为“希望工程·幕天同阅”强势发声。3天时间，孟彩媚共发动694人筹得善款69.67万元，平安人寿江苏分公司的荆晓兰共发动991人筹得善款23.36万元，平安人寿江苏分公司刘敏发动714人筹款20.96万元，3人获得本次“百万平安大军99公益大战”筹款额排名前三名的殊荣。本次活动打破了地域限制，助力城市的优质童书及阅读教育资源流转到乡村学校，促进乡村少年阅读成长。项目开展过程中，幕天公益图书角累计为1500余所乡村学校寄送了347万余册图书，援建了1.5万个图书角，帮扶了50多万名乡村少年。

六、发动团队筹款

发动团队进行筹款是社区公益基金筹款的一个重要抓手。组建筹款团队的过程中，需要注意以下几点。一是要选好团队负责人。一个有公益心、有热情、有组织能力的负责人是团队筹款成功的关键。社区基金管委会可联合社区，根据所掌握的情况，邀请辖区内的骨干能人组建筹款小团队。二是要对团队成员进行筹款培训。可邀请有经验的公益筹款人围绕公益筹款的规则、方法、技巧、注意事项等对团队成员进行辅导培训，确保团队筹款工作依法依规又高质有效。三是要加强对筹款团队的激励。好的激励能够产生持久的动力，激励不一定是金钱层面的，能够为团队成员创造更多学习和成长的机会，在筹款过程中能获得来自团队和社区的认同和尊重，获得来自居民的理解和信赖往往更加有效。如社区公益基金组织可以采用有仪式感的形式为筹款团队颁发荣誉证书，表示感谢和认可。一张张写着团队和个人名字、带有公章的荣誉证书，是对团队和成员的最大认可，能够激发其荣誉感与参与热情。筹款不是一个人可以完成的，需要多方协同发力，共同完成。

案例分享

“99公益日”，如何让更多人参与项目筹款
——相信和依靠小伙伴

2021年“99公益日”期间，广州市阳光天使社会工作服务中心上线开展“天使暖心包之耆安康”筹款项目，由阳光天使机构承接提供服务的广州市番禺区南村镇东片社工服务站积极响应，3天共筹款1万余元。

“99公益日”期间，广州市番禺区南村镇东片社工服务站以“天使暖心包之耆安康”筹款项目为载体开展捐款、捐小红花、配捐和接长龙活动，实现凝聚社会力量为最有需要的困境长者奉献爱心和持续地关注困境长者的目的。社工站提前熟悉规则，发动全体工作人员提前收集小红花，以便在9月7日、8日、9日3天捐小红花助力朋友捐款，以获得更多的配捐能量。

本次活动特点鲜明。一是筹款活动形式新颖有趣。筹款方式有集赠小红花，有接龙比赛，有组队“一起捐”，形式多样，在一定程度上，能很好地进行宣传推广并吸引群众参与。二是服务中心特别邀请社会工作者和服务对象作为形象大使，并制作精美宣传海报呼吁更多人一起参与。三是服务中心管理层提前规划将中心全体员工分成多个筹款小组成立“一起捐”小队，筹款期间各小队你追我赶，充分发挥每一名员工的动员能力，有效地带动了更多的群众参与。四是通过宣传，筹款活动得到社区书记、合作伙伴、志愿服务队伍和志愿者骨干的支持和配合，他们带头积极响应，通过转发朋友圈、微信群等方式鼓励周围人一起做公益。在本次活动中，全体员工同心同德，通过实际行动发扬慈善志愿精神、传递助老爱心。

本次“99公益日”期间，社工站共筹款11413.42元，其中用户捐款8664.52元，腾讯基金会配捐1174.07元，爱心企业配捐1574.83元，共动员395人次参与活动，筹得2097项暖心服务。

七、用好互联网平台

目前，民政部指定的慈善组织互联网募捐信息平台已有29家。这些平台各有特色，如腾讯公益、微公益等以社交为定位的平台；支付宝公益、阿里巴巴公益等手握大量网店、电商资源；新华公益、芒果公益等媒体平台；字节跳动公益、哔哩哔哩公益等视频内容平台；还有联劝网、慈链公益等社会组织性质的平台。

那么，社区基金的筹款如何与互联网相结合？有以下3点需要注意：一是用好平台资源。在互联网时代，让社区公益筹款插上互联网的翅膀，能够飞得更高更远，是社区基金要思考的一个重要课题。互联网时代信息繁杂，人们花在某一个网络页面上的时间越来越少，能吸引人了解详情并愿意捐款的无疑是能产生共鸣的项目。因此，社区在设计项目时，要根据社区的难点、痛点，并结合当下最潮、最流行的事物，设计项目内容，吸引群众眼球，产生情感共鸣。二是要根据项目选择合适的平台。项目设计好之后，要根据项目内容、帮扶对象等具体情况，选择最合适的互联网平台。若不知道如何选择平台，可以列举不同平台的优缺点进行比较、讨论，也可以借鉴同类机构的已有经验，选择知名度高、较为熟悉的平台进行尝试与探索。三是要注意与捐款人建立并积累好信任。公众捐款，常呈现“捐款人数众多，但人均捐赠额不高”的情况。但公众筹款最主要的作用是和支持者建立信任关系，借助互联网平台强大的传播力，做好社区传播，促进辖区居民广泛参与，为基金提供最为稳定、灵活度最大、最可以长期依赖的服务经费。同时，通过清晰透明的项目反馈逐渐建立起基金公信力，将单次捐款用户培养成长期捐款用户，有利于基金长期可持续地发展。

案例分享

3.4亿人次捐赠，筹款86.8亿元，这家互联网公益平台是怎么做到的

“博爱校医室”是中国红十字基金会2016年启动的项目，旨在协助政

府进一步改善经济欠发达地区校园医疗卫生条件。建设一所“博爱校医室”，至少需要10万元。包括校医室的基础装修、办公设备、医疗器械及消耗品的采购、健康体检、课程包、健康教育活动等费用。尽管这是中国红十字基金会所管理的公益项目，独立筹资时同样艰难。

互联网公益的发展，让“博爱校医室”在全国落地成为可能。互联网公益是科技与公益的结合。目前全国最大的互联网公益慈善筹款平台腾讯公益，已有超过3.4亿人次在该平台进行捐款资助，平台筹款总额超86.8亿元。

2019年5月，“博爱校医室”项目在腾讯公益平台发起捐步活动，共计182支队伍参加，捐步7.43亿步。腾讯通过QQ、微信、新闻平台等巨大流量体系，为公益项目提供了传播、宣传推广、筹款、资源协调等支持。截至2022年9月底，中国红十字基金会在全国9个省份援建了270所“博爱校医室”，举办校医培训63期，培训校医（保健老师）6300余名，开展各类体检、健康教育活动200多场。

对于公益来说，互联网带来的最大的改变是，让参与者们都找到了正确的姿势。

第四节　如何花钱

社工站协助社区成立了社区基金后，需要了解社区基金的费用花在哪里、资金使用的公开程度如何、发挥的效用如何、怎么再生钱等。只有如此，社工站才能有效推动社区基金的发展，立足社区、服务社区，助推基层社区治理。

一、钱要花在关键事情上

社区基金在推动居民自治、动员多元力量参与、打造社区治理体系、满足社区需求和资源联动等方面发挥了重要作用，是推进基层治理工作强有力的抓手。同时，在“社区基金”的新模式下，可以将各方意见汇总到同一平台，和以基层为主体的“管委会”一起共同商讨，及时感知社区居民的操心事、烦心事、揪心事，统筹安排募集来的善款，一件一件加以解决，确保资金有效地用到关键事情上。

（一）资助社区小微项目

社会工作者可以通过调研问卷收集社区的需求和存在的问题，根据社区居民普遍反馈的服务需求设计小微项目。项目征集内容包括但不限于社区就业创业帮扶、社区环境整治与美化、社区医疗健康、心理健康服务、社区居民素质提升等方面。如为增强社区居民大健康意识，普及相关疾病预防知识，结合社区居民尤其老年人的慢病防治等需求服务，社会工作者可在社区开展不同形式的常见疾病知识讲座、健康义诊、残障人士康复理疗知识宣传、组建互助小组等服务。同时，社会工作者也可根据社区基金的公益慈善用途，发起针对社区贫困重病患者的定向慈善募捐、爱心捐赠等活动。

（二）精准帮扶困难群体

当社区居民遇到困难，向社区提出援助申请，社会工作者经过核实调查，认为确实需要帮助的，社区可以启动互助基金，给予形式多样的帮扶。如在浙江省金华市婺城区西关街道西关社区，据不完全统计，辖区内家庭困难的特殊老年人有 30 多位，他们有的是身体残疾，有的是独居老人。为了更好地关爱这些特殊老人，社区整合社会资源，成立了社区互助基金。社区联合西关派出所、浙江京沪时代供应链管理有限公司（京沪时代生活超市）开展“迎新春、送平安”慈善暖冬活动，为这些特殊老人送上了爱心被、爱心伞等暖冬物资。

（三）精细化治理老旧小区

社会工作者可以通过社区基金撬动更多社会力量助力社区治理，聚焦困难群众的兜底需求，凸显慈善惠民服务实效。如湖南省株洲市荷塘区桂花街道赵家冲社区湘华 41 栋楼建于 20 世纪 80 年代，经过岁月的冲刷，部分墙体已经老旧脱落。为解决与群众利益密切相关的难点、热点问题，赵家冲社区建湘党支部提出美化小区公共区域的规划。这次美化空间改造的资金并非单由政府投入，而是引入了桂花街道“一米花园”项目社区基金。在本项目中，株洲市首次探索“社区基金”新模式，即“社会力量出资、党支部出智、社区社会工作者出力、人民群众满意”的城市更新改造模式，依托便捷的网络筹款渠道及推广平台，链接了更多社会资源支持社区发展，最终赵家冲社区筹集资金 1.7 万元，为几个老旧小区原本灰暗、光秃秃的墙“穿”上了“新衣”，一幅幅构思巧妙的彩绘为大家的生活增添了不少乐趣。社区环境的提升，获得了良好的社会反响和群众的普遍认可。

（四）优化社区服务

社区服务主要分为两类：一是社会公共管理服务，如环境卫生、环境保护、园林绿化、城建城管、路政交通、河道管理等公共设施工程，以及社区治安联防、物业管理、停车场管理及行政事业单位后勤服务、门卫等。二是社区便民利民服务，如社区老年人护理、托老托幼、社区医疗、敬老院、家庭小饭桌、家庭护理、社会福利慈善事业活动，以及社区组织的各种以满足居民生活需要的便民利民等服务。

（五）培育社区社会组织

街道可以专门设立社区社会组织发展专项基金，专门用于扶持社区社会组织，通过开展公益创投项目大赛、探索时间银行志愿者积分等模式，撬动社会多方力量参与，形成“社区发现需求、社会工作者开发设计项目、社区社会组织实施、社区慈善基金支持、社区志愿者参与”的“五社联动”服务机制。如在文化类社区社会组织的培育中，常见的手法是以兴趣发展为支点，凝聚志同道合的群体形成组织，社会工作者从中引导组织成员互相熟悉、友善互助、合作处事，进行社区社会组织的能力建设，逐步将原本松散的一群人发展成有共同文化目标、具备组织自我管理能力、能够自主运作发展的正式备案组织。

二、钱要花得清楚明白

社区基金的善款流向总是最受关注的内容。社区公益基金所面对的最大难题并非“终端”找不到，而是吸纳捐款、管理捐款、用度审批和财务透明等“流程”方面的问题，这些问题的存在严重影响捐款人的积极性，导致社区基金变成无源之水。因此，社区基金的钱花得清楚明白决定了社区基金的可持续发展。

（一）设立专门基金管理小组

一是社会工作者通过寻找或培育辖区内合适的社区社会组织成立基金管理小组。

二是由基金管理委员会来承接，管委会成员包括但不限于街道党工委、办事处、居委会、社会组织、驻区企业等单位的代表，以及社区内党代表、人大代表、居民代表等。

三是由居委会和基金捐赠者达成共识并签订书面协议，成为社区公益基金的托管方，成立专门基金管理小组。

（二）严格管理，多方监督

社区基金的支出须由申请人向基金管理小组提交书面申请，待基金管理小组同意后，方可拨付钱款。作为在基金管理平台上运行的专项基金，社区基金财务公开、信息透明的要求除了需要按照专业基金的标准执行，接受来自管理平台的专业监管、管委会的监管之外，还要接受来自社会各界尤其是本社区公众的监督。每次基金使用情况要通过社区宣传栏、居民微信群、社区公众号、社区抖音号、会议传达等渠道向百姓公示。同时，每个社区基金的具体情况要根据社区基金挂靠的慈善组织要求进行公示，一般包括机构介绍、项目情况、捐款人信息（单位或个人）、捐款金额、使用明细等。

案例分享

北京市大兴区荣华街道金地格林小镇社区在管理社区公益基金方面作出新尝试。金地格林小镇社区的业主委员会负责人和该公益基金的主要捐款人是有心人，他们想到了居民委员会，而居民委员会方面的主动、配合和包容，让双方得以在达成共识并履行签约仪式后，成为这笔社区公益基金的托管方。根据双方达成的书面协定，居民委员会设立专门基金管理小组，支出须由申请人提交书面申请，账目公开，每笔钱款的用度及使用情况均在社区宣传栏和网站论坛上公布。"合作+监管"的组织框架，让基金有人用、有人管，来得清楚，去得明白，不仅有效提高了善款的使用效率，还增加了基金财务的透明度，让更多的有心人敢于向公益基金捐款，从而真正实现人人为我、我为人人的社区互助目标。正如该社区公益基金监管人所言，公益基金原本应成为社区公益之源，前提是捐款人，包括现实和潜在的捐款人知道钱是怎么花掉的，"公示不公示是态度问题"，"钱花得好不好是能力问题"，相对于有效监管，相对于"钱花得明白"，基金使用效率显得重要性差一些。但无论如何，不管是捐款人还是社区居民，都愿意看到公益基金的每一分钱都花到实处，不论是居委会或别的什么托管机构，如果总犯"能力问题错误"，不能很好地运用这些来之不易的善款，同样有可能前功尽弃。

三、花钱要效益最大化

为了让每一笔资金都能发挥出最大的社会效益，社区基金要以需求为导向，与街道各板块工作形成合力，运用善款来撬动社会资源，让更多人参与"社区基金"的运作。

（一）有效整合社区资源

作为治理工具，社区基金可以反哺社区公益，促进社区的可持续发展，使游离在社区周围的社会资金合法、合规地进入社区慈善基金平台，利用本地资源解决本地问题。如广州市天河区五山街社区，在五山街党工委的指导下，依托广州市慈善会平台，成立"五山街社区慈善基金"，着力引入社会资源，支持社区公益慈善项目的发展。一是在五山街党工委指导下，五山街社工服务站联动辖区内高校党组织、中学团委以及小学大队委发起旧衣环保回收服务。通过热心公益商企的资金及技术支持，将闲置的"旧衣物"变废为宝，成为筹集善款的工具。二是借用玩具模型，联动学校党委、团委及大队委、社区基层党组织在学校及社区广泛开展宣传活动，发动学校学生、社区居民等社区公众积极参与玩具模型的拼砌，让社区居民了解到"每完成一个公益模型拼砌，即有公益商企认捐相应的善款资助社区困境家庭或社区公共问题的介入”，尝试以“间接”的方式参与社区公益事务。通过“旧衣环保回收”以及“公益模型拼砌”的可视化参与方式，一方面向社区成员传递“动手即可参与社区公益”的信息，为社区成员提供公益参与平台，逐步强化社区居民的公益参与意识，在社区营造“人人公益为人人”的氛围；另一方面，公益服务的社会效应增加了商企的社会美誉度，协助商企打造其社会公益形象，进而增加商企持续参与输送资源的可能性，培育社区社会资本。

（二）搭建社区治理平台

如果社区基金仅仅只是简单地整合资源，将资源进行聚合，而没有通过某种路径使多元主体产生关联，最终将无法实现多元主体共同参与社区治理的局面。因此，应通过社区基金的建立和运行，吸引社区利益相关方对社区议题和社区发展的共同参与，使城市社区集体力量得到制衡，并在这个过程中理顺社区各方的关系，促进集体力量的联合行动，以社区基金为平台促使社区各治理主体达到自己利益诉求的同时，推动社区治理的长远发展。如四川省成都市龙泉驿区同安街道同福社区积极探索以搭建善商联盟为载体，撬动商家资源，建立月捐、年捐、定向捐赠等机制。目前该社区已链接培训机构、幼儿园、银行、餐饮企业开展公益课堂，参与重阳节等筹款活动。商家为基金提供资金和物力支持，基金为商家提供宣传平台和社会责任履行途径，实现社区资源共享，互利双赢。

（三）形成多元主体共治

社区治理需要社区多元主体的共同参与，如果仅仅只是依靠政府的力量，则无法满足社区居民的多样化和差异化需求。在此过程中政府应找准定位，树立起专业的事只能交给专业的人来做的意识。政府在社区治理和发展中的作用是不断地帮助社区挖掘、整合、利用本地的资源，通过有效的措施，调动各治理主体的积极性，激发社区内生动力，从而促进社区的自我成长。如重庆市九龙坡区石坪桥街道通过开展社区公益提案大赛，联动社区、社会工作者、社区社会组织、社区志愿者共同参与社区治理和社区建设。重点围绕社区教育服务、社区治理创新、社会化管理、“一老一小”特色服务四大板块，发挥社区阳光基金精准化项目治理、规范化管理运营作用，助力创新基层治理，成功打造“E 爱空间”“共享奶奶”等品牌项目，激发了社区社会组织活力，实现了石坪桥街道辖区人才、资金、资源的整合。

四、钱能生钱

成立社区基金容易，难得的是怎样做到“有源活水来”。社会工作者要遵循共建共治共享的思路，探索将筹款工作和社区产业扶持及花钱联动起来，把基金与社区发展挂钩，实现捐赠资金持续注入，让社区基金可持续发展。

（一）创业扶持项目盈利返还

创业扶持项目是指政府或其他机构为了促进创业发展而提供的一系列支持和帮助。这些项目通常包括资金支持、培训、咨询、市场推广等，旨在帮助辖区内创业者克服创业过程中的各种困难和挑战，提高创业成功率，从而促进社区基金的可持续发展。如上海市慈善基金会松江区代表处积极争取区合作交流办、援滇干部等支持，与区民营经济协会共同设立“益行创业帮扶基金”，通过“一次援建、创收还本、循环资助”的方式，推动“食用菌创业帮扶项目”在云南省勐海县落地，帮助当地困难农户从劳动脱贫走向创业致富。项目以“公益+企业+农户”的模式推广，由基金会搭建平台，委托第三方社会组织实施项目；由驻地企业提供建、育、种、产、销一体化服务，指导农户种植菌菇并销售；农户出地、出力，年内创收后返还援建本金至帮扶基金，返还的本金再循环用于其他农户的资助。自项目开展以来，累计援建大棚 78 座，实施资助 210 万余元，72 户困难家庭受益，形成长 18 千米、覆盖 6 个村寨的姬松茸种植走廊，从种植、收购、初加工、深加工到销售于一体的帮扶产业链初具雏形。

（二）社区社会企业营收注入

社区社会企业是以社区居民委员会作为基层群众性自治组织特别法人身份发起独资控股成立的，以改善社区治理、服务居民群众为目标，所得收益用于持续反哺社区发展治理的特定经济组织。如四川省成都市郫都区市井里记忆企业管理有限公司，由郫都区郫筒街道天台社区居委会独资、认缴 50 万元设立，法定代表人由社区党委书记兼居委会主任担任。天台社区是新的商圈型城市社区，位于蜀都万达商圈核心区。为了将区商圈资源转化为社区服务优势，经过社区居民代表大会集体议决，成都市郫都区市井里记忆企业管理有限公司与成都梦亦文化传媒有限公司合作设立了“天台市集”。“天台市集”第一期设立文创、动漫、手工制作、休闲小吃等特色摊位 50 个，市集全部收益的 10%进入社区社会企业，反哺社区。

（三）盘活社区资源

社会工作者开展社区工作，前期要进行社区漫步，深入了解社区内资源，绘制社区资源地图，同时要紧紧围绕社区内闲置资源进行开发利用，以项目推进为抓手，盘活社区资源，激活社区“自我造血”功能，为社区基金蓄水池引入源源不断的活水。如江苏省常熟市常福街道景泰社区，街道将景泰社区 2500 平方米闲置用房建设成益家营造中心，内设创客工场、益家书房、蜂享吧、营造教室等九大功能空间，打造项目运营的主阵地，同时成为项目对外展示的一个重要窗口。社会组织承租社区用房资源后，以服务或收益反哺社区。一方面，以资源换公益化服务，阳光公益社等社会组织采取“公益+有偿+低偿”的服务模式，向社区居民提供 4 大类 13 项公益服务，将便民惠民服务切实送到居民群众身边。另一方面，以资源获取市场化收益，社会组织的收益用于服务自我发展的同时，每年向社区内居民提供一定量的实物配送，或将一定份额的经济收益注入社区治理基金，为社区发展提供支持保障。虞美润农业专业合作社与社区签订反哺社区协议，每年免费为社区老年人提供价值 5 万元的米面粮油等。

第6章

社会工作协同社区治理

党的十九届五中全会通过的《中共中央关于制定国民经济和社会发展第十四个五年规划和二〇三五年远景目标的建议》指出，“十四五”期间要努力实现“社会治理特别是基层治理水平明显提高”的目标，同时还提到，“发挥群团组织和社会组织在社会治理中的作用，畅通和规范市场主体、新社会阶层、社会工作者和志愿者等参与社会治理的途径”①。协同治理是一种新型的社会治理模式，是政府与非政府的利益相关者集体决策的一种治理安排，是公共政策制定和管理的过程与结构，跨界合作和多元主体是其显著特征②。在基层治理进程中，社会工作成为完善基层治理体系和提升治理能力的重要力量，在构建和谐社会关系、创新基层社会治理中有效扮演了“社会协同”的角色，发挥了不可替代的协同治理作用，以其独特的专业价值与技能优势，发掘社区资源，激发社区活力，协调治理中各主体的利益关系，努力实现协同治理的目标。

党的十九届六中全会在《中共中央关于党的百年奋斗重大成就和历史经验的决议》中明确指出，“健全党组织领导的自治、法治、德治相结合的城乡基层治理体系”，“建设人人有责、人人尽责、人人享有的社会治理共同体”③。本章将重点叙述社会工作在协同社区党建、社区自治、社区法治、社区德治，以及推进服务型社会治理等方面发挥的重要作用与行动策略。

---

① 深入学习贯彻党的十九届五中全会精神《〈中共中央关于制定国民经济和社会发展第十四个五年规划和二〇三五年远景目标的建议〉辅导读本》［J］. 共产党员，2020（24）：66.

② 李小妹. 论协同治理中的新型公共管理者［J］. 领导科学，2019（1）：18-21.

③ 新华社. 中共中央关于党的百年奋斗重大成就和历史经验的决议［DB/OL］.（2021-11-16）. https：//www.gov.cn/zhengce/2021-11/16/content_5651269.htm.

第一节　社会工作与社区党建

推进社会治理，关键在党，重心在基层。社区党建是指通过党的领导，加强对政治、经济、文化、卫生、环境等社会资源的整合，并进一步公正、合理、高效地配置社会资源，使社区党员与群众有机结合，对缓解社区居民纠纷、调解邻里矛盾起着重要作用。它能极大地激发公众的志愿精神与社会责任感，并能极大地缓解社会矛盾，促进社会和谐发展①。中国的社区治理面对着各种烦琐的问题，如何提升社区党建工作的成效已成为当前中国基层党建工作的重要任务。“社区党建的引领作用发挥程度与社区治理和社区服务工作开展的效果也呈现显著的正相关性。”②

党建是中国社会工作本土化的重要推进路径和机制，有助于弥合社会工作嵌入基层社会所遭遇的张力，解决“融入困难”的问题；社会工作则是群众路线的专业化加持，有助于党整合基层社会治理中的多方力量，强化其服务性和专业性，提升党基层建设的效能③。社会工作协同社区党建工作，将社会工作的专业化和党建工作的政治性相结合，是实现基层社会治理的重要途径。本节探讨的社会工作协同社区党建主要从党组织、党员、社区、群众4个层面阐述。

一、发挥社会工作在社区党建中的协同作用

首先，社会工作者协助社区党委推进横向到边、纵向到底的党建模式。如在社区协助创建“社区党委+片区党支部+楼栋或街巷党小组”的三

---

① 中廉在线．新时代的社区党建［DB/OL］．http：//www.chinainc.org.cn/show-25-510473-1.html.

② 曹海军，刘少博．新时代“党建+城市社区治理创新”：趋势、形态与动力［J］．社会科学，2020（3）：12-20.

③ 侯利文．“党建”社会工作：何以可能？如何可为？兼谈社会工作的本土化［J］．河北学刊，2022，42（6）：9-15.

级党组织建设模式，协助探索居民小组与居民党支部的融合共建，打通社区治理服务的“最后一公里”①。其次，按照“软硬件齐抓、建管用并重”的原则，对照党建活动室“十有”标准，即有固定场所、有标志牌、有党旗、有档案专柜、有制度牌、有相关簿册、有学习（宣传）专栏、有图书角、有电教设备、有专人管理，社会工作者协助基层党组织建设覆盖基层党支部的“一室多用”党建活动室。社会工作者以党员活动室为平台，在党组织活动的“前台”和相关支持单位的“后台”穿针引线，拉开社会工作服务党建的序曲，起到“小配角、大作用”的效果。最后，社会工作者运用专业的方法和技巧，策划党建服务项目，努力将党员活动室建设成党员群众政治学习的中心、思想教育的阵地、传授知识的课堂、参政议事的场所、政策宣传的窗口②。

二、协同党员与党组织的团建和能力提升

服务党员是基层党组织的基本功能，要定期协同党组织开展团建活动。通过团建活动，一是促进不同党支部的党员之间“结亲”。二是促进松散型党员“结亲”，并将“徒有其名、未见其人”的“挂名型”党员，关系没落户的“口袋型”党员，外出频繁的“候鸟型”党员和因支部瘫痪半瘫痪导致的“隐身型”党员作为重点关注对象；此外，聚焦青年党员，促进青年党员之间跨层级、跨部门“结亲”③。三是协同党组织开展党员能力建设工作。定期针对党员开展政治素养、综合技能、人文素养提升的公益培训，通过扎实的理论学习和参与式、体验式的学习，带领党员强化党性修养，充实理论学习。同时坚持理论联系实际，提高党员开展群众工作的政治性和专业化水平，更好地推动党建工作能力及服务群众能力的

① 李晓凤．党建引领下中国特色社区社会工作实践体系探索：以深圳市社区党群服务中心实务经验为例［J］．中国社会工作，2019（22）：24-25.

② 潘保军，张会杰．深圳：打造党建社工“五线谱”工作法［J］．中国民政，2013（12）：57-58.

③ 同②.

提升①。

三、协同推行丰富多彩的“党建+”社区公益服务

社会工作协同社区党建的过程中，要注重发挥社会工作者的优势，推动工作的创新。一方面，要强化党建工作的政治引领、资源引领和行动引领作用，推行丰富多彩的“党建+”社区活动，将党组织的影响力扩展到社区社会工作服务过程中②。另一方面，社会工作者秉承社会工作“助人自助”“社区为本”的专业价值理念，立足于社区的实际需求与现实情况，积极动员、组织社区党务工作者参与社区社会工作服务的全过程。因地制宜，创新发展具有社区特色的“党建+”社区公益服务，社会工作者可以利用党群活动服务中心推行党员志愿服务计划，围绕助老、助残、助困、助学、助医等方面，开展各类社区公益服务，打造由社会工作者与党务工作者协同推进的“党建+”社区公益服务品牌。具体而言，社会工作协同社区党建过程中，社会工作者可运用的方法包括：一是运用社区教育手法协同推进党员的系列社区学习活动。二是运用社区骨干培养方法，推进社区入党积极分子的社区参与活动。三是运用志愿培育手法，推动党员带动群众的社区志愿服务活动。

四、协同搭建党员服务群众的桥梁

社会工作者要创新工作方法，就要协同搭建党员服务群众的桥梁，在党员服务群众的过程中发挥好党组织对群众的思想政治引领作用。首先，社会工作者要着力活化社区“非正式关系”资源，协同搭建以血缘、学缘、地缘、业缘、趣缘以及家长网络为依托的党员服务群众的桥梁，拓展党员服务群众的广度与深度。其次，社会工作者要着力培育以党员为主体的社区党员志愿服务队伍。具体而言，可以以社区党建室为党员志愿服务

① 城东区委组织部．“点线面”三结合推进“社区党建+社会工作人才”项目建设［J］．党的生活（青海），2018（11）：45.

② 张会杰，付锡军．“拱桥模式”推动社会组织党建实践创新［J］．中国社会组织，2017（19）：17-19.

阵地，结合党员“双报到”要求，基于社工站多领域的服务平台，推动党员参与不同类型的社区志愿服务。让党员根据自身实际情况选择参与志愿服务。在此过程中，社工站提供赋能培训，注重党员服务意识、参与能力、领导力的培养，以协同培育社区党员志愿服务队，发挥党员志愿者“领头雁”和“主力军”的作用，开展各类能够凝聚党心、民心的社区志愿服务，形成党员服务党员、党员服务群众、群众服务群众的志愿服务体系①。

案例分享

社会工作协同社区党建：社区党建实践案例

西堡社区是河南省郑州市管城区紫荆山南路街道首个“村改居”社区，该社区始终致力于将社区党建与志愿服务有机结合在一起，以党建为统领，社区搭平台，运用“三社联动”+“双工联动”双模式开展社区服务，组建品牌志愿者队伍。让社区党员、社区老党员发挥优势，建立常态化服务，并吸引社区居民加入其中，逐渐构建起“有困难找党员，有时间做义工”的社区和谐幸福体系。在此过程中，社区党组织的影响力也更加深入人心。

一是建立“支部同盟团”，筑牢“社区党建+志愿服务”基层堡垒。

作为社会的最小细胞单位，如何做到基层党建引领，更好地为人民服务，是摆在社区支部面前的一项重要课题，尤其是对于“村改居”社区，如何更好地引领和发挥好回迁群体的作用，显得尤为重要。西堡社区针对现状摸索出“1+1+N社区党建同盟团”模式，即“社区支部+非公支部+区域党委、村委成员、党员”，依托每周党群联席会议，将志愿服务作为社区党建的重要载体，充分发挥党支部的战斗堡垒作用，通过建立志愿服务队，开展志愿服务活动，创新多方参与、多元共治的社区治理新格局。

---

① 史慧，郭晓伟．“社区党建+社会工作”模式的探索［J］．佳木斯职业学院学报，2021，37（1）：40-41.

社区党支部牵头组织，整合志愿服务资源，着力解决“志愿者来自哪里、志愿服务就去哪里”的根本问题，推动社区党建与志愿服务的紧密结合和扎实开展，让回迁居民从旁观到参与、从怀疑到认可，使社区基层党组织全心全意为人民服务的初衷得以实现。

二是弘扬“党员微典型”，凝聚“社区党建+志愿服务”核心动力。

在社区党支部的带领下，秉承“群众利益无小事”的理念，通过志愿服务搭建的平台，在党员志愿者的带动下群众从“被服务者”逐步变为“服务者”，有序地参与社区治理，有效激发了社区活力，逐步形成了共建共治共享的和谐社区景象，这也成为“社区党建+志愿服务”模式的最关键环节。常态长效的党建和志愿服务工作，成为持续提升社区居民获得感和幸福感的重要力量。

“有困难找党员、有时间做义工”，党员志愿者被社区居民视为可信可学的身边榜样。在党员志愿者的带领下，“红色文化讲师团”“红色文化艺术节”“百场红色电影展播”“文明进楼栋”“垃圾不落地”“普法进楼院”等接地气的志愿服务项目持续开展，“社区党建+志愿服务”模式极大地推动了社区治理的创新。

三是推动“三社联动制”，稳保“社区党建+志愿服务”自循环性。

依托社区党群服务中心建立了“文明使者”志愿服务站，不断吸纳、扩大志愿服务阵地和队伍。第一，通过设立“党员示范岗、党员延时岗、党员之家、党员议事厅、红色记忆展览室”等，打造服务党员和群众的硬件服务设施。第二，通过“三社联动”“双工联动”机制孵化小西民调、巧主妇、小蜜蜂、文艺、便民5支党员志愿者队伍，为“社区党建+志愿服务”提供必不可少的软件支撑。第三，通过整合区域党建资源，引领辖区资源积极走进社区志愿服务阵地，扩充服务阵地化建设；实施社区治理“互联网+”战略，建立并完善了社区微信平台优化宣传形式，扩大了微信朋友圈、QQ群的覆盖面和影响力，“线上线下、互动结合、共同提升”的良好局面初步形成，营造了居民积极参与、邻里良性互动，友善和谐互助的氛围。

在“村改居”社区，这里的居民从村民到市民，这里的居民从“办事儿找村委唠唠咋解决”到“有事没事去社区做志愿者”，志愿服务已然成为这里居民的生活日常，不仅有效拓展了社区党建的服务平台，更让党组织真正走近居民，居民逐步了解、支持、参与党组织的各项活动，开创了“志愿服务微平台”，做到了“社区党建齐参与”的崭新局面。

（注：案例摘自孙瑜希的《社区治理创新：党建工作+志愿服务，合力助推三社联动!》一文，有删减。）

第二节 社会工作与社区自治

社区自治是基层社区治理工作内容之一，更是社会工作专业研究与实践的重要课题。提升社区自治能力是完善社区治理体系，解决社区治理问题不可回避的议题。社会工作应该自觉参与提升社区自治能力，在参与中贡献专业力量，发挥专业优势。

一、社区自治的含义及时代蕴含

《中华人民共和国城市居民委员会组织法》第二条规定：“居民委员会是居民自我管理、自我教育、自我服务的基层群众性自治组织。”社区自治是基层社会治理的重要一环。社区自治是指在村（居）层级开展的自治。社区自治的主体是全体居民（包括社区单位），其范围在本社区内；其内容包括社区内的公共事务和公益事业；社区自治的目的是发展社区民主、改善居民生活、促进社区发展、建立文明祥和的现代社区共同体。社区自治的表现形式很多，从全社区的层面看，它包括社区民主选举、民主决策、民主管理、民主监督；从居民直接参与的角度看，包括居民的自我管理、自我教育、自我服务和自我约束；从自治的内容看，包括人事自治、财务自治、服务自治、管理自治、教育自治等①。社区自治的根本在于社区公共空间的塑造，其基本形式体现在基层党组织领导下的多元主体

① 徐勇．城乡社区自治实务［M］．武汉：湖北科学技术出版社，2008.

对社区公共事务的合作共治①。社区自治倡导社区组织间的相互协同，以激发社区居民（村民）的内生动力，迈向社区治理现代化。

中国特色社会主义进入新时代，社区自治进入了一个新的发展阶段，社区自治中的党建引领显得更加重要。党建引领社区自治是指基层党组织引领广大社区居民根据自身意愿，通过一定的程序依法自主管理社区事务的过程。中国共产党依托其政治权威有效引领社区自治的发展与创新，助推社区自治取得显著成效②。近些年基层治理很大的一个特点是在突出社区自治地位的同时，强化基层党组织的服务能力③与领导力。

二、社会工作协同社区自治的实践模式：地区发展模式

地区发展或者说社区发展从概念上讲，既表示一种以地区为基础的经济、社会、文化等的发展，也表示一种发展理念，强调要基于当地居民的需求和当地的资源、环境和人口等情况协调、可持续发展；还可表示为一种社会工作的介入手法，一种强调居民的参与、合作，集体组织起来整合、利用社区资源、解决社区问题、满足社区福利需求，增强社区凝聚力和归属感的社会工作手法④。

地区发展模式强调村（居）民是社区发展的主要决策者，社区发展项目的决策应该遵从社区居民的广泛参与讨论、民主决策，而不能成为少数社区精英的集中垄断决策。还强调社区发展项目应尽量让更多的社区居民分享发展的成果，而不是形成阶层分化和利益集中。地区发展模式强调的重点与居民自治具有一定的契合度，二者的主旨都是村（居）民参与的社区民主实践，均强调村（居）民的沟通、对话，强调社区组织之间的协

---

① 王维维，王义保，李丽丽．基层社区“三治合一”：疫情防控治理的铜山实践［J］．城市发展研究，2020，27（9）：8-12.

② 王世强．党建何以引领社区自治？逻辑、机制与发展路径［J］．天津行政学院学报，2021，23（6）：55-64.

③ 梁玉柱．压力型体制下基层政府的调适行动与社会治理的行政化［J］．社会主义研究，2018（4）：105-113.

④ 徐永祥．社区工作［M］．北京：高等教育出版社，2004：74.

商、妥协与合作。

在地区发展模式中，社区社会工作者一般扮演启发催化者、支持鼓励者、协调联络者、资源中介者等角色。

三、社会工作协同社区自治的路径

社区自治中的社会工作协同，有助于发挥基层群众在社区自治中的作用。社会工作协同社区自治的路径有以下几种。

一是运用社会工作的“助人自助”理念与增能理论，培育社区村（居）民的主体性，激发村（居）民的自治动力，培力服务对象发展成为参与社区自治的积极力量。社区社会工作通过培育社区村（居）民的集体意识以及议事决事能力，提升社区村（居）民在社区公共事务中的自我管理、自我服务、自我教育、自我监督意识与能力；通过参与构建与完善居民参与社区自治的长效机制，提升社区村（居）民参与社区自治的效能，协同推进村（居）民事民议、民事民办、民事民管的治理目标的实现。

二是运用社会工作的社区组织培育方法，协同培力社区组织的发展。首先，社区社会工作者通过协同培力与各类群体相关的社区组织发展，完善社区不同群体表达诉求的渠道，使社区内多元群体的差异需求得到回应、权益得到保障。其次，协同构建社区党组织领导、社区行政组织负责，社区经济组织、社区社会组织、社区宗族组织广泛参与的社区自治的组织体系；协同构建社区组织的联动机制与利益协调机制，发展、壮大社区组织力量，凝聚社区组织资源，构建社区自治中多元社区组织的参与格局。

三是运用社会工作的社区骨干培育方法，协同推进社区党员的引领作用发挥。运用社会工作的社区骨干培育方法开展对社区党员的培养，要发挥好社区党员在推进党建带群建、群建促社建中的引领作用；发挥好驻地在职党员在沟通联络、资源整合、应急处置方面的优势，增强社区自治协同性。

四是运用社会工作的资源整合方法，协同构建社区自治的资源平台。社会工作的资源整合方法是社区行政工作方法的补充。基于社会工作价值理念构建社区自治的资源平台，有助于弥补社区行政整合资源的不足，提升资源整合的效能，为社区自治提供更充足的资源保障。

五是运用整合型社会工作方法，创新社区自治思路。整合型社会工作方法尊重群众的主体性，重视群众能力提升，可以有效提高村规民约的执行力。整合型社会工作方法重视制度建设，因此，运用此方法可以协助推进社区自治制度，比如《社区居民公约》《社区自治章程》的完善；协同推进议事协商的制度化，比如建立楼长自治制度，实现社区自治的制度化建设，创新社区自治方法。

案例分享

社会工作协同社区自治：楼长自治案例分享①

D小区在社区自治过程中，社会工作者协助推行楼长制，动员社区党员、文艺骨干、热心居民担任楼长，将治理延伸到楼道，有效地将居民组织起来，善于运用广大居民的力量，培育自治小组，壮大志愿服务队伍，发掘和提高社区治理的内生动力。D小区为居民提供自治空间，并引导居民组织起来，成立楼长自治小组。

楼长自治小组的成立过程：首先，宣传发动。设置自治小组办公室；制作宣传标语、宣传单，撰写张贴《致居民的一封信》等；举办市民议事厅，拓宽居民表达渠道，营造良好的舆论氛围；组织党员志愿服务，发挥榜样的力量，宣传志愿服务意识；设立恒常化摊位进行宣传；依托微信、微博等网络媒体，加强与居民的互动交流，充分保障居民的知情权与质询权。结合线上线下的宣传，让居民深入了解自治工作相关进度，提升居民的公共意识与主体意识，争取更多居民的支持与参与。其次，培育骨干。居委会发现和挖掘热心居民，并鼓励业主和居民自荐或者推荐，直接确定或选举确定自治小组候选人，并培养候选人参与自治工作所需的基本素质

① 丁旭洁．赋权视角下城市社区自治的路径研究：以佛山市G街道D小区为例［D］．武汉：武汉大学，2019.

和能力。最后，组织选举。D 小区秉持公平、公正、公开原则，拟订并公示《自治小组选举方案》，由居委会牵头上门发放和回收选票，经过 327 户小区居民投票，选出了第一届志愿服务不受薪的自治小组。

自治实践：2014 年 7 月，D 小区自治正式起步运作。自治小组引导居民参与社区议事决事和志愿服务。一方面，针对社区内涉及面广的公共事务、公共矛盾以及“还权于民”的其他事务，组织相关人员开展座谈式协商、面对面交流等，发现群众的诉求，尊重居民的处理意见和协商结果。另一方面，在治理过程中坚持“志愿同行”的理念，引导居民参与社区各类志愿服务，广泛凝聚治理力量，并在此过程中提升主体意识和居民参与效能感。为了扩大居民参与范围，巩固自治成果，社区党总支从楼道出发，加强楼道党建，推进楼长制建设。一方面以 D 小区党支部为骨干队伍，要求党员回归楼道，亮明身份，组织并参与楼道志愿服务，以实际行动吸纳居民主动参与；另一方面在社区服务过程中发掘一批热心居民，将其培养为义工骨干、社区领袖。经过引导和培养，D 小区组建了一支覆盖小区所有楼道的楼长队伍。楼长协助居民委员会完成各项工作，掌握楼道居民生活工作状况，并组织召开楼道会议，解决楼道或社区事务，如带领居民翻新楼道等。从楼道出发，可以最大限度团结居民，推动居民自我服务与自我管理。

（注：案例摘自丁旭洁的《赋权视角下城市社区自治的路径研究》一文，有删减。）

第三节　社会工作与社区法治

社区法治化治理，是指党组织、基层政府、居委会、社区组织以及其他治理主体等树立良好的法治思维，社区治理行为依法进行的良好状态，同时指通过法治方式打造共建共治共享的社区治理共同体。新时代社区法治化治理具有重要意义，一是法治能够为新时代社区治理提供正当性和合法性；二是法治能够为新时代社区治理提供相对稳定的可预期性；三是法治是新时代城市社区善治的基本要求。我国社区法治化治理自身的目标，主要包括实现社区自治和维系社区秩序两方面①。

社区法治化治理的实现，要坚持党组织依法执政、政府依法行政；社区组织要依法管理，依法开展活动；居民守法，法治精神、法律尊严、法律权威在社区内得到彰显。对社区社会工作者而言，要通过社区宣传、社区活动、社区教育、社区倡导等形式，让群众在学习宣传贯彻党的路线方针政策和国家法律法规活动过程中，提升法治意识。

社区社会工作在社区法治建设过程中可发挥的作用具体如下。

一是发挥教育者与倡导者的角色，开展法治宣传，提高群众法治意识。针对社区群众法治意识淡薄问题，社会工作者应发挥好教育者与倡导者的角色，通过普法宣传、社区法治教育等活动，提高群众法治意识，使其能在法律范围内理性表达诉求，确保群众社区参与方式和渠道的合法化。

二是运用专业化手段，完善矛盾化解机制与公共服务体系。第一，完善矛盾化解机制。社区社会工作者应充分运用专业知识，通过社区走访，动态监测社区问题的发生与发展过程；完善矛盾化解机制，畅通群众利益诉求渠道，避免社区矛盾的激化。第二，完善法律服务体系。健全城乡社区人民调解组织网络，引导人民调解员、基层法律服务工作者、心理咨询师等专业队伍，在物业纠纷、农村土地承包经营纠纷、家事纠纷、邻里纠纷调解和信访化解等领域发挥积极作用，积极推动人民调解、行政调解、司法调解衔接联动，完善法律服务体系。第三，完善社会服务体系。积极组织、动员社区组织，特别是社区社会组织，针对社区的民政对象、社区服刑人员、刑满释放人员等群体开展社会服务，提高社会工作者危机介入能力，完善社区社会服务体系。第四，完善社区社会心理服务体系建设，有效应对社区群众的心理问题。

三是协助村（居）委会制定适合实际的村（居）规民约。协助村

---

① 易有禄，熊文瑾．城市社区法治化治理：目标定位、要素构成及路径选择［J］．南昌大学学报（人文社会科学版），2022，53（3）：82-92.

(居）委会，通过村（居）民代表大会，制定和完善村（居）规民约。村(居）规民约是确保社区自治制度化、程序化、法治化的基础。这是推进村（居）矛盾和问题的村内解决的制度化途径。

四是通过政策倡导，助力社区法治建设。社会工作者在服务过程中发现某些具有普遍性的社区问题时，应积极向政府职能部门提出改进建议，以寻求社区问题的法治化、制度化解决方案，避免因某一社区问题而导致社区冲突与矛盾。

案例分享

社会工作协同物业小区的法治实践

为提高物业小区依法自治水平，社会工作者协助小区业委会梳理了分工安排，13 名正式委员都有明确的分工，对小区的工程安全、环境卫生、物业服务、安全保卫、垃圾处理、公共设施维护等日常事务进行全方位监督，及时发现问题，并督促物业公司和开发商解决。为加强日常工作管理，每个业委会成员还对应 1 名联络员，业委会成员和联络员之间实行 A、B 角，以有效推进业委会工作的开展。业委会还从居民志愿者中选出栋长和楼长，负责每一栋楼的日常监督工作，形成网格化服务架构，多角度服务业主。业委会建立了小区 QQ 群、微信群、微博等 10 个业主交流平台，方便业委会、业主、物业公司和开发商线上交流，畅通交流渠道，倾听民意，并及时处理问题。

业委会成立以来，社会工作者链接镇房管所资源，多次对业委会委员进行业务培训，指导他们依法自治，依法维权，并对小区的物业管理工作进行整治和规范，维护居民的合法权益，逐步使小区的管理走向规范化。

在矛盾纠纷调解方面，社会工作者发挥了组织者、协调者作用。为了及时化解小区居民的矛盾纠纷，在镇司法分所指导下，小区成立全镇住宅小区人民调解委员会，由 9 名正式委员组成，他们基本都掌握一定的政策和法律知识。调解委员会与市第二人民法院以及相关职能部门建立了联合调解机制，小区一旦发生矛盾纠纷，调解委员会就及时介入，进行联合调解，确保纠纷在进入诉讼之前就能够得到协商解决，将矛盾化解在萌芽状态。

针对小区自治能力略显薄弱的情况，为推进社区自治，在小区业委会依法自治的基础上，社区派出2名专职工作人员驻点小区，协助业委会处理小区各种事务。通过制定《×小区文明公约》，确定小区重大事项由业委会讨论决定，并在宣传栏定期公开相关事务，强化了业委会对小区的管理职能。此外，在小区设立居民议事室，居民可以直接参与小区事务管理，促使民主自治更加规范。同时，物业公司也在日常物业管理的基础上，强化治安防范、环境卫生和沟通服务等工作。

第四节　社会工作与社区德治

随着经济社会的发展，原有的村落社会逐步解体，新的共同体日益显现。共同体不是自然形成的，需要每个成员为其添砖加瓦、接受和遵守共同体认可的规则，这就是德治。德治是一种软法，是一种在日常生活中获得自觉产生的自律。这种自律是人生的最高律令，无须外界强制，其本人就是自己的执法官。德治为自治这一本体注入自律的能动性，从而达到“从心所欲不逾矩”。法治以权利为本，德治以责任为本。每个个体为了获得共同体的美好生活，都需要让渡一部分权利，履行一份责任①。

《中共中央关于制定国民经济和社会发展第十四个五年规划和二〇三五年远景目标的建议》中指出，要“加强和创新社会治理。完善社会治理体系，健全党组织领导的自治、法治、德治相结合的城乡基层治理体系，完善基层民主协商制度，实现政府治理同社会调节、居民自治良性互动，建设人人有责、人人尽责、人人享有的社会治理共同体”。在基层社会治

① 徐勇．自治为体，法德两用，创造优质的乡村治理［J］．治理研究，2018，34（6）：7-9.

理中，“健全党组织引领的自治、法治和德治相结合的城乡治理体系”，实现“三治融合”，自治赋予基层社会活力，法治赋予基层社会保障，德治是扬正气。

德治是社会治理的伦理根基。作为一种非正式制度，道德通过规范人们行为和各种社会关系，为正式制度提供道德合理性，通过填补正式制度空缺的方式来实现软治理①。德治在社区治理中具有引领价值，德治思想在我国的历史文化传统中源远流长。在社区治理过程中，道德是居民心中以整体方式存在的普遍性规范和约束。这种“心中之法”是一种柔性约束，为社区治理提供更基础性的支撑。基层社会治理中自治、法治与德治是可以结合而且必须结合的。“自治是法治与德治的基础，法治是自治与德治的边界和保障，德治是较高追求，德治以自治与法治为基石，并对自治与法治形成有力补充。三治各有侧重，有优先次序，但更需要同时发力、交织前进，以发挥三治结合的乘数效应。”② 德治是重点解决治理主体思想精神层面的素质修养问题，注重培养社区成员道德素质和道德修养，有利于从源头上防范社区矛盾。社会工作的本质是道德实践，社会工作专业的出现从一开始就带着很深的社会关怀，承载着道德的重量。社会工作是一种有别于一般号称专业的工作，除在知识基础和技术方面有分别之外，它的意识形态介入与进行专业介入时所涉及的道德价值和政治信念，使它有别于一般专业③。社会工作者作为行动者、倡导者，应协同其他社会治理主体把基层社会所提倡的道德观念与人们的日常生活紧密联系起来，落实到人们的日常生活之中，推进社会工作的道德实践。

在具体的实践层面，社会工作者以德治为支撑，推进社区的精神文明建设。通过加强社区文明培育、文明实践和文明创建等精神文明建设，以

---

① 陈成文．深植社会治理的伦理根基：中国共产党百年“德治”的经验与启示［J］．社会科学家，2021（6）：26-32.

② 郁建兴，任杰．中国基层社会治理中的自治、法治与德治［J］．学术月刊，2018，50（12）：64-74.

③ 古学斌．道德的重量：论行动研究与社会工作实践［J］．中国农业大学学报（社会科学版），2017，34（3）：67-78.

德化人，强化居民的道德自律，形成社区新风尚。一是完善村规民约或市民公约，以公约的形式强化居民的道德意识。二是大力开展新时代文明实践活动，以社区剧场、文化沙龙、围炉茶话等群众喜闻乐见的形式弘扬社会主义核心价值观等社会主旋律，培育文明乡风、良好家风、淳朴民风，教育引导广大群众明大德、守公德、严私德，自觉抵制腐朽落后文化。三是树工作示范典型，引领社区道德风尚。如在社区大力开展“美好”家庭、“美好”楼栋、“美好”小区等评选工作，引导社区居民共同创建文明、和谐社区，营造崇德向善的良好社会氛围。

案例分享

社会工作助力市级样板社区创建，推进社区德治

市级样板社区的创建工作需要协同各方力量参与。社会工作是参与主体之一，其作为资源整合者、协同者、服务提供者助力市级样板社区的创建。样板社区的创建主要围绕建秩序、建道德、建生态“三个建”开展。

在“建秩序”方面，小区依法成立了业主委员会，社会工作者协助理顺管理制度，重建管理秩序；协助小区筹建了党支部、调委会、综合服务站、志愿服务站、治安岗亭和社区社会组织等，发挥各方职能，使小区内的管理秩序得到明显改善。此外，还建立“普法驿站”，通过各种“法治文化”宣传载体，让“法治”走进小区，为居民学法、懂法、守法、用法提供了便利和帮助。

在“建道德”方面，社会工作者协助小区增设了文化空间、感恩亭等专题阵地，通过各种交流活动，引导居民提升文明素质和道德修养。“文化空间”依托过道走廊布置图片展，展现今昔风貌，增进群众对社区发展历程的认识，提高文化融合效果；“感恩亭”借助名言名句，打造“感恩文化”，弘扬传统美德，倡导敬老孝亲、诚信有礼、感恩社会的良好风尚。

在“建生态”方面，社会工作者链接镇文明办资源，通过设置带有环保标识的分类垃圾桶和实行建筑垃圾出入登记制度，宣传垃圾分类知识，

向居民倡导环保理念，提升居民的环保意识。此外，社区还建立了“交换空间”，通过“以物易物”，促进邻里互助交流，倡导环保理念，共创绿色和谐小区。

案例分享

“一约两会三团”的“三治”融合实践①

自治、法治、德治单独运用往往难以达到最理想的治理效果，只有综合运用、协同发力，才能释放出乘数效应。浙江省桐乡市将经过实践验证、行之有效的“三治”载体加以整合，形成了以“一约两会三团”为重点的“三治”融合创新载体，协同推动基层社会治理转型。

“一约”即村规民约。村民参与制定并监督执行，以“村言村语”约定行为规范、传播文明新风，综合运用物质奖惩、道德约束等手段保障落实，使村规民约发挥更好的治理作用。比如推动各村将文明餐桌写入村规民约，由党员干部带头签订文明餐桌承诺书，在潜移默化中引导农村群众厉行节约，革除陋习。

“两会”指百姓议事会和参事会。由村党支部书记担任百姓议事会的召集人，由村党支部书记或村委会主任兼任参事会的秘书长，发挥各类人才的感召力，通过专题会议、个别访谈等形式，解决和协调村里的相关事务，协助村“两委”做好群众工作，实现农村事务的民事民议、民事民办、民事民管。比如在村内环境整治中，参事会会长带头出资、上门走访，说服村民共同支持环境整治，共同建设美丽乡村。

“三团”指百事服务团、法律服务团、道德评判团。以志愿服务、法律服务、道德评判为抓手，将定期坐诊、按需出诊、上门问诊相结合，完善志愿者组织体系、公共法律服务体系和道德评判体系，打造市

① 浙江桐乡发挥“一约两会三团”协同作用［J］. 农村工作通讯，2019（13）：33-34.

党群服务中心和"一米阳光"法律诊所等为代表的市、镇、村三级服务组织。选派法律服务团中党员身份的"三官一师"（法官、检察官、警官、律师）到村担任"平安书记"，发挥专业优势，加强和规范基层组织建设，结合职能作用和日常工作，促进基层自治活力有效释放。

（注：案例摘自《浙江桐乡发挥"一约两会三团"协同作用》一文，有删减。）

第五节　社会工作与服务型社会治理：以社区社会资本建构实践为例[①]

一、服务型社会治理是社会工作参与社会治理的重要路径

社会工作是现代社会制度之一，其社会职能是通过解决困难群体、困境群体的基本民生问题而促进社会和谐、实现社会公正，这些与社会治理是相通的[②]。具体表现如下：社会工作的主体是社会服务机构及其专业工作人员，这正是社会治理中多元主体的组成部分。就社会工作具体参与社会治理的路径而言，是通过服务来参与治理，为了更好地服务而参与治理，这就是服务型治理的基本内涵[③]。也就是说，社会工作通过具体服务的开展，回应服务群体的多元需求，以提供福利服务、解决社会问题、化解社会矛盾等促进社会正义。服务过程中通过赋权服务对象达到服务对象社会治理中的参与，通过服务、倡导可以促进社会治理体系的创新，这是一个包括政府、社会组织和服务对象三方互动的社会治理体系[④]。因此，服务提供是社会工作参与社会治理的路径选择。建构社会资本的社会工作

① 王海洋．社会工作推动"服务型"社会治理的实践路径：以流动人口社区社会资本建构实践为例［J］．社会工作，2016（4）：79-86，126.

② 王思斌．社会工作在构建共建共享社会治理格局中的作用［J］．国家行政学院学报，2016（1）：43-47.

③ 王思斌．社会工作机构在社会治理创新中的网络型服务治理［J］．学海，2015（3）：47-52.

④ 同①.

实践是社会工作服务的核心内涵之一，是社会工作参与社会治理的重要介入行动，也是社会工作推动服务型社会治理的重要实践。本节以 Y 社工中心社区社会资本建构实践为例，从服务型社会治理的视角进行社区社会资本分析，并在此基础上呈现社会工作通过建构社会资本的专业服务，推进社区服务型社会治理的实践内涵与实践策略。

二、社会资本视角下的社区分析

社会工作建构社会资本的专业实践属于服务型社会治理的实践范畴。Y 社工中心在实践中，选择从社会资本视角对社区进行分析，以探究专业社会工作推动服务型社会治理的可能路径。

社会资本是“彼此熟悉或认可的制度化关系的永久性网络的实质或潜在资源的总和”[①]；是一套“原生”制度，即联结人与人之关系，强调社区人与人之间的信任关系，并将社会资本联结至社会网络[②]；是由“个人之间的联结——社会网络及其所衍生之相互的规范和信任”组成[③]。简而言之，可以将社会资本的核心要素概括为网络、规范和信任。因此，可从社会资本的社区关系网络、社区规范和社区信任 3 个层面对社区进行分析。由于本节以 Y 社工中心推进的流动人口社区服务型社会治理为例，流动人口社区具有完全不同于传统社区的社区关系、社区规范和社区信任，因此对于流动人口社区而言，同为工人身份的社区成员关系网络以及工人的亲子关系网络构成了流动人口社区关系网络的焦点；同为社区重要主体的企业和工人之间劳动规范和社保规范构成了流动人口社区规范的核心；同为社区两大阶层的劳方和资方关系的信任以及工人间的信任构成了流动人口社区信任基石。从社会资本的角度来看，流动人口社区主要体现出如下特征。

---

① BOURDIEU P. The forms of capital in education, culture, economy and society [M]. Oxford University Press, 1997: 46-58.

② COLEMAN J S. The creation and destruction of social capital: implications for law [J]. Notre Dame J. Law, ethics, public Policy, 1988, 3: 375-404.

③ PUTNAM R D. Blowing alone: the collapse and revival of american community [M]. New York: Simon and Schuster, 2000.

（一）社区关系网络弱化

1. 社区工友关系网络弱化

在流动人口社区，工人社会关系网络包括其家人、网友、同事、朋友、同乡等关系网络。社区工人关系网络呈现整体弱化的趋势（原有关系网络逐步弱化，新的关系网络难以形成）。就社区生活而言，一线工人由于工作时间的限制，一般每周只有一天休息时间，加之社区周边公共设施不足，工人平时下班后多选择玩手机、喝酒、闲逛、在商场门口看影视等方式度过工余时间，这构成了社区工人的业余生活图景。在这种工人生活时间被工作时间挤压和公共空间缺失的情境下，个体化取向的活动（睡觉、闲逛、玩手机等）构成了大多数工人的社区生活现实。同时，工人虽然共同生活在有限、拥挤的地理空间内，但在彼此地域、年龄、文化的差异、高流动性以及对稀缺资源的竞争关系等复杂因素交织作用下，使得他们完全没有机会、条件和能力走进彼此的生活世界与身边人发生联结，他们的生活经验只能牢牢包裹在自己内在，彼此难以充分发生对话，这就形成了一种“看似相近却很远”的社区关系形态。这种结构化的关系形态，逐步被社区工人认同并内化为规范，又进一步限制了工人发展社区关系网络的能动行为。因此，我们看到的社区工人是散落在关系网络之外的个体，且呈现逐步弱化趋势。

2. 社区亲子关系网络弱化

家是一个生与养的关系场，孩子得以长大依靠的是一组或多组关系交叉作用，承担起保护与照顾的工作；家也构成了人的生存和发展的生活现场。家的生活现场不仅仅是屋内外，各奔东西、四处谋生的家人间的关系场域，也是看不见却从未停息发生着实质作用的家人关系生活现场①。打工者特别是已经身为父母的打工者，他们的家需要更辛苦地承担起孩子的保护和照顾的工作，这种形式的家因家庭成员的生计而外出打工，使得家庭生活现场超越了室内外，形成了老人、孩子和父母在打工地与老家之间

---

① 夏林清．斗室星空：“家”的社会田野［J］．中国农业大学学报（社会科学版），2013，30（3）：88-103.

的多种形式组合的家人关系，这就是打工者的家。在这种家的生活现场中亲子关系必定发展出多样的形态，但其共同特点都是具有劳动者工作现场对亲子关系的劳动刻痕。Y 社工中心所在社区有流动儿童约 200 名，他们因父母打工从农村流动到城市，呈现出夏林清教授所描述的家的生活现场。这种家的描述也呈现了带有劳动刻痕的亲子关系，这种亲子关系不同于媒体所展演的那种充满童话幻象的西方资本主义中产家庭的亲子关系形态。这些打工的父母带着劳动疲惫、生养孩子的负荷、城市排斥的身躯面对孩子。因此，他们没有条件和机会细致地对待孩子，也就出现了亲子关系疏远、没时间陪伴孩子、打骂孩子等一系列所谓的亲子问题。社区孩子们面临安全问题、行为习惯问题、健康问题等，这就是打工者家庭孩子的真实生活现场。打工者的这种劳动状态决定了亲子关系网络弱化的现实。

（二）社区规范缺失

1. 劳动规范缺失

社区大多数工人的基本工资为当地最低工资水平，因此大多数工人必须被迫选择加班以争取可以维持生计的收入。在工厂淡季或货源不足时，往往没有足够的加班机会，导致不少工人选择离职。该社区大多数工人一般每天加班 3~4 个小时，每周休息 1 天；遇到赶货会调整到每月休息 1 天；且工厂加班时间不固定，多为临时通知加班；加班费一般比法定标准低。现实中工人对相关劳动规范了解较少，大多数工人除了知道要签订劳动合同和辞工时需提前一个月提交辞职申请外，对其他劳动规范知之甚少。工人对自己工资的理解一般都是通过与自己相当岗位的工人进行横向比较获得。一方面，企业集体降低法定劳动规范要求，使得工人产生“都一样”的错觉感，以此合法化企业违规行为；另一方面，工人缺乏对劳动规范的知晓意愿和机会。正是这两方面的相互作用，共构了劳动规范缺失的事实。

2. 社保规范缺失

根据 Y 社工中心针对 T 社区的调研显示，流动人口社区的社保问题主要表现在以下几个方面：第一，部分企业仅有部分人参加社保，参加社保的人群以企业中层及以上管理者为主，一线工人只有少数人享有社保。第二，大多数企业按最低工资标准而非实际工资收入缴纳社保。第三，存在工人主动要求放弃缴纳社保，宁可多领点工资的事实。第四，社保险种不全，多数只有“三险”。究其原因如下：首先，因社保制度宣传不到位，导致部分工人完全不了解社保或对社保规范存有误解。其次，工厂考虑企业负担故意回避，不按照法律规定执行，因而只是选择给一部分人特别是企业中层以上管理者缴纳社保。最后，相关制度的落实、监管不到位，一旦发生意外工人们的权益难以保障。

（三）社区信任不足

1. 劳资间信任不足

辞工难问题是流动人口社区比较严重且较为普遍的问题，一般工厂都是每月 25 日后发放上月的工资。如果工人要辞工，首先会按照规定流程进行申请，但多数工厂会以各种理由（老板不在或没有人顶岗等）拖延工人的辞工时间，经常一拖再拖，很多工人无奈之下只好舍弃一个月的工资，委屈、愤怒地离开（多数工人都认为是老板找借口，故意克扣工资），这导致劳资间信任丧失。有的工人会通过合法的渠道争取自己的权益，但这个过程需要时间、勇气和策略，绝大多数工人没有条件。还有些工人无奈之下会采取极端的行为进行处理，最后对双方造成伤害。很多时候工人的要求很简单，只是用最朴实的思维争取自己应有的权益。工人的不满，用一位工人的话说就是“感觉被老板耍”，感觉老板缺乏基本的对人的信任和尊重。由此，造成了社区劳方和资方彼此的信任危机。在丧失信任的情况下，简单的社区问题往往会变得更为棘手，甚至带来社区群体冲突。劳资之间的信任危机比社区问题本身更为严重，这也是激发流动人口社区其他问题的根源之一。

2. 工人间信任不足

因为希望可以拥有自己的空间，单身或有条件的工人会选择不住工厂宿舍，而是到社区租房。由于一般厂区不设置家庭公寓，有家室的外来务工人员也只能选择在社区租房。在外租房的工人会认为自己租的房子就是自己的“家”，事实上这也是流动人口的一种重要的家庭生活现场。这种家的形态构成绝大多数打工者的家庭样貌，这种家的形式是其 5 年、10 年甚至一生家庭住所的样貌。他们在这样的家内、家外维持一家人的生存和发展。家外的流动人口社区公共设施匮乏、高流动性以及彼此的陌生感，使得此种形式的家极具复杂性。家外的社区问题频出，如安全问题、治安问题、噪声问题等，社区内偷窃、抢劫、打架等事件时有发生，工人普遍感觉社区不安全，家人也缺乏安全感，这种安全感的缺乏具体表现在社区生活中就是对周遭工人的敬而远之和谨慎防范。其原因在于，传统社会的封闭网络易于让网络内的人彼此之间有较紧密的联系，然而，随着社会变迁而衍生出传统家庭和社区结构的弱化，封闭网络已渐被开放网络取代，社区在缺乏义务与认同的强制机制下，有助于社会资本累积的社会信任也随之弱化①。虽然工友渴望发展社会网络关系，但因社区、家的现实样貌和社区生活资本的匮乏，导致了社区内工人彼此之间的信任危机。

三、社会工作推动服务型社会治理的社区实践

科尔曼（Coleman）呼吁要让奠基在家庭和社区的“原生”制度（primordial institution）复苏（原生制度是联结人与人之关系的社会资本）②，它不仅能启动社区人际的信任关系，也有助于促进其成员在追求共同的目标时，彼此会更具有合作的意愿，达到社区善治③。社会资本对社区治理有其重要性，特别是对于处于相对劣势的社区，它不仅是分歧社会的黏合剂，亦可活化人际的信任度④。因此，作为扎根流动人口社区的社会工作机构，Y 社工中心针对上述社区问题以及工人的需求，开展了一系列社会资本建构实践，旨在赋能服务对象，促进服务对象成长，营造社区信任氛围，推动服务型社会治理。

---

① COLEMAN J S. Foundations of social theory［M］. Cambridge University Press, 1990.

② COLEMAN J S. The creation and destruction of social capital：implications for law［J］. Notre Dame J. Law，ethics，public policy，1988，3：375-404.

③ 黄源协，庄俐昕，刘素珍．社区社会资本的促成、阻碍因素及其发展策略：社区领导者观点之分析［J］．行政暨政策学报，2011（52）．

④ 同③.

（一）成（becoming）群：建构社区关系网络

Y社工中心搭建以图书室为载体的社区公共空间，通过提供与工人工作、生活相关的图书和杂志，丰富工人的社区生活，满足工人们自我提升的需求。同时，每个星期五下午在工人等待上晚班前的半个多小时的休息时间里，Y社工中心在工业区和生活区之间的区域设置室外流动书吧，以此聚集工人，提供服务。上述两种做法的初衷是以图书室或流动书吧的形式，探索社区工人之间发生连接的社区平台，增加工友发生联结的机会和条件，建立社区工人的社区关系网络。因此，在图书室及社区流动书摊的实践中，社会工作者会以图书为媒介，重点探究工人的生活经验，并试图将个人的生活经验放置社区更大的公共空间内被更多人看见，因此引起经验共振。同时，促进更多人的经验可以进行公开分享，以超越地域、年龄、文化差异和高流动性的限制，建立工人间生命经验的连接。因此，社会工作者的重点工作就是创造这样的机会、条件促使社区工人可以走进彼此的生活世界，与身边人发生联结。这个过程也是破解生活经验只能牢牢包裹在自己内在的困局，破解社区工人是散落在关系网络之外以及“看似相近却很远”的关系形态的实践，同时，该过程的发生也是赋能工人发展社区关系网络的能力。

此外，社会工作者也会利用图书室及流动书摊等平台，开展亲子阅读、亲子游戏、亲子对谈等专业活动。社会工作者探索父母劳动现场如何被孩子看见和理解的可能，同时父母也学习走进孩子的经验中，与孩子发展关系。当孩子看到和理解父母的劳动现场以及父母为托起家长重负而劳作时，父母对孩子的不沟通、不耐烦甚至打骂孩子的所谓的沟通问题，就不仅仅被框定为沟通问题，还会被框定为是父母作为一线工人的劳动者带着疲惫的身体走进亲子关系时的无力、无能和无奈。当孩子可以看到真实劳动的父母时，孩子对父母的负面情绪和评价正悄悄地进行另外的诠释。这样的过程也是大家一起学习重新框定过往不堪的经验，以及曾被自己问题化了的家庭经验的过程[①]。当父母愿意走进孩子的经验，理解他们，父母开始学会用对话的方式与孩子互动，父母对孩子的行为也会发生变化。这样的实践实质是松动着社区亲子紧张的关系，朝向可以协同发展的方向迈进，亲子关系网络也会因此丰富。此外，Y 社会工作中心还会定期在社区放映影片、举办社区工人节日聚会以及其他形式多样的分享会，活动形式丰富，内容充实。但对于社会工作者而言，行动的目标都不在活动形式，而是在营造社区公共空间，旨在促进工人的经验可以被社区中的其他人看到，从而带出他们的经验分享，在这样的经验分享和共振中，人与人之间实质的联结正在悄然发生。个别行动者的某些特定质地引导着彼此间发生与发展出彼此之间的关联性，而这些关联性的运作技巧又为行动者们掌握，故成了“群”。这是社会群体与组织在特定社会过程中产生的道理[②]，也是建构工人社区关系网络、增强社会资本之路。

（二）社会学习：重构社区规范

针对社区劳动规范缺失的问题，Y 社会工作中心试图破解由劳资双方共构的劳动规范缺失的事实，社会工作者从工人主体性培养方面选择行动策略。针对工人缺乏对劳动规范的知晓意愿和机会、对自己权益受损无知和无感的现实，社会工作者试图培养工人在社区劳动规范重构中的主体性意识。社会工作者秉持社会学习理念开展实践。社会学习过程是指一个社会内部主要进展的动力，不是来自广大群众的模糊图像，也不是某种匿名的行动系统，而一定是依靠特定的社会群体不断和其他社群对话沟通的过程；而对该特定群体而言，在与其他社群对话的过程中，新的认识与社会行动的能力也增加了[③]。社会学习实践具体如下。

一是开展社区法律公益讲堂。Y 社工中心定期邀请法律实务专家，来社区开设法律课堂。学习内容包括社会保障和劳动法。法律课堂的运作强

① 夏林清．斗室星空：“家”的社会田野［J］．中国农业大学学报（社会科学版），2013，30（3）：88-103.

② 夏林清，丁乃非．劲旅行脚：地方斗室与星空共享的对话［J］．应用心理研究，2015（63）.

③ 同①.

调“社会学习”的概念，在学习过程中促进工人群体与法律专家对话沟通，社会工作者协助法律专家从工人的经验出发，了解和探究劳动法和社会保障的相关规定及其与工人的关系。在社会学习的过程中，工人维护自身权利和社会参与的意识和能力得到了提升，这将有助于推动社区规范的重构。

二是开展各类兴趣学习班，如英语兴趣班、粤语学习班和乐器培训班等。在活动过程中，同样强调依靠参与学员之间以及学员与老师、社会工作者之间的对话，以此获得新的认识与社会行动能力。在兴趣班中，依然可以加入与工人利益息息相关的劳动法与社会保障的学习内容，比如在英语或粤语学习的词汇中可以加入劳动法或社保中的常见词。乐器学习兴趣班同样可以由工人通过经验表达和对话，形成乐器练习中谱曲的素材和演奏的歌曲内容。通过系列活动发展工人对社区规范的新知识和行动力。同时，参加兴趣班也是工人达成共识、形成规则的训练过程。通过上述社区治理实践，在各种社会学习的空间中工人们开始慢慢发展出有关社区规范的新知识和行动能力，尝试在团体内实验建构团体规范，并进一步促进日常互动中社区劳动规范的建立。

（三）社会介入：营造社区信任

帕特南在对意大利社区进行调查研究后发现：在那些公共精神发达的地区，建立了密集的公民参与网络，人们遵循有效的普遍互惠规范，促进了社会信任与合作[①]。因此，流动人口社区两大阶层（劳方和资方）的信任危机以及社区工人彼此的信任危机的破解需要有人民参与网络和互惠规范。促进社区工人参与和互惠的社会介入方案是营造社区信任的实践选择。任何一个社会介入方案，一定是涉身或投身其中的当事人的生命机遇与有意识选择的生命方案。个人的生命选择与他的智慧能力能促使一群人得以在集体行动的社会活动脉络中，发展出群策群力的社会介入方案，而

① 罗伯特·D. 帕特南. 使民主运转起来［M］. 王列，赖海榕，译. 南昌：江西人民出版社，2001.

许多个人的生命故事亦因此而转折前行[①]。因此，在实践中，社会工作者开始探究流动人口社区中的工人的生命方案、社会工作者的生命方案以及如何与社会介入方案发展连接。伴随着这样的探究，社会工作者将工作重点定位在培养优秀的工人实践者上，希望社区可以有工友基于自身以及群体需求发展出自助、互助的集体行动，以此改变社区人与人之间的关系，发展社区工人之间的生命连接，营造社区信任。在上述探究的指引下，Y 社工中心将具体的社会介入方案落实到培训工人志愿者上，并推动工人成立基于工人生命经验和需求的社区志愿者组织。通过多元的服务参与与志愿者训练计划，发展工人生命方案与社会介入方案的连接，以此发展社区工人的关系网络，提高工人社区参与能力和社区行动力。同时，通过经验交流会及分享会使志愿者不断获得行动意义和彼此关系的发展。在众多的志愿者服务活动当中，社区便民志愿服务活动就是一个具有代表性的活动，通过派发药品、义诊、义剪，以及丰富多彩的文艺表演和急救演示活动，回应流动人口社区的工人需求，并在此过程中传递真诚和信任感，同时也向社区传递志愿理念和互助意识，形塑互惠规范，共同参与营造社区信任。

四、社会工作推动服务型社会治理的实践策略

（一）利益相关方社区参与策略

社会资本的存量是影响地方社会治理的主要因素。同时，帕特南在关于构成社会资本存量的信任、规范和网络的基本要素中，又特别强调横向的公民参与网络的基础地位。流动人口社区治理需社区各利益相关方参与，Y 社工中心在推动服务型社会治理的社区实践中细致地进行社区利益相关方分析，包括社区管委会、社区内企业、社区义工队、社区诊所、社区其他商业服务部门等，他们都是社会治理应该考虑的参与方。如何整合各方利益，从而充分调动各方的有效参与，是服务型社会治理需要推进的

① 夏林清．一盏够用的灯：辨识发现的路径［J］．应用心理研究，2004（23）：131-156.

工作。在Y社工中心推动服务型社会治理的具体社区实践中，首先采取的是通过合作开展活动（主要通过活动挂名的方式）的策略，调动了政府流动人口管理部门和社区管委会参与的积极性，以此发展较好的合作关系。其次，通过回应工人需求的策略调动了各群体（工厂管理层、一线工人、环卫工人等）的参与，以推动他们开始关心社区安全、儿童照顾、工作权益等议题。最后，通过开展暑期儿童学堂，促进社区儿童父母参与工作，并逐步发展彼此合作关系。经过两年多的持续探索，社区各方共同参与，成功组织了“关爱社区环境、人人参与”的大型社区活动，通过此次活动，社区环境得到明显改善，社区各利益相关方开始关注自己生活社区的环境议题，并从自己开始尝试改变。在促进各方参与的过程中，作为社会组织的Y社工中心起到了桥梁作用，使得原本不可能合作的社区利益相关方实现了合作的可能，并共同通过服务参与的方式，推动社区层面的社会治理。

（二）资源动员与整合策略

社会工作通过服务提供参与社会治理，而服务提供过程中的资源相当重要。资源一般包括物质资源、人力资源、组织资源、文化资源等。从一定意义上来看，社区治理的实质就是社区资源和社区力量的整合过程。社区资源的界定涉及理念的导向，如果从问题视角看，很容易发现流动人口社区存在诸多问题；如果从优势或资源角度去看，则更显资源优势，如社区多元的文化、社区人口年轻化、社区工人的勤劳等都是社区治理的重要资源。如何挖掘上述资源，是流动人口社区服务型社会治理必须考虑的议题。如Y社工中心发现社区有些工人英语较好，会动员他们为社区中有英语学习需求的工人开设英语学习班，在此过程中，彼此都获得学习，教授英语的工人获得了社区认同和价值感，也由此发展了社区工人间的信任关系，未来也就有可能因这种关系连接而发展出生活或工作上的互助行为。社区内部是充满资源的，社区是有价值的，关键看社会工作者如何去发现并盘活各类社区资源为社区治理服务。此外，除了上述社区内部资源外，社区外部资源对流动人口社区发展也非常重要。如Y社工中心积极争取高校资源、社会资源、政府资源等，包括高校社会工作专业的专业支持和实习生资源、政府项目资源等。这些资源为更好地推动流动人口社区服务型社会治理提供了资源保障。争取资源的过程也是对资助者产生影响的过程，在这个过程中，可以引导资助方关注流动人口社区中的各类社会治理议题，以便通过多方合作合力解决社区治理面临的结构性问题，真正让流动人口共享社会发展成果。

（三）赋权策略

目前在流动人口社区开展专业服务的多为企业社会工作者，然而，绝大多数企业社会工作的实践表明，企业社会工作无法承担其应有的赋权功能。企业社会工作者多基于企业的生产利益开展直接服务活动，如贫困救助、子女照顾、职业规划、心理辅导等服务。但此类社会工作实践在满足流动人口现实需求的同时，也在削弱工人对于劳资关系、劳动权益、社会排斥等不公平社会结构的觉察；同时因去权化的直接服务的提供在一定程度上也削弱了工人改变的能力。Y 社工中心的实践表明，流动人口社区的社会工作服务需要强调赋权策略。第一，社会工作者应敏锐觉察因自身专业身份而带来的与工人间巨大的社会距离，并致力于消融，而非标榜专业，刻意区分所谓专业关系与私人关系，拉开或固守与服务群体的社会距离。第二，社会工作者应坚信流动人口社区的工人是行动的主体，赋权取向的社会工作者应处于协同陪伴的助人位置上，给予有力的支持，陪伴流动人口社区工人一起面对困难和挫折，陪伴他们一起学习和成长。

五、结语

社会工作以提供专业服务的方式参与社会治理，是服务型社会治理的基本内涵，也是社会工作参与社会治理的路径选择。建构社会资本的社会工作实践是社会工作服务的核心内涵之一，是社会工作参与社会治理的重要介入行动，也构成了社会工作推动服务型社会治理的重要实践内涵。社会工作者长期扎根社区，与社区民众一起面对问题，注重与社区各利益相关方（政府、社会组织和服务对象）的良性互动、对话，以此获得了社区工作的实践权。社会工作者因此具备了社会资源动员、链接和组织、倡导的能力。在此基础上，社会工作者通过建构社区社会资本的专业服务实践参与社会治理，在该过程中，不仅发展出了社会工作的实践知识，而且丰富了服务型社会治理的实践内涵和实践策略，这说明社会工作建构社区社会资本的实践是社会工作推动服务型社会治理的有效路径。

第 7 章
学点社区营造

近年来，社区营造已成为国内社区规划建设及社区治理工作中被广泛提及和应用的一种方法，在新近的城市更新和乡村建设领域也备受重视，所涉及的专业学科包含社会学、社会工作、城市规划、建筑设计及社区治理等。有社会学者认为，社区营造就是结社；有规划设计专家认为，社区营造是在设计人与人、人与社会的情感联结；专业社会工作者则认为，社区营造是共建共治共享的社区治理。不论来自哪个专业，这些论述均指向了"以人为本"的共识营造过程，更关注于"人的营造"。

知识链接

社区营造论述的概要回顾

（一）提出社区营造论述的背景（20 世纪 90 年代中期）

首先，让我们回顾一下社区营造论述诞生及发展的过程。20 世纪 90 年代中期，我国台湾地区文化学者陈其南受邀担任"文建会"官员，任职之初，其邀请相关专业人士一同针对社区发展政策制定问题进行协商，并将商讨所得政策称为"社区总体营造"（以下简称社区营造），"社区营造"一词由此诞生。其主要内涵为：一种由上级政府主导转为地方主导、由官方设定规范转为居民参与自律、由出资者立场出发转为生活者立场出发的思维模式，即是从"自上而下"的一贯主导方式过渡为倾向于从"自下而上"视角出发、居民参与的共同治理模式①。基本上，社区营造这个方法论是在我国台湾地区的经济发展、工业化及城市化发展已过顶峰，从

① 台湾地区"文化建设委员会". 台湾社区总体营造的轨迹［M］. 台北：台湾地区"文化建设委员会"，1999.

关注经济发展过渡到关注社会及民生发展阶段出现的伴生物。此后 20 多年里，社区营造成为我国台湾地区社区发展政策及社区建设工作推进的主要方法论之一，推进着基层社区的民生福祉、生活环境及治理模式的优化与完善。

（二）初期的学院式社区营造尝试（2000—2009 年）

2000 年后，随着我国经济、工业化及城市化的发展逐渐加快，有些学者开始研究社区营造论述及案例的实践方法，不过此时大众的视野普遍聚焦在增量发展方向，社区营造这种相对耗时费力的社区工作方法还不太容易推广，只是停留在少数社区的学术研究及案例实验的状态。

2008 年，四川省汶川县遭遇重大地震灾害，各受灾区面临重建，多名国内外专业人士及学术团体开始引介及探索居民参与式规划设计或社区营造等社区工作方法，并将此运用在灾区重建工作中。然而，随着重建脚步逐渐步入轨道，大部分外来团队逐步退出，曾一时兴起的社区营造方法最终只局限在灾区及学界内讨论或实践尝试，且有慢慢退潮的迹象，未能扩及更广的社会层面，也尚未得到灾区外相关政府部门的普遍关注。此次对社区营造方法的短暂探索未能让社区营造迎来发展契机，但为未来社区营造开启了一扇机会之窗，更为多年后成都市开展全市性社区营造工作奠定了发展基石。

经此一事，许多社会工作团队在回到原驻居地后，便进一步开展了倾向社区营造的社区发展研究和社区工作实践尝试，甚至开设社区营造培训课程与专班。

（三）社区营造实验性实践行动（2010—2016 年）

2010 年以来，我国经济发展速度趋于平稳，由高速发展逐渐转向新常态发展，社区发展与建设工作也逐渐由社区管理主导过渡为倾向社区治理的多元共治模式，这些与社区营造内涵和精神相一致的社区共同治理也相应在各地浮现。

2011 年，曾参与过汶川灾区重建的清华大学社会科学学院师生团队在台资企业信义房屋的资助下，成立了清华大学社会科学院信义社区营造研究中心，开办“社区营造培训班”，进行相关社区案例的实践行动，并开展了相关的学术研究探索①。2014 年，清华大学社会科学院信义社区营造研究中心举办“第四期社区营造培训班”，并于 2014 年 10 月 28 日在上海市嘉定区隆重举行“信义社区营造研究中心实验基地”颁证授牌仪式，这标志着信义社区营造工作已跨出北京地区而进行异地尝试，这对于在“社会治理创新”背景下的城市社区营造的开展有着重大意义。

2013 年下半年，厦门市开展“美丽厦门、共同缔造”城市发展政策推广行动。2014 年，厦门动员全市之力，进行了为期一年的社区共同缔造试点实验性计划。2015 年，厦门市委书记回顾总结政策工作时讲道：“美丽厦门、共同缔造的‘核心在共同、基础在社区’，‘群众是主体’，这是一项长期的工作，需要我们持续的探索和努力。”此次讲话总结的内涵与我国台湾地区社区营造的基本精神相吻合。

（四）提升为省市层级多年期社区营造的政策行动计划（2016 年后）

2016 年，成都市民政局对其辖区内各区（市）县民政局、成都高新区、成都天府新区管委会社会事业局下发了《关于开展城乡社区可持续总体营造行动的通知》，其主要内涵是：为贯彻落实市委、市政府《关于深化完善城市社区治理机制的意见》（成委发〔2016〕6 号）的精神，进一步深化“三社联动”，统筹发挥基层政府、社会力量、居民群众主体作用，提升基层社会治理水平，将城乡社区发展为具有共同情感联结、共同社区意识、共同文化凝聚的社会生活共同体，2016 年起，全面开展城乡社区可持续总体营造行动。至此，逐渐有副省级城市政府正式出台以“社区营造”为名的政策文件②。

2017 年，泉州市提出“自上而下”与“自下而上”相结合的共治机制——“美丽泉州，家园共造”社区营造行动计划。其中的“家园共造”是以政府引导、群众参与、自下而上、协会帮扶、共建共管为主要形式，并以决策共谋、发展共建、建设共管、效果共评、成果共享为主要特点，

① 罗家德，梁肖月．社区营造的理论、流程与案例［M］．北京：社会科学文献出版社，2017.

② 林德福．走进社区，规划师准备好了吗?：浅谈可持续发展中的社区营造［J］．城市规划学刊，2016（5）：2-3.

最终达到群众深度参与社区建设管理，完成自组织、自治理和自发展的过程①。这是一种不同于过往“由上而下、精英式领导”的运作机制与平台模式，是一段培养社区各方人士对社区有认同感的过程。该计划激发了社区党政部门的行政支持协助、各类专业学者的帮忙和担当，也激励了有参与精神的社区团体和居民，促使这三类人群共同成为一个有主动性及能动性推进社区成长的“三合一”社区营造团队。基本上，泉州社区营造的实践行动已逐渐转化成上下相结合的社区共同治理模式。

2019 年，广东省社会工作教育与实务协会在“共建共治共享社会治理”格局下开展了社区营造案例大赛，共有深圳、广州、佛山、东莞、惠州、珠海、江门、云浮 8 个城市的高校及社会机构共 71 个案例参赛。各案例内容涵盖了文化、安全、互助、环保、家庭、儿童、长者、文明等社区营造的方方面面，参赛团队亦不断丰富和创新社区营造模式，为建设“社会充满活力又和谐有序”的现代社会治理格局提出了属于各团队自己的社区营造模式。比赛甄选出一等奖 3 个、二等奖 5 个、三等奖 10 个，以及入围优秀奖 14 个，合计 32 个富有特色的社区营造案例，并在 2020 年由何维、于文涛主编出版成书——《共建共治共享社区治理视角下的社区营造——广东省社会工作介入社区营造服务探索》②。至此，社区营造的论述与方法已普遍被大陆地区各级政府及各个专业领域认识和实践运用。

2021 年 12 月，《国务院办公厅关于印发“十四五”城乡社区服务体系建设规划的通知》提出：社区服务关系民生、连着民心，不断强化社区为民、便民、安民功能，是落实以人民为中心的发展思想、践行党的群众路线、推进基层治理现代化建设的必然要求。确立坚持党的全面领导、坚持以人民为中心、坚持共建共治共享、坚持城乡统筹、坚持分类指导五大坚持的基本原则，尤其是在坚持共建共治共享的基本原则中，更强调了要充分调动社会组织、社会工作者、志愿者和慈善资源等社会力量，引导市场

---

① 林德福．泉州“美丽古城，家园共造”制度平台的实验-社区培力的基层设计．中国社区治理（第一辑）［M］．北京：中国社会出版社，2020（06）：65-73.

② 何维，于文涛．共建共治共享社区治理视角下的社区营造：广东省社会工作介入社区营造服务探索［M］．北京：中国社会出版社，2020.

力量，更好地发挥政府作用，构建多方参与格局，让全体人民共享发展成果①。

上述论述与社区营造有着共同的认识与精神，关乎“人与人、人与地、人与事的认同感”的社群组织与环境的营造，坚持“以人为核心”、坚持“共建共治共享”。本章将重点放在：作为创新的社区工作方法之一，社区营造将会面临怎样的难点，可以怎么来突破，由谁来推动，以及怎么做等内容。

第一节　社区营造的新创难点与机会

在 2022 年，社区营造不仅是《“十四五”城乡社区服务体系建设规划》中的主要社区工作模式之一，也是一种新创的“自上而下”与“自下而上”相结合的社区共建共治共享模式。以下几点思考，以期为读者提供借鉴。

一、面对改变的“转型之痛”：直面难点、勇于突破

所有新事物的产生都伴随着对既有事物的突破及改变，其涵盖了行动者的“思维”和“行动”两个层面。“新”通常标示着“未知”，所以我们需要“学而后能知、知而后能行”，然而知易行难是绝大部分行动者的实践体验，因而不可避免地会面对转型之痛。就如每个人都知道早睡早起身体好的道理，但对于现代城市生活中的惯常晚睡者而言，即使是基于健康缘由而欲将睡眠习惯改成“早睡早起”，也绝非一朝一夕能成，须得经过一段时日的不懈努力，逐步改变原有身体记忆与体验惯性，而后方能成

① 国务院办公厅关于印发“十四五”城乡社区服务体系建设规划的通知，[EB/OL]. http://www.gov.cn/zhengce/content/2022-01/21/content_5669663.htm，2021-12-27.

为早睡早起的惯性者。这是人尽皆知的“知易行难、转型之痛”，个人如此，行动和治理模式亦如是。

社区营造是一个“自上而下”结合“自下而上”的新创行动计划，也就是一种上下结合的共治模式，如此，欲行者首先需要了解上下之间各自所面临的现实难点与可能突破的机会是什么。

（一）自上而下推动的难点：易行“一刀切”

首先要讨论的是往常惯行的自上而下推动的管理模式，当上级单位在推动一个自上而下的区域性社区营造创新实验平台时，通常的情况是需要同时且相对公平地面对诸多社区单位，经常采用的是“人人有份”、看似公平的方法，加之推动者也在“需尽快有成果”的压力下，只能定下达标的标准，且为了方便管理起见经常是简化成“一刀切”模式，所以造成的也是朝向同一化、标准化的结果，这也是通常所称的“管理”模式；不过这个“管理”模式，却是最容易把上下级关系养成全然负责制的类家长式威权关系，也容易把下一级的对象养成“等、靠、要”的群众。尽管必须从中挑选些试点，在资源有限的条件下，也是习惯性地由上而下挑选“过往经验上表现较好者”作为试点；但由于社区已经习惯于自上而下的管理模式，若没有思维与运作方法上的转变，通常的结果也是大同小异；更有甚者，因只选少数试点而非每个社区都有，在“僧多粥少”的情境下，反而更易引发上下层或干群之间的紧张关系。

（二）自下而上激发的难点：易成“各自为政”

在探讨社区建设与管理时，除了自上而下推动的行政管理事务之外，主要就是针对社区居民日常生活事务。然而，社区居民本应是最了解自身日常生活事务的人，也是切身相关者，本应是自我管理的主体之一，管理者却因前述过往惯常的自上而下的行政管理模式，逐渐把社区居民养成了只提意见、不管过程、只要成果的群众。正因这种主角缺失的管理模式经常会促生“等、靠、要”的社区群体，许多学者及一线专业人员通过多次案例实践反思后，开始宣传及尝试在社区推行另类倾向的自下而上的“治理”模式，以期能激发及组织各种社区群体多元且有效地参与社区管理体系，让组织化的社区居民群体能成为社区管理体系的一员，在社区形成多元共治的模式，并将其称为“社区治理”模式。

然而社区居民人数众多，其价值和观点各异，兴趣及利益点不同，所以大部分的社区推动者都会发现，自上而下发动的事务中把人（居民）叫出来，然后让他们持续地参与行政发起的活动可能是“最难的事”；如若反向操作，从不同人群的兴趣及利益者的立场出发，试着催生出社区不同的社会群体或组织，或许可跨越前述的“最难的事”，同时也可能激发出相对有个性特色且多样化的社区群体或组织，但其行动多止于社区利益群体内部的事务，易成为各自为政的利益小团体。一旦需要跨出自身兴趣及利益的范畴来探讨社区公共事务，大部分人又会退回过往惯性下的一般社区群众，即使有少部分的有识之士或群体有意想要参与社区共治的事务，也不一定有参与的能力与经验。此时，就需要有一段改变惯性的时空条件及行动过程，帮助参与的居民身体力行地跨出自我小团体的界限，具备参与社区公共事务的视野与能力，成为社区多元共治主体之一员。

二、亲身试错体验的转变之机：上下结合的共建共治共享模式

结合上文阐释，正是有此上下各异的惯性，又有不同的难点，但凡亲身经此过程者，必有激发其反思上下合力的可能与认识，进而有尝试行动的动机和冲动。所以，开展社区营造的社会工作者通常也是在亲历不同的尝试后，才能下决心改变过往惯行的“自上而下”推动的管理模式，以及社区居民自发组织却难以跨越各自为政鸿沟的无人统合管理模式，而采用兼顾“上下合力”的社区营造模式，即社区营造的多元共建共治共享模式。

案例分享

Q 市社区营造实践

Q 市在采取新创的社区营造行动计划模式之前，一直采用惯行的、自上而下的管理模式。笔者在与 Q 市接触之后，告知社区营造之上下结合多

方共治的工作方法后，Q市在期待较快出成果的压力下，自觉应可以有相对简化快速的方法，将笔者建议的程序步骤缩减，且没有预留出容许改变的转型空间。在Q市政府以自己的认识，自行将社区营造行动计划运行了一年后，由于未能掌握转型之钥——预留出转化惯行所必要的时空条件，其结果还是如同前述知易行难之果。也正是这样的试错体验，Q市下定决心改变过往惯常的“自上而下”推动模式，改采“上下合力”社区营造共治模式。

Q市新一轮“美丽古城，家园共造”社区营造行动计划即是在这样的背景下产生的，市领导提出上下结合的共治机制，是以政府引导、群众参与、自下而上、协会帮扶、共建共管为主要形式，并以决策共谋、发展共建、建设共管、效果共评、成果共享为主要特点，最终达到群众深度参与社区建设管理，完成自组织、自治理和自发展的过程。要实现该目标，就需要一个不同于过往“自上而下、精英式领导”的运作机制与平台模式，然而，上级部门虽有意改变，相关社区干部及专业人士却并没有此种新思维与经验，更不用说是一般民众了。面对尚无此思维与经验的参与各方，就需要一个能改变既往惯性的过程设计。

在此脉络下，Q市的市、区级政府与第三方专业团队共同建构了一个由市、区级政府“自上而下”的行政操作，外加“自下而上”“培力赋能”社区“三合一”团队的双向运作模式，该模式被称为“社区草根培力的基层设计”。与此同时，为避免各方只是被指派应付式或只为寻租而来的参与，政府及团队策划了一个相对长期且绵密的行动实验过程，将把Q市古城社区营造的有心人打造成具有主动性与能动性的社区营造团队。此外，为增加行动计划的可持续性，市、区政府及团队同时筹建了一个由二级政府协作的“Q市古城社区营造推动小组”，打造了一个以社区营造行动计划为目标的上下协作共治模式。Q市社区营造行动计划的关键在实践行动，也唯有在实践行动的真实体验中，才可能让参与者达到“知行合一”的状态①。

---

① 林德福．泉州“美丽古城，家园共造”制度平台的实验-社区培力的基层设计．中国社区治理（第一辑）［M］．北京：中国社会出版社，2020（06）：65-73.

第二节 社区营造难点突破的关键

即使社区营造推动者已有基本认识，也有亲身体验，甚至有了行动的计划，但即将被发动的参与者仍是只有过往惯行模式下且对社区营造毫无认识与经验的未来行动者，如何让他们了解与信任社区营造模式成为行动的关键。通常情况下，一般人对新生的未知事物虽有好奇，却也充满了不信任感，往往会心存疑惑，感到无从下手，所以总是以过往的经验作为评判标准，这也是面对新事物必然会经历的“转型之痛”，因应的最直接且有效的方法是：说到做到、建立互信。也就是推动者必须兑现对外公开宣告的事务，不能说大话、更不能说空话，要做好事前筹划及准备，并为未来参与者留足改变与转型的时空条件。

一、首次行动的主要关键：做足准备、说到做到

基于此，社区营造行动需要为行动步骤的设计及经费的筹措等工作做足准备，并对每一步工作的实施加以公告，除了需设计一系列培力赋能的创新实验步骤，还要保证其所在的试点社区项目经费的支持。为确保参与的相关人员能对社区营造有基本认识与理解，需为有关人员提供培力赋能、实践体验的创新学习过程，这个过程一定程度上会使参与者体会到社区营造是一个行动的过程，像生命那样展开的过程，而不是一种应急性的项目。所有行动计划的步骤和内容都按公告的内容和要求来进行，尤其原先安排的补助及奖励费用，应极力说到做到，进而增强推动者与参与者间的互信和彼此允诺的责任。如此，参与者的能动性才有可能被激发出来，跨越过往惯性的鸿沟，对社区发展能主动参与并提出想法，而不是等着上级机关下命令。

案例分享

Q市古城社区营造行动

Q市古城社区营造行动不再一味追求高效的标准化成果，反而是在耗时一年多用以做足行动计划及经费筹措工作后，工作人员设计了一连串培力赋能的创新实验步骤，意在选出“三合一”社区营造团队（有关“三合一”社区营造团队的详细内容见下一节）所在的社区作为试点，每个团队及试点社区均能获得项目规划和实施经费上的支持。为了确定选出来的人员能对社区营造有基本认识与理解、是“自己想做的”，工作人员特别设计了一系列的长效过程来选拔试点社区，这个过程细分为“初阶培训—进阶培训—提案初赛—中期汇报—决赛选点—规划竞赛”，总时长6~8个月，每1~1.5个月有一个检验性的阶段节点，借此相对长期的培训课程及工作坊的赋能培力过程，激发参与者的主动性与能动性；同时，在赋能培力过程中引导参与者自组“三合一”社区营造团队，进行自主提案、通过实地实训的磨合和提案竞赛，最终评选出真心实意、具有公共性的社区营造团队，进行社区提案的优化与执行工作（如图7.1所示）①。

整个过程是自上而下安排的一个自下而上、培力赋能的创新过程，除了因具体项目实施的需要而时间有所延长，其余的步骤和内容均按原公告的要求进行。尤其对事先提出的补助及奖励费用，说到做到，全额兑现。最终，经过9个多月的行动实验，整个选队选点的过程就是一个“像增进生命那样增进社区营造的行动，赋能与培力社区营造团队”的过程。这是一个老城区日常公共生活的探寻过程，它既不是模式移植，更不是招商。它是一个以赛代练的过程，既是竞赛，也是团建，更是培力社区草根团队的过程。项目开展并不求快，仅团队选试点的过程就耗时超过半年，最终选出5个试点社区，再加上3个月的项目实验，在“做”和“参与”的过程中，体现和深化了社区营造精神的新方法。

---

① 林德福. 泉州“美丽古城，家园共造”制度平台的实验-社区培力的基层设计. 中国社区治理（第一辑）[M]. 北京：中国社会出版社，2020（06）：65-73.

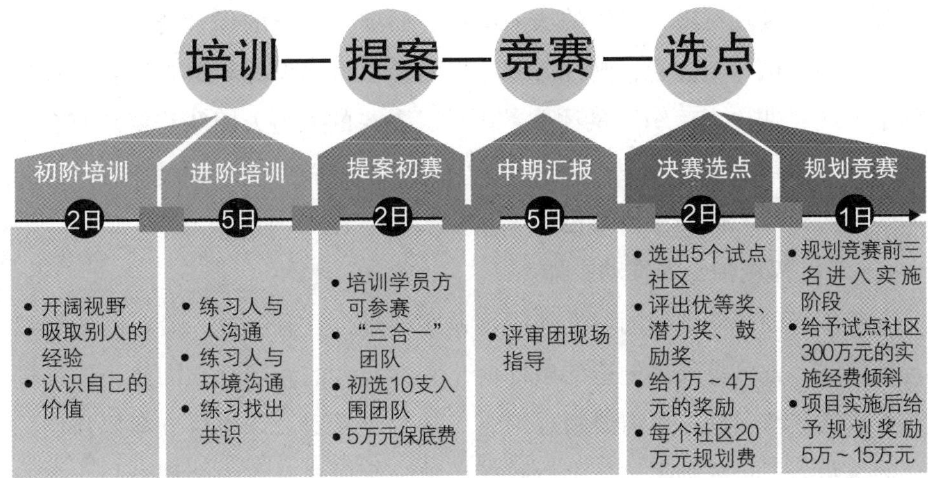

图 7.1　Q 市社区营造行动计划中“三合一”社区营造团队赋能培力过程示意图

整个项目的实施过程在一定程度上使社区营造团队和社区民众体会到社区营造是一个行动的过程，像生命那样展开的过程，而不是应急性项目；也一定程度上使得地方发展可能面临的矛盾在一个比较放松的、非正式的、友善的、柔性的以赛代练的场域中提前出现并化解。这是与国家层面要求创新社会治理、“共建共治共享”提法高度一致的创新实验，其核心内涵是要基于群众真实的生活经验，发动群众爱护古城、认同古城，参与创新古城家园的美好生活。

项目开展过程中，大部分参与者的能动性被激发出来，对古城保护和发展能主动提出想法、主动参与，而不是等着上级机关下命令，体现了政府和居民之间的互信重建，以及彼此允诺的认可。这是项目实施过程中最难得的收获。

二、机制创新的关键：名实相符、权责相当、协进能出的推动主体

（一）名实相符的推动主体

经过一段赋能培力的行动计划实践后，尽管参与的人员或团队是在行动计划过程中产生的，对社区营造也有一定的认识与尝试经验，但却不一

定都是有承接政府项目经验的法人组织；而项目实施的经费若仍是由行政部门编列、执行与监管，则社区服务采购及项目建设的经费难以直接拨付到个人或“非法人组织”的团队。因此，参与的人员或团队需要从有合理性的参与者转变成具有法人身份的“自组织”，方可承接后续项目计划，回归名实相符的推动主体角色。

（二）权责相当的推动主体

基于新创行动计划的习性养成须循序渐进，只有经过一段时间的持续行动实践，方可将外部创造的条件内化为参与者的新习性。因此，要推进与养成这些新习性，更需要新规则。一是专业规划设计项目方案要强调民众的参与。二是区别于过往由行政权单独决策模式，改为全程参与、多方合议的评审团模式，并确立合议制评审团具有最终的决策权。三是为确保推动者扮演好行动主体的角色与功能，除了赋权推动者、给予其合法性、经费支持其实践行动之外，也应让推动者在项目拟定过程中能更专业化、让更多的民众参与，在赋权的同时也应要求其承担责任，让推动者成为一个权责相符的推动主体。

（三）协进能出的推动主体

基于过往基层社区的普遍顾虑，需要明确社区经费专款专用及退出机制，明确新机制和旧规之间存在的鸿沟，即经费被挪用及任务被指派的问题。基于此，一方面，为避免社区经费被挪作他用，应特别规定社区经费必须专款专用，同时要求区政府及街道办事处承担起管理社区经费使用的权责；另一方面，为了避免形成强迫基层单位与社区营造团队接受上级政府的强加任务之感，需要特别安排一个要求基层单位及社区推动者均应直面权利与责任间对应关系的退出条款，给予基层单位及社区推动者一个“自下而上”的选择机会，而非一个“自上而下”的指派式任务。对于不愿意承担前述制度创新式实践行动的相关街道或社区推动者，均可以自由选择退出此行动计划。

如此种种，看似耗时费力，却也正是这个有些曲折缠绕的过程，让所有的参与者不只是认识与理解了此次社区营造的共治理念，增强了对学习转化及行动实践过程内涵的重视，更是亲历了其中的各种困难与突破尝试，看着行动过程的种种转变，体验转变过程之不易，也就体验了本章开头探讨创新行动中所谓的“知易行难、转型之痛”，进而自我突破与创新转型的过程。

案例分享

Q 市古城社区营造试点

经过一系列赋能培力的行动计划实践后，Q 市古城第一批试点社区及社区营造团队已产生，也产生了许多经过多时磨合的社区项目，接踵而来的是如何让这些社区项目扎实地落地。虽然社区营造团队是工作过程中产生的，由于大部分不是法人组织，因此项目实施的经费仍是由 Q 市各级政府部门编列、执行与监管，社区服务采购及项目建设的经费难以直接拨付到遴选的社区营造团队。如何让社区营造团队名正言顺地成为有法人身份的“自组织”，成为承接项目推动者的主体角色，便成了当务之急①。

1. 社区营造团队法人化机制推动：从合理性到合法性的自组织

经过多时培训及实践过程所选出的社区营造团队，应是推动后续行动计划最合适的主体，具有相应合理性与正当性，但却都不是可以承接项目的法人身份。在耗时的多方调研、协商及会议后，在相关行政部门与各社区营造团队努力奔走、推敲协商下，一个社区营造团队转变为社区联合会的自组织，一个社区营造团队成为横跨文史类民非组织的自组团队，其他三个社区营造团队成为类工作室形式的工商企业组织。基本上五个社区营造团队均完成法人化的社区自组织程序，并都得到“三合一”社区营造团队的书面委任和盖章，完成社区营造团队自组织的法人化过程。

看似需要耗时耗力的过程，却也让时间与过程作用于法人化行动的认同之中，虽有三个社区营造团队转型为带有“私人盈利疑虑”的工商企业法人组织，而非最初较有共识的社会组织，但大家也都知道我们需要的

① 林德福．泉州社区营造行动计划机制创新的难点与突破．中国社区治理（第二辑）［M］．北京：中国社会出版社，2020（12）：128-135.

是：持续观察其后续的行动效果，而非仅停留在非议阶段而致行动计划停滞不前，所有参与者也因而产生行动认同。这正如同社会学家布迪厄指出的："实践的特性是由实践在时间过程中建构的，并从中获得其行动作为顺序的形式，以及由此而产生的意义和方向。[①]"

依此，各社区营造团队不仅完成了社区自组织的法人形式要求，其合法性也被认同，并被重新纳入行政运作的系统之中。让社区营造团队正式回归到原有的行动计划推动者主体的角色之一，也正是让社区营造团队从正当性转向合法性的过程。

2. 全程参与的合议制评审团：从行政决策到合议共决

基于新创行动计划需要一个新的规则：即强调依民众参与的专业规划设计项目方案来判准与推展。首先，为了改变过往行政单独决策模式，应专门为项目审查设置评审团，采取合议制的方式，并确立合议制评审团具有最终的决策权。通常情况下，评审团的成员构成为行政主管单位、地方专家以及社区营造专家各占1/3，此种划分可以确保各方均不能作出单独决策，必须融合各方意见作出多方合力的决策，项目的参与人员应以开放的态度尊重和接纳评审团专业意见与建议。同时为了让评审团与社区营造团队间有较紧密的联结，对社区有更深刻的了解和认识，工作人员特意安排了全过程参与式的评审团机制。

全过程参与式的评审团机制具体是指，所有评审团成员在培训阶段担任导师，在竞赛阶段到现场了解与指导，并担任评委，最终在择优选出团队及试点社区后，设立项目审议小组——全过程皆由同一批委员担任。同时，制定审议小组的组织章程，拟定项目运作和审议程序，这不仅是确立评审团的一贯性、权威性及合法性，也是将扩大决策参与的新习性带入既有的行政机制里。尽管行政类的评审成员在不自觉中仍会有原有的惯性思维，但在一次次的反复操作练习之下，他们也感受到扩大参与的决策模式相对较为公开、专业与公平的优点，进而尊重并习惯性地听取专业意见。

① 刘昭吟．泉州美丽古城家园共造：人文主义城市化范式的底层设计［J］．国际城市规划，2019（6）：21-26.

3. 赋权担责的项目推动主体：从培力赋权到权责相符

在公开和专业的新合议机制，以及社区营造团队已确立了合法性的形势之下，社区营造行动计划正式迈入试点社区项目拟定的优化阶段。为了让已法人化的社区营造团队扮演好行动主体的角色与功能，在项目拟定过程中能更专业化且有更多的民众参与其中，除了赋权团队，给予其合法性，以及经费支持其行动之外，还应在赋权的同时要求其承担责任，让社区营造团队成为一个权责相符的推动主体。

为此，Q 市提出《社区营造“立项拟定”阶段四个到位的管理规定》，主要规定如下：一是要求团队报送“三合一核心团队名册”和“三合一核心团队成员登记表”，以示对自身角色的慎重；二是要求团队报送项目时填报“社区营造项目和资金预算一览表”“社区营造项目申报表”，这既是协助团队检查自身工作是否到位的工具，也促使团队在自我检查中自我负责。同时要求每个提报的项目必须达到以下“四个到位”内涵：第一，项目策划到位。按社区营造实施项目总经费上限，策划实施项目的组成，以及项目行动过程的展开效果。第二，概念方案到位。对于项目组中涉及专业规划设计的项目，应进行项目的概念方案设计。第三，可行性探索到位。结合项目策划与概念方案，对于项目具体的使用内容、使用者、与社区关系、投资者、项目合作者、投资估算、审批条件、权利相关人意向等，进行项目前期的可行性探索或前期实验性行动。第四，群众参与到位。项目策划和概念方案都必须通过群众参与方式展开，达到扩大村民参与的过程与效果。

依据前述“四个到位”的原则要求，明确多次定期的项目审查会，由合议制的评审团核定哪些项目达标而准予通过，哪些未达标而继续提升，哪些项目条件不足或可行性不高，必须进行项目调整。评审结果以会议纪要的形式，由 Q 市古城办以正式文件通知所有团队，其中项目业经审查通过者，则可接续进行项目的实施与落地工作。

4. 专项经费突破的关键：选择权下放的退出机制

在社区营造团队法人化的同一时段里，另有一个关于行政机制转变的行动也正在发生——社区营造团队推进项目的支持费用该如何确保其专款专用、落实到位？Q 市古城社区营造行动过程中也隐含着“上下两头热、中间相对凉”的状态，究其原因，是在新机制沟通阶段，旧习性仍发挥着顽强的惰性力量：如在为其他部门设想机制创新时，大部分人思想活跃、力求突破，一旦涉及自身需要担责时，则以无前例可循、对审议小组决策机制存有不信任的态度，尽可能地回避或推诿，使新机制的推行遭遇到阻力，基层的普遍顾虑与惰性是社区营造这个新机制和既有旧规之间存在的缺口。

为了填补这个缺口，经多方征询、多次协商会议后，有关部门出台了《“美丽古城家园共造”实施项目经费管理规定》，其中明确了社区经费专款专用及退出机制。一方面，为了避免社区经费在移转至区政府及街道办期间，因地方财政缺口而挪作他用，有关部门特别规定社区经费必须专款专用，同时要求区政府及街道办担起管理社区经费使用的权责；另一方面，为了避免形成强迫基层单位与社区营造团队接受上级政府的强加任务之感，规定中明确要求基层单位及社区营造团队均应直面权利与责任间对应关系的退出条款，给予一个“自下而上”的选择机会，而非一个“自上而下”的指派式任务。

上述退出机制对基层单位及社区营造团队的赋权担责起了关键枢纽作用。其退出机制的内涵为：第一，社区营造项目遵循权责相符的原则，愿意承接社区营造项目的街道及社区在享有项目资金补助的同时，也须勇于开创和承担社区营造专项经费支出流程的制度创新式实践行动。第二，社区营造项目的申报遵循自愿原则，不愿意承担前述制度创新式实践行动的相关街道及社区，可以选择退出此行动计划。这样的退出机制不仅适用于基层单位，也适用于社区营造团队，要求他们必须直接面对赋权与责任之间需有的应对关系，需要自主选择是否扮演推动此行动计划的主体角色，为自己的选择负起应有的责任与义务。如此，方可避免在一定要快且有成果的紧迫前提下造成某些不愿负起责任的试点社区或社区营造团队的“摆烂现象”。

5. 跨越难点：开创制度性转型的新阶段

基于前述种种新创的社区营造行动过程中所发生的难点突破尝试，参与其中的行政部门有了新的体验，例如Q市L区政府为此出台文件，对社区营造团队赋权（法人化+团队签章）及赋能（专业培训+专款专用），要求项目实施执行小组成员必须包括社区营造团队成员，同时对政府惯常“一刀切”性质的规定加以松绑，允许除了集中采购的事项，为提高居民参与度，单体采购事项可以采取多样的尝试，采取多次分批合议审查方式，并因应社区营造团队的差异性而放宽社区项目提报期限，以求做好社区项目的“四个到位”要求，而非“一刀切”、形式化的片面成果。

如此，一方面强调公开、专业的全程参与式合议制评审团，将原先惯常的行政决策转变成委员合议共决，再以项目“四个到位”的专业要求，以及专款专用规定的社区营造项目经费支撑，在赋权的同时赋能社区营造团队成为权责相符的项目推动主体；另一方面，借由补助经费管理权下放、自主选择，以及退出机制的过程，激发基层行政单位参与其中，且确立基层行政单位为担负权责相符的基层推动主体。这个由Q市市一级古城办“自上而下”启动的“自下而上”的底层设计，合法合规地从推动主体的转变到推动机制的转变，更进一步地将“自上而下”与“自下而上”深度地结合起来，让“美丽古城，家园共造”的社区营造成为具有基层单位和热心民众参与的行动计划。如是，这个社区营造行动计划已进入了制度性转型的新阶段。

第三节　社区营造的推动主体

在理解了初次运行社区营造的难点及突破关键之后，接下来探讨一下社区营造是由哪些人来推动的，也就是社区营造行动过程中有哪些推动主体。

一、社区营造推动主体的特性

由于社区成员多样且差异较大，所面对的问题也是包罗万象，因而参与其中的行动者也是多元且多样的，通常会有这三大类人群：一是基于社区日常生活中的兴趣爱好或问题需求相应形成的社区团体或组织，这是社区中经常可见的各类群体，例如老人会、妈妈学习班、广场舞大妈团体、亲子研学团体、环保妈妈团、社区安全志工团、网球队等各类兴趣爱好或志愿工作群体；二是基于行政管理需要的党政干部，例如居委会书记、主任、干部、挂职人员等作为社区行政事务的执行者，此类人群通常是忙于完成上级交办的事务，以及解决社区居民日常生活中发生的问题或矛盾；三是为了因应社区不同的问题所需的专业人员（通常是外聘专业人士），例如社会工作者、环保专业者、养老专业者、社区规划者等，这类人群通常被邀请进社区，通过专业化方法协助解决各类社区问题或因应社区新发展的需要。三类人群的具体特性详述如下。

（一）社区居民自组织的优劣势：最了解社区事务、却易各自为政

社区居民本是最了解社区事务的人，不过由于社区居民人数众多，价值和观点各异，兴趣及利益点也不同，当社区居民在惯行的管理模式下，面对社区公共性议题时，只要事不关己，也就容易养成冷漠观望，甚至是被动性的“等、靠、要”的习惯，但在基于对自己有兴趣、有利的事务和立场时，则相对容易形成集体意识进而成为有组织的团体，且具有相对的持续力。因此，在社区只要有带头人就比较容易成立各式各样基于兴趣爱好的团体或自组织，而这些团体或自组织的成员也正是最了解社区日常生活事务的居民们，若是其中能有热心公益人士领头，带着团队或自组织参与社区公共事务，可以为社区的发展带来积极影响；但是在过往管理模式下，有识之士不易得之，就算有也在“一刀切”的标准下，易被消磨殆尽，所以通常热心肠的人都仅停留在自己的小团体内部而难以跨界，易形成社区内部少数各自为政的小团体或自组织，加上多数事不关己而冷漠观望的群众，形成了被动式管理的社区社会结构，易使社区多元共治模式形成缺角的态势。

（二）社区行政事务执行者的优劣势：有为民为公之愿、缺乏远见视野

社区行政事务执行者主要扮演着承上启下的基层行政人员的角色，既要承接所有上级交办的任务，也要面对社区所有大小事务及问题的解决，在成员有限及公共资源有严格程序要求的局限下，经常有人会用“上头千条线、下面一根针”来形容社区行政工作者的无奈状态，可见其工作之繁重。不过，正因必须面对所有发生的事务、正视所有的社区居民，有多年社区工作经验的行政人员，在使用的是公共资源的驱使下，通常就带有为民谋福利的愿望；此外，在需尽快有成果的要求下，也练就了社区工作人员快速发动群众的能力，以及善于组织群众的优势。这些原本需要面面俱到的社区行政执行者，本就有面对不同面向及议题的视角，若能有足够的时空及资源整合条件，极易发挥不同事务的整合之力，然而却因为“须快速且面面俱到”的要求，使得社区行政事务执行者通常只能是在大小事务之中疲于奔命，偏向于快速解决的“头痛医头，脚痛医脚”之短视之举，很难有较长期且具整合性的远见思维。

（三）外聘专业推动者的优劣势：关注系统整合、常不接地气

随着社区发展需求的日益增长，社区治理的呼吁日盛，社区团体或自组织又多偏向兴趣爱好群体的局限性，日益增长的社区公共事务若仅由社区行政人员全部负责，实际操作起来难以应付。为此，社区经常会以项目委托的方式，外聘相关专业团队协助处理日益增加的社区公共事务。外聘的专业人员受过较为系统的训练、具有整体性思维、更关注社区的公共事务，所以有较为长远的、全局观的视野，系统性及专业性优势凸显。此外，新聘的外来专业团队也没有既有社区社会结构的包袱，正好可以扮演社区居民或自组织与行政部门间的中介角色，甚至成为松动原有社区社会结构的关键第三方。

不过，并非所有的专业团队都是有心人，由于多是短期项目制的工作方式，很容易因项目期限到了、项目完成后没有持续的支持，专业团队离开了，以致部分社区工作就停滞甚至终止了。再者，专业人员很容易陷入专业系统内部的盲点，不愿也不易跨越专业界限，甚至因某些事项超出专业范畴而无意跨界学习协作，谨守专业范畴的边界。然而，不同的社区事务通常具有高度关联性，却因专业壁垒而难以相互整合发挥综效之机，更有甚者，有些专业团队因对社区现实的掌握不足而经常被批评为“不接地气”。

二、社区营造实践行动要求："三合一"团队化社区共治模式

基于前述的讨论，社区事务行动中经常需要面对的三类人群各有其独特的优劣势，在社区治理中，任何一方单独行动，或者仅有其中两方结合着推进，都不太容易把工作做好。因此，由行政部门以项目制方式外聘专业团队共同推进社区服务工作，尤其是社区公共事务的推动，仍会面临前述的"自上而下"推动的"一刀切"形式化难点；如若仅由社区自组织自发地推动，在蕴含特定趣味或有共同利益的集体性社区事务方面，通常能有不错的活力，但一旦需跨越社群的利益边界，甚至面对不同利益群体的公共事务时，"自下而上"推动的"各自为政"难点也常会显露无遗。

经验显示，过往社区干部在推动工作时，常需要专业工作人员帮忙"把脉出药方"，却不太知道好的专业人员在哪里；相关外来专业人员在主动进入社区后，却常常遇到"软棉花"，有力使不上；另外，热心人士或居民群体有时因不能与社区形成合力而瞎折腾，或是只顾自己，三者间很少有共谋的合作经验，更难形成具有社区公共性的合力情境。因此，社区营造行动需要一个不同于过往的推动方式，需要一个由"行政人员+专业者+组织化居民群体"共同组成的"三合一"团队的机制设计，此需求正显示出社区共治模式"三者分则一事无成，合则其利断金"的特性（见表7.1）。

表 7.1　社区共治三类主要推动主体优劣势汇总表

类别	优势	劣势
社区团队或自组织	最了解社区事务 最具在地性	只关心自己、各自为政
社区行政执行者	有为民为公之愿 有发动群众的能力	较缺乏远见 较缺乏整合视野
外聘专业者	关心系统性公共利益 有格局的第三方	行礼如仪、常不接地气
社区共治模式	三者分则一事无成，合则其利断金	

案例分享

Q 市社区营造行动追求的是一个社区多元共治的模式，也是一个培力社区各方人士形成对社区的认同感、追求社区美好生活的过程。过往较有成效的社区营造经验案例显示，如果能有社区党政部门的行政支持协助、各类专业者的帮忙和担当，以及有参与精神的社区团体和组织等三类人群共同协作，通常会取得较好的行动成效，缺乏任何一方参与的行动，则会状况频出。因此，要让缺乏社区营造认识与经验的这三类人群在较短的时期里具备基本认识和初步赋能培力，同时要激励这三类人群成为一个协作的团队且是一个有主动性及能动性的团队，这需由社区干部、相关专业者、地方热心人士三类人共同组成协作团队，也就是所谓的“三合一”社区营造团队，这是社区营造行动过程中不可或缺的公共事务协作的参与者。

Q 市设计这个“三合一”社区营造团队赋能培力的过程（如图 7.1 所示），是一个促使大家认识社区营造、互相结缘、形成团队的过程。在经过这样的行动实验过程后，可以看到这三类社区营造行动参与者明显的转变①。

1. 社区干部的转变：反映要有用、真为社区做点事

根据团队其中一位小组长回忆：“让我们最惊喜的是，我们的社区干部‘祥哥’的变化，那个在最初交自我介绍材料被催了两三次才交出来的、回复总是慢半拍的、曾经总是坐在角落一言不发的‘祥哥’，变成了积极配合跟进社区营造工作、话多、爱和我们开玩笑，也能主动对方案构想提出意见的‘祥哥’。”社区干部之所以会有这样的转变，主要是因为往常他觉得社区干部就算提出自己的意见或建议也没用，那干脆就不说了，但这次好像有点不一样，这次真的是在为社区做点事且提出意见后团队也有所回应，这是他转变的基础。

2. 社区热心人士的感触：学校要与社区联手才能有特色

---

① 林德福．泉州“美丽古城，家园共造”制度平台的实验-社区培力的基层设计．中国社区治理（第一辑）［M］．北京：中国社会出版社，2020（06）：65-73.

一位新加入团队的社区幼儿园老师的感触：不久前社区营造小组成功举办了“新生焕力量、青龙有生机”青龙巷百人快闪活动，那天下午的青龙巷沸腾了，通过这样的活动让各方感受到了社区营造的魅力和影响力，更重要的是让大家看到了来自学生的“新生”力量，他们才是古城的未来和活力。如果没有社区营造小组在这当中所扮演的角色和发挥的作用，单靠某个学校是没办法举办这样的活动的。这位以社区热心人身份加入的幼儿园老师，深深感受到幼儿园只有积极与社区联手，有效利用社区资源，形成资源共享的模式，才能探索出有效的教育途径，学校与社区联手对于推动学校和社区交流、提高教师教育和教学水平等，都具有重要的意义。

3. 一个专业者的反思：社区营造从自造开始，不是一个人在战斗

根据一位担任团队组长的专业者反思说：社区营造并不是来摆个花架子，或是来做个两三天就拍拍屁股走人的面子工程，而是必须做好脚踏实地、长期奋斗、长期陪伴社区的准备。唯有真正、频繁地走入社区，一起工作，一同相处，互相理解，互相尊重，与社区干部有更多的工作接触，增进互相的理解才能建立彼此的信任。在建立具有互信基础的社区营造团队后，我们之间不仅是社区营造的工作伙伴，也成了朋友。……我们正在通过这个过程认识世界，找到自己的位置和存在的意义。曾有朋友问：“社区营造这么苦，你们怎么活下来的?”我笑着说：“因为我们不是一个人在战斗呀!”

从前述“三合一”团队成员自省与转变的案例中，我们不仅看到了愿意改变、协助与赋权社区的地方党政工作人员，有着积极主动、坚持而有担当的专业者，有公共意识和积极参与精神的社区居民或社团，更看到了一支愿意为古城付出、热爱家园的“三合一”社区营造团队，三种力量的有效凝聚，对Q市社区营造而言缺一不可（如图7.2所示）。

正如Q市推动社区营造行动的主要领导在选出试点社区的阶段总结中提到的：社区营造是一个启动较慢、想法较复杂、不太好下手的工作。迄今，尽管Q市古城社区营造还带有行政痕迹，但第一批参与者的能动性都被激发出来，对社区层面的古城保护和发展能主动提想法、主动参与，而不是等着上级机关下命令，这是最难得的，因其体现了政府和居民之间的

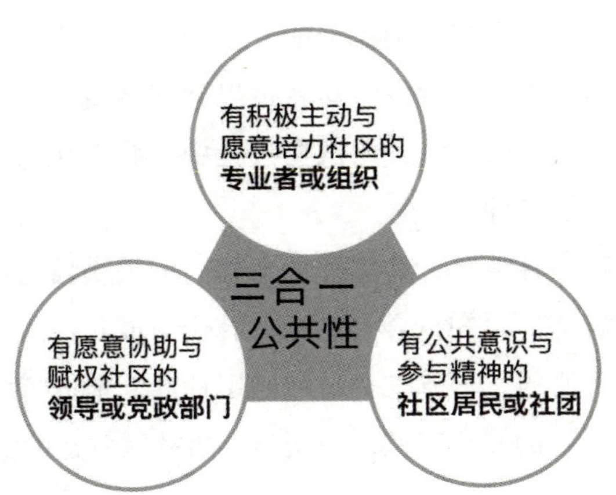

图 7.2　Q 市社区营造的“三合一”社区营造团队基层设计示意图

互信重建，以及彼此允诺的责任……社区营造是一个过程，困难而真实，然而，难的工作就是生活中的点点滴滴，我们因困难而感动。

从前述基层赋能培力的行动过程中，我们可以感受到所有人的转变，以及“三合一”社区营造团队的必要性，这些行动也为创新机制设计及社区多元共治模式奠定了一个良好的基础。

第四节　社区营造的实践路径

在理解了社区营造初次行动时将会面临怎样的难点和机会，有哪些突破难点的关键，以及可以由哪些推动主体、以何种合力的方式来推动等问题，接下来，我们探讨一下社区营造的具体实践路径。

若条件允许，如能先给予那些没有认识与经验而愿为社区工作的人群学习与成长的时空条件，再来启动社区营造行动计划，更易达到社区多元共治的态势；如若条件不允许，亦可从有意愿的群体、有兴趣的事务入手，或有利益相关方的公共性议题入手，开始进行相关的社区工作。如果面对的是毫不认识的群体，就需要在每一次行动实践过程中预留出他们从不知道到了解认识、再到知易行难的转化过程的时空条件，之后才可能再进展到知行合一的阶段。其差别在于前者是初期花费较大力气和时间去赋能培力与磨合练习，搭建与激发参与者可以共同转变与成长的平台，而后者则需长期持续地在一次次实践的试错过程中自我转化与成长，去观察推动者具备何种推动的条件。

然而不论是哪一种情况，其都有一个共同的关键要素：唯有经由实践行动的过程才可能达到“知行合一”式的转变与成长，所以实践案例经验的借鉴也是相当重要的。本节以“如何运用社区营造的方法来推进回迁小区蜕变成梦想家园”的实践案例来说明与分析社区营造的实施路径。

一、掌握社区的现实情况：直面问题

当个人或团体刚进入一个社区开展工作时，通常会面对许许多多、各式各样的社区事务和现实情境，如上级交办的各种行政事务要承接与执行、各部门的专业事项或政策须推动、许多社区居民日常事务要处理、诸多社区矛盾待化解等。举例而言，一个回迁小区的新任社区领导、干部或社区工作者一到任，即会面对社区方方面面的事务与问题，一是居民违规，形成矛盾。许多“村民”回迁成“社区居民”后，仍保留着自己种菜的习惯，却因新建小区并未给居民预留种菜用地，而是建设了许多小区园林绿化用地，以致许多保留种菜习惯的“社区居民”破坏社区园林绿化用地并将其改成自家菜地，因违规而造成管理上的矛盾。二是照顾独居老人的政策任务。社区内居住着许多独居老人，多数人身体健康能吃能动，却经常因为只有自己一人吃饭就随便应付，有时连饭都不吃了，甚至连楼都懒得下，数日不见人影，此时就需委托养老专业社会工作者开展共食送餐服务并立项推进。三是垃圾分类不彻底，环保任务推行不易。垃圾分类是当下社区主要的环保政策任务，但因回收后续处理不完善，政策推广并不顺畅，尽管有些人基于环保理念积极开展垃圾分类，还进行有机堆肥等社区环保工作，却因制作完成后并无有效出路而意兴阑珊，有时甚至还得将之视为废弃物另行处理，也使得环保政策任务推行不易。四是社区年轻人没时间，也不知如何参与。社区通常会举办各类活动，如社区市集、社区亲子活动等，且希望能有更多的青壮年人士参加，但多数年轻人会因工作忙而没时间参加，遂逐渐脱离社区事务或活动，即便有少数年轻人想参加，也会因缺乏适当渠道而不知道该如何参与，因而也会逐渐脱离社区事务。

以上种种几乎是所有新建回迁小区普遍会遭遇的议题，如果每件事务或问题都要为数不多的社区干部亲力亲为，困难程度可想而知，但若要事事委托外部机构，邀请专业人士或团队协助，所需经费也并非所有社区都能承担。面对如此情境，社区营造的多元共治模式可以怎样来推进呢?

二、以寻找社区实际有效需求为起点：有居民群体主动者优先

上述问题都是新的回迁小区常会面对的情况，若平行地看，每个现象都是一个个不同面向且不同专业的议题，需逐个应对解决。如若从不同的视角仔细分析，也并非全都是在相同层面上的议题，也可能出现不同的视角而有不同的解决方案。

针对居民种菜破坏园林绿化的违规事件，若处理不当，容易导致干群关系紧张，不过如果换个视角来看，这看似是社区的问题与矛盾，不也正是“社区居民/村民”的实际需求吗?只是在原有的小区规划设计中没被照顾到，使得实际需求反而转变成社区的问题，甚至成为难解的矛盾。

针对独居老人需要政策性照顾的议题，尽管需要被照顾是社区老人的实际需求，但因这些独居老人属于相对困难群体，他们通常难以进行集体行动，更不太可能产生类似爱种菜群体的问题与矛盾，因而只要不是到很严重的程度，他们的真正需求就较易被忽略，只能等待上级政策要求或有心之人主动提供专业协助，这其实是一种被动式的实际需求。

针对垃圾分类不彻底及推广不易的议题，这个本是立意良好且符合当下政策取向的社区日常生活事务，也有许多具有环保意识的社区居民愿意投入其中，不过若仅是停留在垃圾分类本身，不能与上下游事务整合处理，尤其是如果分类后所生产的副产品（如有机肥料）不能成为下游的需求（如有需要肥料者），更有甚者，反倒成为还需要处理成本的“另一种废弃物”，这种情况很容易消磨基于环保理念的行动者热情。

针对年轻人没时间（不想要）或不知如何参与的议题，这应是许多社区普遍面临的问题，除了年轻人因忙于工作而没有时间，换个角度思考，也可能是这些由行政发动的事务或活动并未联结到年轻人的实际需求，进而激发他们的热情，更关键的是，这些事务（尤其是公共事务）并非他们自发形成的需求，所以只能算是非有效需求。

总之，无论哪一种需求，只要是非居民自发行动形成的需求，皆不太能成为实际有效需求。因而虽有实际需求却不能提供有效的供给，反而易造成供需不平衡，进而引发矛盾，就如同前述居民自发种菜因而破坏绿化地的违规事件，处理不当，反而导致干群关系紧张。因此，找到居民自发行动之事而将之转化成实际有效需求是社区营造行动的启动关键。

三、发挥实际需求整合的综效：学习、跨界、公共化的行动转化过程

借由一个回迁小区进行社区营造行动的实践路径来说明，社区如何通过直面问题来寻找到供需搭配的可行路径，发挥不同面向的社区议题的整合效应，并通过跨界学习与成长过程，推动社区公共性的建构，进而让一个毫不起眼的回迁小区蜕变成“有梦想的家园”，达到共谋共建共治共享的社区共治情境。

案例分享

回迁小区蜕变成“有梦想的家园”

有这么一个因快速道路开发而拆迁的回迁小区（以下简称H社区），其同样面临着诸如前述的种种现象与问题：居民种菜破坏园林绿化、垃圾分类不彻底、独居老人照顾失灵，以及年轻人冷漠不关心社区事务等，这些现象与问题一直困扰着H社区工作人员。适逢社区居民委员会换届选举，H社区迎来一位退休的企业主管成为社区负责人，该负责人经过短暂的摸排调研后发现H社区也存在种种问题，因初来乍到，并没能有太多的

作为，因而各种社区事务仍延续着过往不痛不痒的行政管理办法。

（一）面对社区问题、寻找解决之道

H社区的负责人在一次外地调研时参观了一个屋顶菜园的社区，认识到在屋顶也可以把菜种好，在直面问题及时解决的惯性思维下，该负责人认为这正是解决居民无地种菜而破坏社区园林绿化的好方式，于是，该负责人回到H社区之后立即找来这些种菜居民共同商讨，同时发挥其曾是企业主管的特质，从周边商超免费募得可用于建设屋顶菜园的废弃资材，如鸡蛋包装盒可变成种菜用盒，该负责人还从农业部门募得栽培用土，最后只花了购买少许防水用厚塑料袋的费用。借此机会，该负责人将部分居民劝往H社区活动中心的屋顶种菜，开启了解决问题的屋顶菜园社区营造进程。

屋顶种菜毕竟与地上种菜不一样，少数被劝服的居民并未能把菜种好，因而纷纷打退堂鼓又回到地面种菜，不过这位企业退休的负责人秉持直面问题及时解决的理念，再次去了解与学习如何才能在屋顶把菜种好，同时向上级管理部门申请了一笔用于屋顶种菜技能课程的培训费用，邀请相关专业人员讲授屋顶种菜技巧，并劝说那些原本已打退堂鼓的居民重新学习，在专业人员指导下，屋顶菜园的成效显著，不仅满足了爱种菜居民的需求，也解决了违规种菜问题，促成了一个社区爱种菜群体的出现，让社区多了一片居民自发活动的园地。

（二）新的问题浮现，再寻跨界解决之道

在H社区屋顶种菜活动一片向好的情境下，大家对有机堆肥的需求也越来越多，这就需要更多的费用来维持这块园地的运作，逐渐增多的成本也使得新的问题浮现出来，造成了推动者的运作压力。对此，新任社区负责人一方面帮助种菜群体寻找免费的有机肥料来源，另一方面帮助做垃圾分类有机堆肥的环保群体寻找需求者，实现两个群体的跨界协作。同时，社区负责人决定再次邀请有机堆肥的专家前来培训并协助环保群体具体开展相关工作。H社区行政人员负责向上级管理部门申请培训经费，因有上次经验，加上更多的居民群体愿意参与培训，于是该申请很快得到上级批准，在社区的积极推动下，为期4个月每月一次的有机堆肥培训，为社区跨群体学习提供了机会。

这次的跨界学习过程让H社区的行政人员，以及原属不同领域的居民群体了解到寻找适当专业协助以及彼此相互学习协作的重要性，这次行动促生了类似Q市“三合一”社区营造团队的推动主体，他们成为H社区进行公共事务协商的桥梁，也为H社区营造所期许的共治情境奠立了良好的基础。

这个向好的状态不仅推动着屋顶菜园及环保事务的逐渐协作成长，也让参与的居民越来越多，这两个群体规模逐渐壮大，实际收获的有机蔬菜不仅品相良好、产量也越来越高，已超出这两个群体的参与者自家食用与分送亲朋好友的需求。同时，H社区举办了周末屋顶菜园的休闲聚餐会，激发了两个群体家人的共同参与，扩大了群体的覆盖面。至此，参与社区活动的不再只是喜欢种菜的老年群体及关注环保的人士，部分H社区的中青年人也被邀参加社区周末聚餐休闲活动。

（三）跨界成长促进了社区公共性的建构

在屋顶菜园及环保活动的推进下，参与社区活动的人越来越多。由于屋顶菜园的环境越来越好，产量也越来越高，部分H社区人群的周末休闲生活也逐渐向好，在这种情境下，当H社区干部提及社区内仍有许多独居老人连吃顿午饭都成问题，以及还有许多居民都不知道怎么来参加活动时，这就激发了参与其中的热心妈妈们志愿协助独居老人开展中午共食的养老服务，许多年轻居民提出以周末市集方式将多余菜品出售给其他有需要的居民，收入可以回馈给独居老人共食行动等，多项提议及构想不断涌现。

于是在社区居民合作协力之下，社区行政人员向上级管理部门提请搭建社区简易食堂的计划，H社区居民自筹自办周末市集活动。有了之前的经验积累，H社区工作人员提计划申请补助，以及居民自发筹资行动已不再是难题，H社区很快就顺利开展起免费请长辈吃午餐行动，以及周末市集游园会活动，这些活动不仅吸引了更多居民参加，也让居民了解到H社区市集活动是一种帮助社区独居老人的公益性活动，活动的举办促使所有参与者突破自身兴趣利益的界限，投入利他的H社区公共服务行动之中，这不仅扩大了 H 社区营造的行动主体人群，更是开始了 H 社区公共性的建构行动。

（四）H 社区的蜕变：从不起眼的回迁小区蜕变成“有梦想的家园”

H 社区这个原本并不特殊的回迁小区，在一位积极的社区负责人的引领下，直面社区矛盾问题，寻找解决之道，寻求专业协助，化被动为主动，该负责人发挥自身在行政工作上面面俱到的长处，整合社区屋顶菜园、垃圾分类和有机堆肥、独居老人照顾及周末市集休闲等活动联动的综合效果，促使 H 社区的自组织跨越了利己群体界限，不仅激发了参与者的荣誉感与归属感，也促使原来没有参与的社区居民纷纷投入和参与社区活动。在口耳相传下，H 回迁小区成为其他社区工作人员、专业团队（社区农业、环保、养老等）、社区营造团队参观学习的标杆，同时媒体也开始争相报道，H 回迁小区变成“知名社区”。

随着越来越多的其他社区人员及外来专业团队到访，H 社区知名度越来越高，促成了当地市级相关工作人员的现场调研，市级领导实地体验屋顶种菜，了解种菜与环保结合的做法，陪伴社区老人就餐后竖起大拇指为社区的各项工作点赞，这一行为进而促发了市级各相关部门的支持，如推广鱼菜共生的种植模式、补助太阳能发电设施及直立式根管种植技术实验基地等，这使得 H 社区的屋顶菜园不再仅是种菜园地，更具有体验式城市生态农业科普生产基地的特性。由于屋顶相对围合且安全的环境条件，也让正在寻求“体验式农业”校外教学的周边小学及幼儿园等教学单位如获至宝，H 社区的屋顶菜园顺利成为该市的户外教学基地。

这个户外教学基地的确立，拓宽了 H 社区工作人员开放性与公共性的视野，对于其他事项的推动也更有信心，也更懂得借助专业团队的力量。此外，户外教学基地的确立也让 H 社区的居民更具有社区共同意识，更愿意采取共谋共建共治共享的社区治理行动模式，H 社区在其多方共治的会议上确立了社区的未来规划目标：要更有效应用活动中心及社区 20 栋大楼的屋顶，推广太阳能光电、有机蔬菜园、厨余归零等活动，并结合活动中心一楼的儿童生态教学示范园区，确立“友善、永续、低碳”新生活文化社区的发展愿景。

H社区从不起眼的“回迁小区”成长及蜕变成具有社区公共主体意识的共同体，并确立“建设梦想家园”的未来愿景，正是社区营造强调的居民共识营造、社区共治、一起追求社区美好生活的写照。

第五节 从“我”到“我们”：一起营造社区的美好生活

近年来，社区营造已成为社区工作专业实践领域里的一个热词，这个从英文community翻译而来的“社区”一词，它本有“社群”与“社区”一体两面的“社区共同体”之意，关乎着“人与人、人与地、人与事的认同感”的社群组织与环境的营造。尽管不同的人、不同的专业或许有不太一样的界定与诠释，但从多年来各地的经验来看，这些观点却有着一个共同的内涵：“社区”应是一个生命共同、有社区认同感的地域；社区营造则是社区居民营造共识的过程，重点在于“人的营造”过程，是由所有愿意生活在同一地区内的参与者一起凝聚共识、共同打拼、一起追求社区美好生活，营造“我们的新家园”的过程。

所以社区营造主要倡议的是：所有住在社区，愿意为社区打拼，一起共同来参与的人，都是社区营造的共同伙伴。这就需要社区营造的行动者转化一下自己的思考，将从自上而下的“我要你做”，变成自下而上的“你要我帮”，再转化成上下结合的“我们一起做”，这是社区营造的核心精神。换位思考，把“我”变成“我们”，把营造自己的家变成营造我们大伙儿的家园，促进全体社区成员共同追求社区的美好生活。因此，不论新人或旧人、老人或小孩、男性或女性，不管是社区工作人员还是专业者或群众，只要是愿意共同营造美好新生活、建设“新家园”的人，都要完成从“我”到“我们”的主体性转换，让社区每个人把社区转变成“我们的家园”，如此，社区文化的特质就不仅仅写在社区空间上，更是写在社区人人的脸上。

第8章

学点行动研究

第一节 反映实践取向的行动研究

行动研究主张行动者对自己所置身的社会处境中发生的行动进行研究，由此产生行动者的实践知识。当社会工作者、社区工作者、社区志愿者骨干等在社区中与居民互动或开展服务时，不论他们扮演什么样的角色、发挥什么样的作用，都是行动者。他们都可以运用“行动研究”的方法，对自己或对实践场中其他人的行动进行研究。此时，这个行动者，既是“实践者”，也是“研究者”。

当实践者在工作中面临新的、复杂的情况时，或在例行（常规）性工作中被问题困扰时，有人选择墨守成规，有人不被惯用的工作方法限制，而是重新审视当前的实际情况，调整目标、变换工作方法，开展新的探究。这种新的探究是根据当下洞察具体现象的现实感，边做、边思考、边调整，在行动推进中，丰富对事物的认知。这就是反映性行动研究的创始人唐纳德·舍恩提出的“在行动中反映”“在行动中思考”。这里的“反映”是指自我反身映照，把自己的内在思考、情感和行为表现，通过与自己或与他人的对话反射映照出来。舍恩认为，当人们在行动中进行反映时，他便是实践场域中的研究者①。即便是刚入行经验并不丰富的社会工作者“小白”，或没有社会工作专业教育背景的实践者，但当他开始对自

① 唐纳德·舍恩（1983）在《培养反映的实践者》一书中表示，当人们在行动中反映时，他便成为实践脉络中的一位研究者。他不依赖现存的理论与技术类别去行动，而是去建构一个新理论来解释这个特殊案例（第 57 页）。

己过去或现在所处的情境进行“反映思考”（reflective thinking）[①] 时，他就是一位研究者。

非社会工作专业出身、社会工作者实务历练不足的“小白”，常常质疑自己的实践没有“专业性”；即便是专业出身的社会工作者，也常面临职业倦怠的困惑，受困于自己的专业知识和技能不足，导致专业能力无法突破发展瓶颈。于是，这类人员便向外找寻专家或督导的支持，以丰富实务知识和技能。这些所寻求的知识、技巧确实可以在某些情况下发挥作用，但不能适用所有场景，尤其在充满了不确定性的基层社区。实际上，答案就“藏在自己的行动里”，自己所在的社区和工作伙伴身上就有许多“养分”可汲取，感到困扰者只是不知用什么方法将其转化为自身经验。行动研究中“反映思维”和“反映对话”的训练为我们提供了这样的方法，它可以支持行动者重新解读过往和当下的行动经验，找到“藏在自己的行动里”的答案，发展新的行动策略。

一、行动者的三种行动类型

舍恩（1983）归纳出实践者的三种行动类型，其中蕴含了行动与专业知识的关系，行动者可以通过识别和研究自己所对应的三种行动类型，生产出实践知识。

（一）行动中的“内隐知识”（tacit knowledge）

社会工作者凭着直觉、习惯或某种认识开展专业实践，实践中他们不需要特别规划和仔细思考，比如社会工作者 A 在面对服务人群时就能很快和他们打成一片（或许社会工作者 B 就很难做到）。他的专业实践在旁观者看起来执行得很顺畅，可是当你询问社会工作者 A，他是如何与服务人

---

① “反映思考”一词，或译为“反思思维”或“反省思维”。跟随舍恩学习行动研究，并翻译唐纳德 · A. 舍恩《培养反映的实践者》一书的夏林清（2018），则将 reflective 翻译为“反映”，强调并彰显舍恩在“行动中反映”的“思考”意涵，不只是“思考”，而是涵盖了思想、情感与行为表现的对话活动（自己与自己以及自己与他人），因为“好的助人关系首先要能如镜般的照见自己，帮助人认识自己”。本章使用夏老师的中译“反映”，但将“反映思考”转译为“反映思维”。

群快速打成一片时，他可能自己都未察觉到其中蕴含的实践知识，更无法用清晰的语言表述他的实践知识是如何习得的，又是如何一步一步把它“操作”出来的。事实上，行动者往往说不出“高大上”的理论，或许因此，专家或学者会认为实践者的行动没有“专业性”。但是，一旦换了没有经验的人来做（比如社会工作者 B），因他不了解其中的人情世故，不明白内在的潜规则，事情就无法顺畅完成。也就是说，社会工作者实际具备的实践知识往往比他能说出来的要多。行动中的实践知识是一种“内隐知识”，这种“内隐知识”通常发生在例行（常规）事务中，行动者在经过重复操作后往往就能对类似的情境作出快速判断并推进相应的行动，但是他未必能用精准的语言将这种实践操作描述清楚。因此，把事情做出来是一种能力，如何觉察到自己的内隐知识，并通过语言表述清楚，又是另外一种能力。而这样的内隐知识中的细节呈现得越细致，行动也就能越顺利地推进与完成，就像感光度相同的底片，颗粒度越细，图像的清晰度就越高。因此，细节中蕴藏着大智慧，有人自嘲是“细节控”，其实“‘魔鬼’确实藏在细节里”。

（二）“在行动中反映”

行动者与自己所身处情境的反映对谈。当行动者因在操作例行事务过程中遇到困难而卡顿时，或面临一个不熟悉的情境时，他会在行动过程中不自觉地边做边想：自己行动介入时发生的作用、行动的后果、过程中对情境的直觉性反应（包括看法、情感与情绪），以及行动作用、后果、直觉反应三者之间如何相互影响，如何发展出新的动作。行动者在行动过程中要随时作出行动选择，但其未必意识到有这么多复杂的思考在同步进行。当行动者通过口语或非口语化的形式（包括随手写下笔记、画个草图、跟旁边人讨论几句）边做边反映，呈现出自己在行动过程中对场景及其变化的思考，并同步决定自己下一步的行动时，这就是“在行动中反映”了。它需要行动者有反身思考的能力，以及在反思自己该如何解决问题这一行动中对不同的解决方案进行选择并推进下一步行动的能力。

（三）“对行动的反映”（reflection-on-action）

当实践情境较为复杂或实践遇到困难时，行动者对自己的行动过程、方法和所造成的结果会产生怀疑，他会想要重新审视自己的经验。遇到困惑想要思考得更清楚时，他需要停下来转换到另一个情境（与实践拉开一点距离），通过用口语跟别人对话，或自己书写文字记录，仔细思考发生过的行动究竟是怎么回事，停顿在“此时此刻”，静心回看“彼时彼刻”，也就是拉开距离细细端详那如毛线球般的复杂场景，梳理那些作为研究材料的行动事实，敞开心扉深挖探问：“问题到底出在哪里，是期待与现实的差距，是问题的假设偏差？”等。“对行动的反映”是在对行动资料进行重新组织、探究的过程中，持续诘问问题的深层逻辑，以此检视行动背后的假设，转化新的视框。这是行动者重新理解实践的过程，行动者也会因此启动新的行动策略，这样的“对行动的反映”历程，可以使行动者提炼出专业实践蕴含的实践知识。

二、行动研究的探究历程

当行动者开始有意识地将上述三种行动类型与自己的实践经验进行关联时，他就走上了“反映实践取向的行动研究”的探究道路。选择一个想探究的情境或问题，思考和行动的纠缠结合需要一段探究历程：仔细观看、刨根叩问、梳理厘清、辨识指认、校正假设、视框转化、继续行动，然后拿起来再端详，再行动。在螺旋式的上升过程中，行动者看清“彼时彼刻”的行动、识得“此时此刻”重新回观实践场景发展变化所生成的道理，明白自己行动介入的作用。将纠结的思路逐渐捋清，端详现象场中复杂的行动碎片或模块，进行厘清—辨识、消化—沉淀、抽取提炼，反复练习直到精熟操作，这就是反映思维的训练，训练后可以成为实践者自然而然携带在身的思考和行动习惯。因此，反映实践取向的行动研究企图协助行动者成为好的反映实践者。

笔者自跟随夏林清老师学习“反映实践取向的行动研究”以来，持续训练反映思维至今已 30 多年，深感学习的难点在于：领悟贯通其中的章法需要时间与心力，需要在实践中“边学边做”。因为它不是传统的工具式理性方法，也不是按照一套程序化方法，学习相关概念、知识就能通用的做法，更不是一蹴而就的固定模式。它强调要发展实践者自行转化、提炼实践技“艺”的可能性，而非一味追求外部输入的知识与技巧。只有展开这样的探究历程，反映实践取向的行动研究方法才可以去神秘化，实践知识也才能得以述说与传播。因此，行动者的反映回观具有严谨性。这就像练武，首先要反复练习基本功，打好底子，不执迷于花里胡哨的外形招式，也不被固定步骤和套路所限制，而是让每个主体依其各自特色，在千变万化的情境中能分辨千差万别的事物，其行动就可以灵活机动且各有千秋。好的实践者是能打破固化惯性的思维模式和条条框框制约的研究者，这也是行动研究的难点和关键点所在。

三、行动研究的协同探究

行动研究为实践者广开大门，但初学者似乎又不易学通，那么究竟如何入门呢？如果你有想改变自身处境的动力，那你独自一人也能上路，但若想要持久学习，就要找几个协同探究的同行伙伴。资深前行者的引领，或是机构、站点、项目提供的相应探究时间、人力或环境支持，都能为你在行动研究过程中创造练习反映对话的条件。因为“反映”不只是自己与自己对话，更需要借别人的“眼睛”协助自己看明白自身行动。正所谓，不识庐山真面目，只缘身在此山中。置身实践场中的行动者要想清楚剖析自己在场中的行动与作用并非易事，有对话伙伴协同进行行动探究，才更能看清自己场域中的行动逻辑。

与伙伴进行协同探究的难度是面质，即自身局限的视角被自我或他人揭露。行动研究需要有勇气，需要同伴间彼此开放与真诚地面对自身局限，放下无意识的自我防御，发展出与他人互动关系的深度理解。团队的相互包容能力提升了，个人专业的提升也就在开放对话的环境中发生了。

身处不确定且又复杂多变的时代，社区、社工站、社会工作者要想有效回应情境变化的要求，改善当前的处境，就需要立足于微观。因为，每一个微小的变化，每一次对实践场景的灵活回应、每一次对话深度的增加，都会增强我们面对问题的能力，社会工作者的专业素养也就在其中被打磨而后精进。

第二节　反映实践取向行动研究的操作章法

行动研究的范式和相应的词语对许多社会工作者而言可能比较陌生，许多社会工作者更不知如何操作。其实除了阅读相关书籍和他人经验梳理的行动研究案例，最好的方式就是从自己的实务经验入手，尝试对自己的行动经验进行整理，并组织行动研究社群的伙伴一起讨论。笔者将自己过去多年实践此方法总结的十个要点整理如下，供有兴趣的朋友研究参考。

一、寻找研究的起点：探究的问题是什么

想考察事物的问题意识是什么？你可能对当下处境不满意，但未必可以把其中的问题清楚地描述出来。一开始，你对问题的认识可能是模糊的，也不清楚问题焦点是什么，但没关系，可以先踩上一个探问的立足点。若要开始探究，就要严谨地思考自己的探究意图是什么？想改变什么情境？在摸索的行动过程中不停地叩问，自己的核心问题是什么？把问题搞清楚的过程可能费时，但是花时间进行正确的问题诊断，比因快速的误判而采取了偏差行动，要少走许多弯路。

二、养成习惯整理自己的行动大事记，记录行动难点和卡点

为使学习者更细致地回观自己的行动，夏林清发展了“三手栏”行动大事记（见表 8.1），供学习者练习时使用。第二栏（左手栏），从细节描述当时在行动过程中做了什么、说了什么？第三栏（中间栏），你做这些动作时，当时内心在想什么？第四栏（右手栏），此时此刻，对当时你外在的行动和内心的想法回看，又有什么看法？与自己对话，去辨析自己的行动策略哪些有效，哪些无效？为何有效，又为何无效？让原来无意识的行动更容易被自己觉察。若不尽快记录下自己的经验，隔段时间再回想，很多细节就会遗忘。

表 8.1　“三手栏”行动大事记

时间	1. 主题事件/活动发展过程的重要记录 2. 你及事件的重要他者曾有的重要的行动记录	你当时的想法和感受	你此时此刻回看，对当时的行动有何看法

三、对着他人“照镜子”，练习反映对话

仅靠自己反思不易准确地看见自己行动的事实，通过与他人练习反映对话，尽可能还原现象场，才能更准确地看见自己的行动事实。当叙说者在对着他人（“对话手”）述说自己的行动历程时，作为对话方的“对话手”，要尽可能扮作叙说者的“一面镜子”，朝向叙说者想探究的意图方向，协助他反映并还原行动现场（当时发生了什么行动以及他内在的心路历程）；与此同时，叙说者和对话者也要关注对话过程，检查反映对话者是否既能贴近叙说者的语言，又能觉察、辨识自己听话过程中内心世界的波动。这样的对话练习不在所谓人际沟通、同理心的层次，也不只是换位思考，而是通过反映对话让行动者主体得到一个机会：通过对他人叙说，重新对实践场域的现象进行检视、对过去的行动和当下的行动模式从不曾察觉到更加敏觉。找到对话手反复练习，练习到应用自如，长此以往反映思维也就成了实践者的习惯。

四、书写行动故事，探究行动者背后的视框

通过书写故事能看到一个人行动背后的认知方式和假设。行动研究经常鼓励学习者以叙说一段行动历程的方式进行探究，因为，人一开口说话就是行动，行动者的叙说行动承载了说者的视框、看事情的方式，还有自己与自己、自己与他人，以及自己与世界的关系方式。

决定人际互动有效性的不只是对行动者言辞内容的倾听，更是对彼此互动方式的理解。也就是说，对人际互动的考察不能只关注行动的内容，还要关注这些内容是通过什么方式进行表达呈现的。比如有些人本想表达

正能量的内容，但与别人的互动方式是用一个负面的口气，那行动的效果就会大打折扣。从故事讲述中觉察辨识行动者看事情的视框、彼此互动的“关系方式”及影响行动历程变化的要素，就更能穿透行动者说话字面的“表象”，理解他的行动的本意。但故事不是喃喃自语的为说而说，叙说者每次叙说行动，都要尽可能弄清楚：你要对谁说？你为何而说？由此才会有更精确的行动策略。

书写行动故事可以围绕某个问题、主题、现象、事件等，针对自己的行动内容、过程、行动策略、行动后果与经验，以及上述几者之间的交互作用，进行描述与梳理。可以只是单纯书写故事，也许在书写第一次、第二次、第 N 次的版本之后，你对自己问题背后的假设、根源以及问题形成过程才能够有初步诊断与分析。

书写行动故事的重点是将你的“行动主体经验和感受”带入写作中，表达出这个经验在过程中可能涉及的问题、矛盾与张力、疑惑与瓶颈，乃至情绪与感受等信息。日常工作中，许多社会工作者很能做事或也擅长事件分析，但是不习惯公开叙说自己的主体经验，或是不被鼓励去真实地呈现自己的经验，因此在交流工作经验或总结工作时，我们通常只谈“事”，而把作为行动主体的“我”从中抽离。“我”的真实看法、情绪、感受隐藏在事件分析中，虽然不被鼓励表达，但行动主体的感受其实蕴含了许多改变情境的重要线索。

书写行动故事的过程就是自己与自己的对话过程，此时不用局限于必须从第三者的角度进行分析，也不一定非要认为站在事件之外，以客观、理性的科学立场书写的报告才是好报告。行动研究是希望行动者不被主流“高大上”的表述模式制约，不被外界的标准干扰而压制自己真实的主体感，也不要求自己一写就要是个“完整的报告”。拥抱、肯定自己的真实经验，让实践经验出土，试着以第一人称书写，呈现事件中自身的行动和感受，就算只能写出“半成品”，都是好的尝试。

五、对自己的处境刨根问底，揭露对问题的假设，重新准确地框定问题

社会工作者听到有人对情境不满时，往往容易很快就认定“这是个什么问题”，然后马上提供解决方案，其实当事人可能都还没能准确表达自己的本意。社会工作者对待自己也一样，经常出现的情况是：（1）快速对问题做出判断，立马提出解决方案，却未曾怀疑自己对问题的看法是否有偏见或误判，或还没弄清楚事情的来龙去脉，就有了对问题的判定；（2）在沟通的互动关系中，行动者很少把自己对问题的假设和前提说出来，开放地进行检验；（3）与对方沟通半天，也许是鸡同鸭讲而不自知。对问题的假设会影响后续的推理和后续形成的解决方案，不要被事物或言辞表达的表象迷惑，要琢磨表象背后的本质，反复自我诘问或和他人对话，刨根叩问这个表象究竟反映了什么问题？

刨根叩问指的是深挖问题的关键和本质，要意识到对情境的假设才是行动的基础，要以开放的心态检视自己原来无意识或不去意识的假设，不回避事实，站在事实的基础上重新对问题进行准确的框定，才能找到更有效的解决方案。

六、勾勒出事件发展的行动脉络，框定研究范围，对事物进行再命名

我们经常在描述行动事实时“去脉络”或简化脉络，从而造成听者的误会。因为事情呈现出来的样子，有它独特的历史发展过程。脉络就是人们针对行动过程和情境进行诠释时的意义架构。行动者选择从什么脉络说起，会涉及对他所要描述的事件的研究范围。将脉络背景描述清楚就可以对这次研究范围的边界进行框定，让听者可以从更整体、更具历史脉络的全局图像视角来看你的片段经验，而不至于因为“去脉络”而断章取义。而且情境复杂的事件的问题表征可能很混乱，行动又有多重目标，不同目标之间还可能彼此冲突，这就使得行动者困顿纠结而无法清楚地描述问题的本质。若不还原行动过程的不同主线的历史脉络，就无法从混乱的诠释

中如实检查出：究竟是客观事实现象，还是经过自己的看法折射之后的“自认为的事实”。

舍恩说，当我们设定问题时，我们就已经选择了将处理哪个情境中的哪些“事情”，我们也设定了我们对这个事情关注的界限①。搞清楚“问题设定”本来就需要一个探究过程，是对情境脉络的框定和界定。界定问题与对行动意义进行诠释能让我们对行动的性质有所定性，据此为行动进行命名（naming）。因此在叙说一个事件时，不要过度简化避免去脉络化。

七、灵活地调整目标与方法，尝试新的行动策略

当我们发现改变处境的客观条件不足时，就不要再强求一定要达到原定的目标。应该探问影响目标达到的原因是什么？停下来创造一些让事情脱困的条件以解除干扰，或暂且把无法马上搞明白的干扰因素先悬置起来，转身重新检视现在的情境究竟遇到了什么问题：原来设定的方案目标和工作方法是不是已经不符合现在的问题情境？许多工作者在实践困顿的时候会被工具理性思维限制，容易把目标与方法割裂地二分。即认为一定要先把目标想好，然后找方法，或是一直在工作方法的层面研究如何改善，却不调整目标。若停留在目标与方法二分法逻辑里，对复杂问题的处理效果必定受限。事实上，目标和方法是相互辩证、相互界定的关系，因为在真实的行动情境中，原定的行动目标有可能因为环境变化而需要调整；也有可能原来方案的预设目标本来就不符合现实。实际工作中，实践者常常在行动探究之后才更了解实践场的真实状况，但在执行过程中并没有察觉到原来的目标设定有问题；也有可能本来方案就有多重目标，但受限于各种主客观因素，也就只能达到其中一两项目标。但行动者没有意识到要优先达到哪个目标，或团队内部因目标优先顺序不同而有矛盾。因此，行动者需要重新检视目标，甚至团队要按目标的重要性重新协商确认目标达到的优先顺序。当目标调整了，就需要灵活地调整工作方法。也有

---

① 唐纳德·A. 舍恩. 反映的实践者：专业工作者如何在行动中思考［M］. 夏林清，译. 北京：北京师范大学出版社，2018.

可能是因为在行动过程中原定工作方法无法有效推进工作，行动者在考察现实状况后发展出新的工作方法，或是尝试出新的工作路径，这时可能需要因应新的工作路径或方法，调整原来的工作目标。这样一边做、一边思考、一边调整，保持在行动中反映，或是持续对行动进行反映，在事情动态变化的过程中，灵活因应情境的变化或条件的限制，适时重新调整行动的目标与方法，最终工作才会有效。社会工作者要切记，行动方法与行动目标本来就不能切割，方法和目标二者之中若有一个发生变化，就要探问另一个因素是否也要调整。

八、“做中学、学中做”，做自己行动设计的能动者

日常工作中，我们常常无法完全按照项目书的目标、步骤与方法去实现预期的最终成果。舍恩所谓的“移动探测”，正是摸着石头过河，实践者是在“做中学、学中做”。依据上述第七个章法，行动者需要基于现实情况权衡利弊得失，进行新的评估后，“设计”出符合现实条件的行动策略，在现实的处境下作出行动的选择。所谓的“设计”，就是既要掌握自己作为行动者的主体性，又必须能在各种条框限制中找到可施展的空间。即使这个空间只是一个缝隙，但只要行动者的能动性还能在其中发挥作用，就有机会设计出推进实践的行动策略。若行动信息不足以支撑行动者对当下问题的判定，行动者也可先对问题提出暂时性的假设，或将问题悬置，转身去创造更多的条件，等待时机成熟再做定夺。这是边行动、边探究，在探究中找答案的路径。在暂时性的答案中继续移动前进，这就是摸着石头过河，“做中学、学中做”，也是舍恩所说的“移动探测”。如此一来，行动者就会成为一个行动设计的能动者。

九、行动者要为自己有意识的行动负责

只有对自己的行动更能觉察，才更能对自己（有意识或无意识）的行动所引发的后果负起责任。我们很容易对自己做过的错误行动拒不认账，或伤害了别人而不自知。即便行动当时是无意识的，但动作已然做出就会产生后果。行动者就要思考为何当时有那么多的选择，你却选择了这个行

动？要直面当时自己的行动选择及动因。当行动者越来越能对自己当下的行动进行反映时，不论他的行动是否有效，行动者都会对自己行动的选择越来越有意识，也就更能承认在行动过程中应当承担的责任。

十、在协同探究中促进团队有机协作

当团队伙伴们愿意用行动研究的方法进行反映对话，诚实面对真实的情境，直面检视彼此的行动，并随着情境的变化动态调整行动策略（工作方法）时，一个相互理解、关系开放的团队信任氛围和协作文化就会产生。把行动探究当成一个实验过程，允许彼此犯错，过程或有尴尬、狼狈也无妨。只有不受限于主流的输赢竞争逻辑，发自内心地彼此协助，才能促进团队的有机协作。也就是说，只有团队中每个人都愿意为自己的行动负责，要求团队成员负责的队内氛围才会产生。由此，团队的矛盾张力就会向正能量方向转化，团队及实践者的专业性便得以提升。

我们努力做事，事在人为。我们面对的是独特而复杂的情境，需要细致地来回摸索。反映实践取向行动路径确实走得较缓慢、也较费时，但是在历史长河中，若想走得扎实，慢才是快，社会工作者只有找到面对问题的方法，才能持续前行。

第 9 章

社区社会工作实践案例写作

案例写作可关注微观、中观、宏观等不同层面，信息着重点各有不同。社区社会工作实践案例写作一般应把握以下四个方向：第一，贴近社区社会工作实际，来自工作经验总结，能指导下一步工作开展。第二，提炼日常工作经验，有助于经验传播。第三，遵循一定的写作规律。有研究者提出，提升案例写作质量要遵从“三个特点”和“四个要素”。“三个特点”是指故事性、戏剧性和意义未尽性，关注的是案例的写作技巧；“四个要素”是指真实的复杂情境、典型的事件、多个问题的呈现和典型的解决方法，关注的是案例的内容选择。第四，行动研究是案例写作的有效方法。“行动研究需要返回到行动研究者主体进行返身拆解，在社会位置处境与社会关系脉络中进行觉察；同时对自己的行动对他人及外部环境产生的影响能清楚辨识”①，从而促使社会工作者不断提升对工作背景、意义、方法的认识。

第一节　案例写作的核心结构②

一、需要介入的现象

案例写作要围绕社工站社会工作的实际，需要介入的现象是案例写作的起点。围绕兜底民生政策落实、社会工作专业服务与管理、基层行政协

① 王海洋，王芳萍，夏林清．社会工作实践知识的意涵与发展路径：兼论反映实践取向行动研究路数［J］．华东理工大学学报（社会科学版），2019，34（3）：1-12.

② 王海洋，戚干舞：《实务案例写作方法》，摘自广东省总工会编《广东省工会社会工作职业培训指南》，2022 年。

同等工作，均会遇到丰富的社会工作专业介入现象。介入现象并不一定是明显的问题，也可能是对问题的预防。不同的社区社会工作者，因为家庭环境、工作经验、专业背景、知识结构等的不同，对问题的界定也会有所不同，因此，针对同样的现象会有不同的认知。在日常工作中，社会工作者只有注重政治学习、熟悉相关政策，将当前的工作实际与政策环境、社区工作重点相联系，才能逐渐培养对社区现象的敏感度。界定了现象，框定了待解决的问题，连接宏观的任务目标和具体工作实际，其本身就能引发社会工作者对社区社会工作的思考。

二、基本目标和计划

基本目标和计划代表着实际执行之前社会工作者对工作的认知，奠定了后续项目实施的基础。案例写作不同于项目计划书，目标、成效、实施步骤的描述可以略微简洁，因为实际发生过程可以展现细节。但是写作的内容需要交代清楚执行前的构想，以及目标和方法之间的逻辑关联。社会工作者发现有部分工作假设在执行过程中并不符合实际情况，在报告中不仅要如实描述，有必要时还可以细化描写，为制造起伏埋下伏笔。

三、遇到的执行障碍

现实的工作不可能是一路坦途，正是因为需要发挥主观能动性克服障碍，相关案例才有学习的价值。在实际工作中，部分障碍是在计划期就能提前预想到的，部分障碍超出了原本的计划范围。在案例写作时，为了制造起伏，社会工作者可以将写作重点集中在执行障碍部分，这样也有利于针对障碍集中描述在解决问题的过程中进行的创新和使用的方法。实际工作中肯定存在着大大小小的困难，但并非所有的困难都和正在执行的计划相关，也无所谓通过方法和创新解决。案例写作的目的在于形成实际的经验，围绕核心目标的内容取舍就显得很重要。

四、使用的方法创新

对应于计划内的执行障碍和计划外的执行障碍，方法创新也有预期的和非预期的。社会工作者在描述使用的方法创新时，不仅要介绍方法本身，而且还要介绍方法选择背后的考虑。同时还要描述方法和现实世界的互动过程，即创新方法是如何克服原有障碍带来的问题的，方法的使用过程中有哪些方面是预先没有想到需要通过现场调整解决的，以及有哪些好的做法是对原有方法的本土改良。由于社区社会工作者的理论基础各不相同，在写作的过程中可以根据实际情况选择加入关于理论的探讨，或者可以结合实际工作进行经验反思。

五、工作达到的效果

业内普遍的观点认为只有成功的实践才有学习的价值，实际上任何遵循科学方法论指导的实践均有学习的必要，对实践者本人或其他实践者来说均是如此。社会工作者实事求是地记录工作达到的效果，比美化工作成果更有学习的价值，更能推动实践发展。工作达到的效果包括：多大程度达到了工作目标，多大程度改善了需介入的现象，多大程度获得了额外影响。对于成功的实践来说，方法创新就是成功的原因，因此社会工作者在写作过程中可以进一步讨论深化成果的设想；而对不那么成功的实际案例来说，社会工作者则需要分析不成功的原因，给其他类似的实践提供经验参考。

第二节　案例写作的过程[①]

一、选择写作主题

主题选择是案例写作的起点，社会工作者可以从多种来源选择主题，如已获得的工作成果、克服工作障碍现实需要、方法创新实施效果等。但

① 王海洋，戚干舞：《实务案例写作方法》，摘自广东省总工会编，《广东省工会社会工作职业培训指南》，2022 年。

是，不同的选题视角对于社会工作者在写作过程中资源调动的能力要求不同，因此需要结合自身的工作环境、角色进行权衡。例如，已获得的工作成果既可以是直接经验，也可以是间接经验；克服工作障碍的现实需要、方法创新实施效果，则更多需要获得一定范围的间接经验。

二、梳理实践进程

在确定主题之后，就需要围绕主题进行材料收集，材料收集的方法包括文献整理、访谈等。收集材料时，社会工作者可以按照实践过程的时间线索展开，避免信息遗漏。在梳理实践材料的过程中，社会工作者可以根据实际情况扩大或缩小主题的范围。如果案例写作以间接经验为主，也可以通过滚雪球的方式扩大案例和访谈范围。

三、形成叙事结构

在收集到足够的资料后，社会工作者就需要按照案例核心结构进行提炼，形成叙事结构。叙事结构的确定既要有可读性方面的考虑，也要有专业性的价值。在形成叙事结构的过程中，应特别注意实践过程中的非预期后果。非预期后果往往是本土性经验的契机，是中性的，展现了理论与现实的不一致性，既可以发生在实践过程中，也可以是实践完成后。非预期后果形成障碍，需要社会工作者通过对理论和方法的本土化改编去克服，形成在地的实践经验；非预期后果推动实践，则可以推进读者对中国本土社会工作实践体系的理解。

四、组织材料写作

组织材料写作是案例的正式形成阶段。实际上，社会工作者通过写作会加深对案例的理解，主题的修正、材料补充的需求、叙事结构的调整都是写作过程中的正常现象，社会工作者在写作过程中发现难以完整表达自身的想法也是正常现象。笔者建议写作人员先放下怀疑，找一个相对充足的、无人打扰的时间，先进入写作的状态，按照自身的能力表达出来，把其他事情留待未来解决。例如通过多版本修改补充材料、调整叙事结构，以及同行评议等不断对写作内容进行修正。

五、同行评议

同行评议是指研究者将所写案例与同领域专家（包括社区管理与服务专业、社会工作领域专家）进行交流与评估的过程，由专家提出优化建议。同行评议优化并非案例写作的必要环节，但对于案例的优化具有重要的作用，通过评议，写作人员可以就不明晰的观点、论证进行澄清，从经验对比视角出发对案例的核心价值进行推敲和拓展等。

第三节　社区社会工作实践案例

一、社区项目案例

撒下几颗种子，期盼一片雨林：
“小行星流动儿童社区学校”教育创新实践[①]

2016 年暑期，“小行星流动儿童社区学校”在小洲村扎根，致力于用教育创新的手段推动流动儿童教育议题的解决；2018 年，“小行星流动儿童社区学校”获得 ME 公益创新计划资助，将教育创新课程带到小洲村周边的 4 个城中村。项目团队取名“小行星”，是因为每个儿童都像一颗小行星，具有独一无二的特质，需要被看到；只要能调动社区的教育资源，每一个流动儿童都会得到滋养；“小行星流动儿童社区学校”项目的初衷是，期待通过项目实践在更多社区创造出滋养流动儿童的社区环境。

---

① 本案例系王海洋主持的中国扶贫基金会招标课题《公益同行：行动研究与影响支持计划（中扶项综合字 2018〔105〕）》成果之一。原文发表于中国扶贫基金会主编的《2018 年行动研究与影响力支持计划案例集》中。

（一）激发：每个孩子都需要被看见

小雨（化名）是小行星儿童友好商店的第一任店长。她会主动与到店的成人客户沟通，同时也能细心观察到其他店员的需求并及时回应。小雨总是能够带动小店员们一起行动完成商店运营过程中的各种事务，很好地履行着店长的职责。很难把小雨和两年前那个内敛的小姑娘联系起来。两年前的小雨不敢参与店长竞选，甚至连做店员的自信也没有。那时候小雨对自己没有信心，不敢尝试也不愿意表达，无法流畅地介绍自己，说不出喜欢什么，更不可能知道自己的优势。

2016年8月，“小行星流动儿童社区学校”在小洲村扎根，小雨是在社区中被吸引到的第一批粉丝。她很喜欢来这里，但像在其他地方一样，她还是不太敢参与和表达。社会工作者经过接触了解到，小雨的成绩很差，有很多字不会写，害怕被人嘲笑。深入观察才发现，更深层次的原因是小雨有读写障碍，她四年级了都写不出“为什么”三个字，这本身是一种学习上的特殊需求。

激发与保护孩子的好奇心很重要。小洲村的儿童社区学校有不同的课程和活动，小雨来到这里后好奇心被激发出来。社会工作者通过观察、记录她的学习表现，与她一起了解自己的特性，符合她特点的学习方式被发展出来，慢慢地，在社会工作者的带领下，小雨学习到了更多的新东西。在这个缓慢的发展过程中，小雨逐渐看到了自己，也慢慢开始相信自己。

读写障碍确实会带来严重的学习困难。但从个性化成长的角度，有不同的方式可以让小雨表达自己。在“小行星”，小雨会感受到更多的鼓励，可以更自由地探索适合自己的学习方式。比如，写不出来既可以通过图画表达，也可以上下左右不用顾虑顺序想怎么写就怎么写。总之无论小雨做什么，都会获得支持，而没有人评判她，在“小行星”，她的学习热情一点点被调动起来。

每个孩子都拥有潜能，但潜能的激发依赖于更持续的互动过程和更细致的观察。小雨一开始还是很难说出自己擅长的东西，那只不过是等待更多的觉察，一个小小的突破往往意味着找到了自信心建立的基础。社会工作者通过观察小雨，发现她经常一个人翻花绳，于是邀请她向其他小孩展示怎么玩。她并不觉得这有什么特别，抱着试试看的心态开始玩，结果能快速地变出很多花样，身边的小朋友都特别惊讶。当其他人为此感到惊讶时，她找到了自己擅长的东西，自信心就开始积累。

在一个更安全的空间里，有更多的发挥机会，看到自己的闪光点，开始肯定自己。这些变化积累下来，小雨就成了一个完全不一样的人，做到了从来没有想象过的事。她知道自己擅长什么，也发展出新的兴趣爱好，并且把轮滑等新技能教给更多的孩子，成了小导师；她能够观察到别人的需求，能很好地关心他人，很受其他小朋友的信任，小雨被选举为儿童友好商店的第一任小店长。同时，她也开始更愿意跟父母交流，表达上的变化吸引了父母对她的关注，改变了对她的态度；更为神奇的是，她的学习成绩也开始出现明显的提升，老师也开始有更多对她的肯定。

虽然“小行星”没有着力于学科知识的辅导，但是在儿童友好的支持环境中小雨找到了适合自己的学习方式，建立了自信心，这一自信会支持她更好地运用自身能力去解决学习中面临的问题。比如，学校的学习环境不能满足她个性化的学习需求，但是已经形成的属于自己的能力将帮助她找到最适合的方式，从而获得更好的学习成绩。小雨的变化所带来的称赞，会鼓励她继续保持这种好奇心与个性化的成长探索，同时也慢慢地让父母、老师认识到小雨对不同的学习方式、个性化成长的需求，从而促成对小雨个性化成长环境的营造。

（二）成长：实践是最好的老师

“小行星流动儿童社区学校”项目团队由平均年龄 25 岁左右的年轻人组成。笔者了解到他们的实践成果不禁会好奇，是什么让他们有信心撑起教育创新这份大事业，又为什么会选择流动儿童作为切入点；扎根社区的实践与其他的服务模式有什么不同，会遇到什么困难，又是如何解决的……

简颖诗是“小行星流动儿童社区学校”项目团队负责人，大学期间做过儿童教育创新项目负责人，2016 年社会工作本科毕业，是小洲村本地人。在简颖诗看来，自己的童年就是被整个村庄滋养的。不同的新鲜事物激发着孩子们的好奇心，无尽的未知空间等待孩子们探索，遍及的成人善意为孩子们的探索提供安全保护，这一切自然而然无须刻意，在多元而丰富的村庄里，自由地长成了自己。

黄颖欣的故事则有所不同。她想学新闻专业当记者，却读了汉语言文学专业。要不要从事教育工作一直困扰着她，也促使她不断探寻教育是什么。在校期间，黄颖欣参与了两年教育议题公益服务，最后一学年投身支教活动，2017 年毕业后，黄颖欣就坚定地选择了做一名小学教师。2018 年，黄颖欣来到小洲村，是因为这里有她更熟悉的伙伴，也有她更为期待的教育创新。

陈玉萍的大学专业也是汉语言文学，2016 年暑期大四实习时她就驻扎在了小洲村，经历了小行星流动儿童教育探索的整体发展。陈玉萍在大二时就参与了流动儿童社区服务，在陪伴小孩的过程中看到了自己的成长经历。她觉得，每个成人心中都有一个内在的小孩，没有成长过程中大人的宽容对待、没有大自然的滋养，就不会有自己现在的模样。

这群年轻人因为“微辣青年”青年人社会化成长项目而接触到流动儿童议题，开始关注流动儿童的成长环境、思考如何用教育创新的方式支持流动儿童的成长。寻找更多的参与空间、探索更有效的介入方式、建立更持续的服务模式，一步步引导着这群年轻人在实践中成长，从志愿者成为实习生，从课程讲师变成全职公益人，她们相聚在小洲村的“儿童社区学校”。2018 年，“小行星流动儿童社区学校”项目获得中国扶贫基金会第三届 ME 公益创新资助计划支持，这既是对她们前期努力成果的肯定，也代表着小行星项目团队用教育创新手段解决流动儿童教育公平议题进入新的探索阶段。

年轻人是否具备解决社会问题的能力？答案是，实践是最好的老师。黄颖欣和陈玉萍都是从“流动儿童营”开始接触流动儿童教育议题的，最开始做志愿者时完成的工作无非是辅助维护阅读课室、协助放电影、课业辅导等。这些工作并没有多少技术含量，也不要求多少能力，他们也没有多少空间能够展现自己。但是这些一般性的实践让她们接触到流动儿童、发现了流动儿童的教育需求，并且产生了与自身教育成长经历的对话、萌发了教育创新的念头。同时，实践过程也伴随着技能学习和能力成长。在稍后的同类项目实践中，黄颖欣和陈玉萍都成为协作者，统筹不同项目点与青年志愿者的对接，在对青年志愿者进行陪伴支持的过程中也开始了解了不同类型的针对流动人口及儿童的项目实践。这些实践的经历，都支持了她们在“小行星流动儿童社区学校”项目中的教育创新。与此同时，简颖诗在儿童教育创新项目中接触到了国际领先的儿童创新能力培养课程，发现了好奇心激发对于儿童教育的重要性，不同的支持方式带给儿童的力量，也积累了课程开发的经验。简颖诗在儿童教育创新项目实践中形成的理念和能力，伴随她回到自己的家乡闯出一片天地。

“小行星流动儿童社区学校”的实践最初来自借鉴和模仿，在觉察需求、行动反思、环境互动的过程中逐渐明晰方向，团队的能力也慢慢提升起来。例如，团队最初参照和使用了由其他团队开发的儿童创新、财商培养、互联网素质等课程，通过改编课程和初步开发符合自身需求的课程开启了最初的实践。因为意识到流动儿童教育需求的多样性，才依托小洲村的社区资源开发本土化的课程与活动，并且逐步形成个性化的流动儿童教育支持方式。经过一年左右的服务积累，项目组在整理个性化成长档案时评估发现对待儿童的不友好行为普遍存在，因此有了面向社区倡导的儿童友好商店产生；为推动更多学员家庭的参与，带来流动儿童教育环境的直接改变，就有了“友好家庭”的项目实践。这些不同的实践路径，有些已经产生了持续的成效，有些仍处于探索中，有些又带来了新的问题。正是在实践中的问题探究、策略提出、解决尝试、结果反馈、优化调整、模式总结，形成了项目团队“内在的”经验和能力，推动项目一步步地深入走下去。

（三）根基：教育第一性原理

为儿童提供的课程、活动是不是有所成效，在何种程度上，“小行星流动儿童社区学校”可以宣称达到了项目目标？这不仅是所有公益行动都需要应对的外部挑战，也是团队内部评价的核心。更为重要的是，对于真诚的公益行动者而言，正是比对既定目标的达到程度、在实践中对议题的深入思考，指引着项目团队行动的方向，突破现实的瓶颈，形成了社会创新和公益行动的合力。对于小行星项目团队来说，教育第一性原理的提出，就是行动过程中一个非常重要的节点。

课程与活动是不是有效地促成了儿童的改变？在行动的早期，这看起来并不是一个迫切需要回答的问题。从团队构成看，小行星项目团队全职人员只有3人，她们持有相似的儿童教育理念，并且在行动的过程中相互影响，因此对于行动方向很容易达成一致。从行动过程看，以兴趣出发调动参与、觉察儿童的特质与表现、建立个性化的成长档案、提供个性化的陪伴支持，成效体现为儿童的直接改变，这种变化自然呈现、直接可感。从项目经验的沉淀和积累看，在开放性的探索中，文化民俗、自然教育、环境议题等不同主题元素被加入，持续学习的能力、创新能力作为核心素养，丰富了整个课程体系的内容。

2018年，“小行星流动儿童社区学校”进入一个新阶段的实践。小洲村所积累的课程经验在周边4个城中村社区开展在地化设计；小行星项目团队的身份也由直接的课程开发、项目执行，转变为课程共同开发、项目合作执行；项目运营中，项目相关方涉及小行星工作团队、支持到项目点课程和活动的青年志愿者队伍、新增项目点的在地机构合作伙伴，以及在地的社区导师和家长等。项目内容的深入和项目形式的拓展对于项目逻辑的梳理提出了新的要求，需要将感知层面的、团队自身持有的、内化的直接经验，转化为理性层面的、不同利益相关方能理解的、可传授的间接经验。因此，教育第一性原理的提出，可以看作是对实践挑战的回应。

2018年1月，小行星项目团队整理了自身进行儿童教育创新的愿景和使命。

小行星的愿景：每个孩子内心充盈毫无惧色地拥抱未来。

小行星的使命：与孩子共同营造友好环境，滋养孩子生长出面向未来的自信和能力。

然而，在实践中，尤其是在2018年“流动儿童社区学校”春季营的项目行动中，项目组发现愿景和使命并不足以解释所有的行动策略，并且难以对行动的方向作出现实指引。因此，2018年，基于春季营的反思和既有行动经验的总结，项目团队提出了“小行星”的教育第一性原理，以及基于教育第一性原理所理解的课程等个性化支持方式产生作用的过程。

“小行星”的教育第一性原理：每个孩子都拥有独特美好的特质和天赋，教育是激发他的学习热情，支持他去探索、成为自己。

教育第一性原理把“小行星”的使命和愿景关联起来，从而进一步将项目行动策略分成 3 个不同的层级。

第一个层级，在小行星课程环境中，孩子内在的好奇心和热情被激发，孩子的好奇心得到支持，孩子跟随好奇心去探索，孩子的特质被看见。层级目标的达到，主要通过活动设计、多元主题课程、个性化成长档案中的觉察来实现。

第二个层级，由孩子来定义他的学习和成长，孩子面对成长挑战是有力量的。层级目标的达成，关注“学习与终身学习能力”“创造性与问题解决能力”两种核心素养，通过在课程开发与成长陪伴中的运用实现。

第三个层级，孩子拥有成为自己的独特成长轨迹，他的特质和天赋被发挥到极致，最终可以成为一个内心充盈毫无惧色的人。层级目标的达成，依赖于支持孩子在外部环境中能力的运用，从而形成自由运用自身应对挑战的能力。

3 个项目行动层级中，可以看到项目影响的不同深度，以及项目介入与家庭、学校等直接教育环境之间的关系。

第一个层级中，发展出的是共同看见的关系。课程环境中孩子的“表现”，作为一种经验材料，被小行星项目团队、孩子自身与家长共同看见，这种看见本身改变了孩子与家长对于教育的态度。

第二个层级中，发展出的是共同运用的关系。课程中所形成的“核心素养”及孩子的独特表现，作为一种持续发展的力量，需要不断地在课程内外运用。因此，小行星项目团队发展出更持续的项目式学习的形式对孩子的能力发展进行支持，同时也推动家长更为深度地改变家庭教育方式，关注孩子的能力运用并给予支持。

第三个层级中，发展出的是共同创造的关系。“核心素养”的形成，将促使孩子将能力运用于不断发展的学习任务和外部环境的挑战；家长的任务也随之改变，成为孩子应对多元挑战的陪伴者。在这个过程中，信任孩子的能力，并且将孩子的独特性作为应对不同挑战的起点特别重要，因为任何的创造性完成挑战的方式都需要有足够的空间才能实现。

（四）影响：接触即有效理论

教育第一性原理能明确地解释小行星教育创新的行动逻辑，也对项目实践的方向有更清晰的指引。实际上，教育第一性原理就是来自“小行星流动儿童社区学校”项目团队在小洲村实践经验的梳理。但是，作为2018 年项目拓展范围的另外 4 个城中村，是否能获得同样的项目成效，则存在着一定的疑问。基于人力投入、社区熟悉程度、项目开展周期等因素，项目前期，小行星项目团队在周边社区的工作聚焦于课程及相关活动的开展；理想的状态是，流动儿童在地教育支持网络的工作，由在地服务机构完成。其中的困难在于，小行星项目团队与在地服务机构之间是项目合作的关系，而非项目管理的关系。理想的合作模式，会遇到现实中的困难。

从实践过程看，“小行星流动儿童社区学校”项目的开展，能提升不同项目点的服务吸引力、促进与流动儿童家庭关系的发展。但是，并不是所有的在地服务机构都能以同样的投入度参与、回馈到项目发展本身。在地服务机构对项目发展的参与、回馈受到以下几个因素的影响：就本身的人力状况而言，人力越充足越能支持流动儿童在地教育网络的搭建；就服务的关联情况而言，原本的服务设计越是直接与流动儿童教育相关，就越能提升参与度；就服务的自由支配程度而言，越能根据社区需求自由支配其服务方向与资源投入，就越能支持“流动儿童社区学校”的在地发展。

2018 年 1—8 月，小行星项目团队及高校志愿者专注于课程的行动策略，相当于通过课程中对流动儿童的觉察与记录发展出和在地服务机构、社区家庭共同看见的关系。通过课程中设置的家长参与环节、社区嘉年华等活动，在地服务机构、社区家庭有机会发现流动儿童的改变，并且在项目推进的过程中逐渐提升在地利益相关方的共同参与。如以下案例所呈现，虽然课程环境是有限的，设计出的课程环境不足以整体改变流动儿童的教育情况。但有限课程所带来的影响，使得参与儿童呈现出不同的状态，这是推动各方态度改变的基础。

小敏（化名）是一个稍微有点内向的小姑娘，不太愿意表达自己，只有与特别熟悉的人才会交流。在春季营和夏季营中社会工作者观察到，小敏是个特别有艺术天赋的孩子，在颜色和音乐等方面都很敏感；她也很有人缘，无论是男生还是女生都很喜欢她。在最初的集体活动中，一旦涉及口头表达或自我展示，小敏都特别困难。在课程中，由高校志愿者担任的导师就会根据过程观察分析她紧张的原因，鼓励她自我突破，并肯定她的表现，引导她发现自己的特点。

慢慢地，小敏的自信心逐渐建立起来，居然主动要求担任夏令营嘉年华的主持人。主持过程中，她完全没有紧张，以自己的方式从容、自如地对现场的情况进行灵活应变。小敏的变化不仅塑造了自己的新形象，而且打破了关于主持人的刻板印象，很好地诠释了一个“内向的”主持人。

小敏从不敢表达，到大胆主动表现，改变也就发生在半年的时间里。在一个安全的环境中，小敏开始对自己的能力有信心，她有勇气去追求自己渴望的事情。在后续与家长的互动过程中社会工作者了解到，小敏对主持很有兴趣，平时会留意观察电视节目中的主持人。原本，她只能在电视机前对话筒后的主持人表达羡慕之情，而在“小行星流动儿童社区学校”项目中，她自己成了舞台上眼里放着光的那个人。

小华（化名）不到 10 岁，他是哥哥，家里还有一个弟弟。父母常常觉得，小华不是特别懂事。平时调皮捣蛋、很难管教，还会欺负弟弟找存在感，让人觉得很头疼。

最初小华被送过来时，只是因为父母觉得来这里就有人在暑假看着他，能减少一些乱七八糟的事情发生。其实，社会工作者看到，在课程和活动中小华特别有创造力，也特别有爱心，只是父母缺乏另一种看待他的眼光。

在一次课堂游戏中，孩子们需要用两个夏天的事物设计一个故事。小华设计了一个在夏天卖西瓜和风扇的故事，他说要通过卖西瓜和风扇赚钱，开学以后要努力学习拿到奖学金，给妈妈买菜，给弟弟买玩具。

这个故事完全展现出了小华的不同特质，也打破了家长对他原有的印象。因此，项目组把这个情况反馈给了家长。妈妈很惊讶，没想到自己的孩子有那么贴心的一面，还特别感动地发了一条朋友圈表达自己对小华不同面向的观察。

小敏和小华这样的案例还有很多，都来自“小行星流动儿童社区学校”项目拓展范围内的课程实践。如果承认流动儿童教育资源的缺乏是“小行星流动儿童社区学校”项目的必要前提，那么克服资源限制获得项目成效则是项目的可行性基础。从不同项目中参与儿童的现实改变可以看到，即使没有本地服务机构的全力支持，利用既有的服务场地、信息发布渠道、服务信任基础推动课程的开展，也能给社区流动儿童及家庭带来影响。而且，通过与社区不同相关方的接触将课程的影响传播出去，会形成不同的连接和互动形式，这本身又会给社区带来更为深远的影响。

（五）未来：在地网络多样化

“小行星流动儿童社区学校”的项目全称需要加上前缀“社区为校，邻里为师，青年为伴”，这来自项目组对于流动儿童教育议题更为深层的洞察。流动儿童教育议题的推动，需要有更多公益资源的进入，但更需要在地化的资源培育，形成可持续的流动儿童教育支持网络。在项目的社区拓展中，在地服务机构、社区导师、家长的角色与小行星项目团队、青年志愿者的角色有所不同。因为，在地服务机构、社区导师、家长是建立流动儿童教育支持网络的内生力量，只有形成社区内部的资源、构建在地教育支持网络，才能推动流动儿童教育议题的持续解决。在这个意义上，课程与活动过程中流动儿童的需求和特质被看见，只是议题解决的起点，无论是小行星项目执行团队，还是培育的青年志愿者，只起到了唤起社区内在力量的辅助作用。

从项目的可持续发展角度看，评估“小行星流动儿童社区学校”的成效还为时过早。这一点固然与项目执行周期相关，但同时也是项目实践最为困难的部分。项目执行团队也意识到了，在前期实践中解决了课程开发后，后续重点将转向在地资源网络的搭建和发展上。但在前期实践中，拓展社区发展深层关系的困难也逐渐凸显。实践的情境无法如理想实验般充分设定，流动儿童教育议题的困难性部分体现为其资源的非充分性。从"小行星流动儿童社区学校"项目实际情况看，寻找在地服务机构的合作是必需的，但是合作的方式和深度缺乏可控性。在构建在地教育支持网络的过程中，充分的沟通是深入协作的必要前提，但充分的沟通并不是保证深入协作的充分条件。

在第一批 4 个项目拓展社区中，有致力于家长培育、互助网络发展的在地服务者。"小行星流动儿童社区学校"的课程引入起到了提升家长学习动力、凝聚家长网络的作用，叠加的是"1+1>2"的效果。在课程开展期间，在地服务机构组织家长交流会形成亲子共学的状态，用课程理念影响家长，改变家长的教育习惯与提升教育能力；家长也被邀请作为课程观察员、课程导师，陪伴孩子的成长，逐步形成支持网络。但是，更多的在地服务机构只能从场地、招募渠道、社区基本信息等方面提供有限的项目支持。在地服务机构的资源投入、选择项目伙伴的限制，是项目成效持续发展必须突破的瓶颈。小行星项目团队已经充分预计到其中的难度，未来的行动路径也正在明晰中，经过讨论，小行星项目团队明确了几个可供选择的方向。

其一，围绕已成形的"小行星流动儿童社区学校"课程，开发在地教育支持的相应网络培训课程，为在地服务团队提供更为全面的能力支持。其中的风险在于，无法改变在地服务机构已形成的服务路径。

其二，建立更为明确的在地合作伙伴的筛选标准，通过有效筛选找到更为合适的合作伙伴。其中的风险在于，致力于流动人口服务的团队数量有限。提高筛选标准，实际上等同于限制了项目的推广价值。

其三，加强小行星项目团队在社区拓展方面的人力投入，包括青年志愿者的投入。其中的风险在于，降低了社区本身的主体地位，等同于规模复制，与项目原本的出发点不符。

其四，在课程中加入更多的本地资源互动的元素，例如更主动地利用儿童撬动家长。其中的风险在于，这种互动不仅依赖于资源投入，更依赖于时间积累。

以上策略各有优劣，但共同假定在于把依托于本地社区的流动儿童教育网络的发展看作一个同质化的发展过程。经过更深入的探讨，项目团队更倾向于将这个过程当作探索实验。例如，在夏令营结束后，4 个试点村中有一个因为双方理念差距较大而协商终止了合作。但小行星项目团队根据儿童营员在课程中的表现整理出个性化成长档案，作为材料移交给在地服务机构、家长及孩子本人，这也是实验的一种结果。

允许不同社区的不同程度发展、允许不同社区的不同形式发展、打破基于统一发展模式的设想，是基于现实的理性回归。对于本地服务机构行动策略和服务基础更充分的评估是进一步行动的基础；基于共同使命基础上的深度合作挖掘是未来成效的方向；充分总结不同社区拓展的实践模式，是为下一阶段合作打下的基础。这并不是消极应对，而是意味着前述四种策略的主导者并不一定是小行星项目执行团队，以在地服务机构作为主导也有可能形成其他的行动策略。有选择才能有承担，对在地服务机构期待而非限制才能发展出有行动力的合作伙伴。这也意味着，在第一阶段的行动探索完成后，第二阶段的合作伙伴有可能更多元化。

二、社会工作者协同行动研究案例

回到实践场域与情境脉络中的协同反思①

正是由于社工站这种驻村、扎根社区的模式，践行“三同”“四大任务”的魅力，吸引了笔者加入“双百社工”这个大家庭。2019 年 7 月，笔者回到自己的家乡广东省梅州市成为协同者，也热血沸腾地希望可以为协同社会工作发展深耕出自己站点的特色。

然而，经历了几个月的站点协同，笔者发现许多时候与站点一起摸索到的站点特色，站点社工当时也认同。可为什么之后就不采取行动或者不了了之了？为什么站点的行动无法瞄准真实的问题进行落地深耕？笔者对社会工作无法落地深耕的困扰，一直伴随着笔者的协同过程。深究可以归

① 本文曾发表于”广东社工双百计划“微信公众号，作者系刘伟清。

纳为两个原因，一是站点社会工作者觉得自己不是社工专业出身，专业知识和技能不足，甚至是经过专业训练的社会工作者也觉得自己所依赖的专业知识和技能无法适应或者不足以回应现实碰到的复杂问题；二是面对各种错综复杂的人事关系，社会工作者无法专注于行动，很难实践并发展出一种适合自己脉络的工作方法和行动模式。

（一）协同社会工作者走村入户经验带来的经验性知识的视野

在实地协同走访过程中，笔者发现一些社会工作者在走访和与居民聊天时，很容易与他们“打成一片”，聊得热火朝天。用社会工作者的话来说，自己很会跟居民打交道。但是，你问他们是如何做到这些时，社会工作者又不能完整、清晰地描述并表达出来。只会说“这是我的经历或者经验告诉我的，碰到某种情况时要如何应对”。于是，这样的“打交道”的经验没有理论性和专业性，仅是依托于自己的情感和经验，并在各种探访的情境中娴熟地展示这种能力。

当你顺着这样的脉络去沟通，他可以跟你分享自己之前处理过的一些生活案例，给你描述的是有情感、有血肉、有灵魂的画面。这正如《反映的实践者：专业工作者如何在行动中思考》一书所阐述的“有能力的实践工作者所知道的通常多于他们所能说的”。他们经常展露出一种基于自己在行动过程中直觉式的认识而作出反应的能力，有时亦使用这种能力在实践中应对独特的、不确定的和冲突的情境。

然而，在内隐价值和信念的支配下，协同者邀约社会工作者分享服务案例时，他们往往只是简单地描述他们这种外显的想法和行动，而对于案例中许多其他信息则无法有效地进行语言组织并描述出来。需要协同者在提炼案例信息时，回到实践的场域和情境中，通过与社会工作者进行细致的对话才能辨识并呈现出来，而后社会工作者从中发现自己行动的意义，不断自我转化，坚持不懈地行动下去。

作为协同者，笔者经历了两个社工站的个案服务转变过程。下面用 A 与 B 进行区分。A 社工站在 2017 年开展了一个精神病患单亲家庭个案，据社会工作者描述，社工站每年会组织志愿者帮助案主打扫卫生，基本上没有形成有效的跟进和服务。该个案的重新启动和跟进也是在一次偶然的讨论中被提及出来，当时协同者与站点社会工作者讨论另外一个个案时，讲到家庭系统和成长环境的影像，从而唤起了社会工作者对该个案的叙述。作为协同者，笔者没有马上打断社会工作者的分享，也没有刻意去回避社会工作者个人的情感式的表达，而是从社会工作者跟进该个案的经历入手，获得该个案的相关信息。在此基础上，协同者与社会工作者进行对话，经过几次的对话辨识和呈现，社会工作者开始有了对行动的思考，并能描述这样行动的依据和想法，开始从关注案主不会整理和打扫卫生等表面问题，转向关注案主为什么是这样的思考，并进一步总结出原因：可能是由于案主妈妈是精神病患者，长期没有成人在身边进行适当的引导和教育，从而形成了这样的习惯。没人告诉案主个人的卫生不整洁会怎样。她本人完全没有这个意识，所以首先需要对她进行意识培养，重新去看待她生活的环境和个人卫生，引导并培养案主的生活自理能力。在协同者与社会工作者沟通梳理的过程中，社会工作者重新找到了跟进该个案的目标，并在后续讨论中，社会工作者还进一步考虑到案主现在正处于青春期，完全没有自我保护意识，要对她进行预防性侵的干预。

至此，A 站点的社会工作者已经明白，虽然在个案跟进服务的过程中会遇到很多困境，但是自己通过联结社群得到了支持，挣脱了行动的无力感，滋生了内在的力量，社会工作者会坚持下来，并把该个案的服务推向另外一个发展维度。

在 B 社工站，协同者接触的个案是一个多重困境的家庭，一开始社会工作者在描述该案例时觉得没有任何成就感，也提不起兴趣，在为案主申请了相关政策补贴后就觉得没什么可开展的了。协同者通过带领社会工作者回顾自己是如何帮助该家庭一步步完成政策帮扶的过程，引导社会工作者抽身出来回看和反映自己行动的能力，把服务过程中动人的、有温度的社会性反映出来。经过几次如镜子般的照见，社会工作者开始细致对待和发现自己行动后的意义，并对案主家庭进行了重新梳理与分析，案主患有小儿麻痹症，目前失业无收入，案主妻子患有精神障碍，案主家庭两个孩子处于学龄状态。针对上述情况，社会工作者发现除了协助案主申报一些政策补贴外，还可以在其他方面发挥作用。为此，社会工作者调整了此个案跟进的服务目标：一是协助案主找到工作，增加家庭收入，但该工作需要兼顾案主照看妻子和孩子的需要；二是帮助案主转变观念，考虑孩子未来的发展，协助案主两个孩子上学。在之后的服务介入过程中，在协同者的不断引导下，社会工作者慢慢探索、整理和提炼跟进服务的经验。同时，面对两次送孩子入学失败的情况，社会工作者以服务中与该家庭接触的经验、个人知识、情感体验等，与案主进行探讨并达成共识，推动了案主对孩子教育态度和意识的转变，案主认为孩子还是要学会一些能够养活自己的技能，期待孩子能够进入特殊学校学习。但是特殊学校需要孩子有基本的生活自理能力，对此，案主与社会工作者达成共识，将着重训练孩子的生活自理能力，教会孩子学习生活常识和语言表达。

（二）在践行“三同”脉络中发展同行关系

笔者在与 C 社工站进行第一次协同时，站点社会工作者说不知如何开展走村入户，于是笔者结合多年一线实务的工作经验，直接告诉该社会工作者接下来怎么开展工作。令人遗憾的是，当笔者第二次去 C 社工站的时候，发现该社会工作者依然没有行动，无奈之下，笔者直接从没有解决问题的角度出发与社会工作者讨论行动的落差，甚至直接带着他们去走村入户进行示范，但是感觉效果甚微。社会工作者感觉自己在基层，在一线，已经费了好大好大的力气，才迈出第一步。但是作为协同者却觉得，社会工作者怎么执行得不够，怎么没有看到那一步，怎么没有关注到这点，等等。

于是我们的谈话更多的都是围绕“有没有去执行”“对立的”“处理问题”等角度进行交谈。久而久之社会工作者的对抗情绪就上来了，甚至会说你来试试看！甚至无论你要与他谈的主题是什么，不论你的意图是什么，还未开口，对方就已经先预期你是要来谈问题的，你已经变成了一个唠叨者，不再是有益的影响者和同行者。

为了更好地与社会工作者建立关系，了解他们，笔者设法扩展更广泛的互动，尽力发展更加全面的关系，和社会工作者一起做饭，共进午餐，锄地开荒，不预设任何议程，随性地交谈，偶尔聊些有趣的事。同时，积极肯定他们做得好的方面。这样下来，我发现与社会工作者的关系发生了微妙的变化。在后续的一次协同过程中，C 社工站的社会工作者对工作的反思和分享让我感到吃惊。他们不但分享了自己工作开展的情况，而且通过对工作开展的思考，与“53111”① 联想在一起，开始对下一步工作计划进行行动设想。

（三）平等对待各自的经验

让带着不同需要和想法、不同知识背景和经验、不同性别和关注点与兴趣点的社会工作者成为一个相互支持并前行的团队，这是 D 社工站摆在笔者面前的一个难题。刚接触 D 社工站时总感觉怪怪的，同一间办公室大家彼此之间可以做到不说话。在后续的协同跟进过程中，本是该站点的社会工作者都应该知道的事，竟然只有某一个人知道，而且许多行动无法相互支持，彼此嫌弃对方。面对团队的冲突内耗，作为协同者的笔者知道改变是痛苦的过程，首先要把站点团队的问题找出来。而且改变现状需要站点团队的每个人自己作出选择，并为自己的选择负起责任。团队的改变不是那么容易的事情，只能说笔者仍在这个过程中不断地摸索。

在此仅回顾笔者在前期协同该团队改变的过程中的经验教训。首先，笔者在每个人身上花了半天的时间进行个人督导，了解个人成长脉络的印记，观察他们的行动逻辑，并分享平时观察到的他们在某一方面的丰富经验，进一步协同彼此站在对方的处境去理解对方。然后，根据彼此的意愿，从社工站实际出发，让所有社会工作者重新梳理社工站内部彼此的分工与合作，彰显团队的整体效应。

虽然大家愿意去重新分工合作，但是一直商量不下来，彼此分歧很大，有人感觉我都让着你了，而且我也会协助。但是有人就觉得现在的承诺不可信，而且感觉自己的声音被边缘化、排斥，感觉没有公平、公正和民主。最后，笔者从协助他们觉察自己的行动逻辑和视框的边界，从承认团队的差异出发，接纳每个人的自我经验，并认可每个人在这个团队所付出的努力、所做的事情都是非常重要的。并鼓励他们认识到，不要怕团队

① “53111”，“5”是指 5 年愿景，“3”是指 3 年规划，“111”是指年度计划、月度计划、周计划。

有冲突，就怕团队不互动。通过上述工作，笔者在协同的过程中观察到 D 社工站的社会工作者之间现在最起码有了简短的讨论和互动。

（四）进入复杂多变的实践场域和情境脉络

E 社工站是一个很不错的站点，当社会工作者咨询关于某一社群项目的运作时，笔者就提醒他们可以从社群连接社群再到社区。但是，笔者发现自己已经不自觉地把他们限定在了某种框架之下，让他们无所适从，甚至变成了笔者不断去提问、挖掘的过程，让他们成了旁观者，甚至感受到伤害。操作上回到了协同者为主导的期待社会工作者可以达到某种目的的状态。在“做中学，学中做”的理念下，为什么不能给社会工作者这样的空间呢？于是笔者由原先的主动想让他们调整方案到后面的陪伴等待。E 社工站经历了将近半年多的实践，在做总结的过程中开始反思，并提到实践的瓶颈。E 社工站的社会工作者开始意识到只有从服务对象既存的和不断复制的社会经验中建立关系，才能改变他们与服务对象的距离，才有可能转化为更加贴近他们的服务。

笔者认为协同者协同社会工作者对自己的实践进行自我觉察是件困难的事，协同者需将社会工作者重新放回社会工作本身的脉络中去理解，才能发现社会工作实践的处境，共同对实践进行反思，去概括不同的情境下产生的实践经验教训，以至有可能进一步辨识实践的差异，开展更深入的探究。

所以，作为协同者，怎样理解社会工作者的实践场域和情境，就决定了有怎样的协同过程，进而有什么样的社工行动。

三、如何做自身经验的行动研究

案例：社区变迁中的家人关系探究的行动研究

（一）导言

社区工作者都是行动者，社区工作者都可能做行动研究。行动研究是行动者的研究，是一种行动者有意识地对其自身以及其行动历程与社会处境进行的研究，是对其自身行动的策略及影响进行的自主探究，旨在改善行动者的行动品质。当社区工作者置身于实践现场时，不可避免地要面对社区真实处境，直面现实挑战，这是成为社区工作行动研究者的第一步。

当前社区中有两类较为典型的社区工作者，他们都是潜在的行动研究者。第一类是受过社区工作相关专业教育的社区工作者，但他们大多工作时间较短，经验单薄，面临所学专业对社区实践无效性的难题。当他们带着所学知识进入社区现场面对社区具体难题时常陷入无法动弹的困局。他们对于动态社区现场存在的复杂现象常难以把握，其专业性在实践中受到挑战。对他们而言，需“放下专业，接上地气”。行动研究可以协助其在与他人及情境互动过程中，发展出“立足在地”的实践知识。第二类是所学专业与社区工作关联性较弱的社区工作者，他们有的甚至只有初高中学历，但他们大多工作经验丰富。这类社区工作者很接地气，却常被认为“不专业”。事实上，他们中的不少人已经工作了十几年甚至二三十年，社区工作经验丰富。从行动研究角度看，他们拥有实践知识，但这种知识不是通过学校教育获得的，而是在社区工作“摸爬滚打”中积累的经验，是实践中创造的经验。这种经验常内隐于实践者自身，他们自己或许都不甚明了。行动研究可以协助他们系统整理实践经验，萃取实践知识，使他们未来的工作更具“理论性”。

社区工作者若要练习行动研究，可从三个方面开始。第一，有意识地梳理自身的生活与社区工作经验。看似个人化的生活经验，其实是个人真实的社会参与经验，与社区工作密切相关。系统梳理社区工作者作为社会参与的行动者的历史经验，可助推自己在已有经验基础上前进，避免重走旧路。让社区工作者及服务群体的社会生活、生命经验都成为社区工作经验发展的土壤。第二，练习对行动后果的觉察力。人若要对行动后果负责任，就必须清楚自己为什么生成该行动？其推理假设在哪里？行动研究方法是要让人对一个变化的行动过程敏觉。以此达到社区工作者在与外部情境以及他人互动时，可以对影响他人的利害作用明察秋毫。第三，从“做事”到“育人”的转向。行动研究没有一套标准化操作方法或流程，它关注人的发展，它视社区工作者的每一个介入行动都是在社会系统中进行的实验，因此行动研究会因不同行动研究者主体的突显和差异而更具丰富性、灵活性与实践魅力。

总之，做社区工作的行动研究者，就是要社区工作者在社区实践中，逐步对自身经验和工作情境以及他人更有分辨能力，能细致地对待，以发展出更复杂、有层次的行动策略，发掘、生产对其实践有用的知识，这也是社区工作者培力的初衷。

小洁（化名）作为一名年轻的社会工作专业本科毕业生，有意识地梳理自身的社区生活经验，将看似个人化的生活经验与社会参与经验进行连接，是她作为行动者的历史经验梳理，努力让年轻的社会工作者的社会生活、生命经验都成为社区工作经验发展的土壤。

（二）社区变迁中的家人关系探究的行动研究①

行动研究，其核心是协助社会工作实践者找到自主行动与研究的方法，并构建作为实践主体的实践知识，通过个人的成长和实践故事的回溯，将实践者放回家庭、学校、村落社区及社会大环境中，去寻找累积在个人身上推己及人、从内而外的经验与教训，以此为基础更好地开展对当下复杂实践场域的分析判断，并找到有效的行动路径。回看实践者自己的实践故事，是学习行动研究的开始。本案例采用行动研究的方法，立足于社区背景，以社区变迁作为主要线索脉络，通过分析宏观政治经济结构及文化价值等社会因素如何作用于家庭，从而梳理家庭经验，探究自己内在隐含的认识框架，面向未来，寻找改变的方向和行动的动力，是本案例的主要目的。

1. 背景

我出生在一个三代同堂的家庭，在中国人的传统观念里面，上有高堂颐养天年，下有儿女承欢膝下，是非常幸福的生活。但事实上在这样的家庭里面，长辈与年青一代思想观念上的差距，往往会导致许多矛盾和冲突的发生。爷爷奶奶浓厚的“重男轻女”观念，是压在父母身上“无形”的

---

① 此部分系王海洋所指导本科毕业论文中的资料。

重担和压力，但最终他们仍然选择了妥协，生育了三女一男，完成了爷爷奶奶的心愿。这看似迫于无奈，但却又顺理成章。

作为家中第二个女儿，基于“生男孩”这一主要目的而被生育的孩子，我见证了两辈人因“生育”而引起的矛盾与冲突，加之在1992年的时候，父亲与大伯共同出资建设的一栋自建房，因为财产划分不明确，导致“生育”又与“财产”交织在一起，构成了一个复杂的家庭样貌。

我在这样一个三代同堂的家庭里面生活成长，困扰我的并不是爷爷奶奶辈“重男轻女”所带来的不平等对待，而是这个观念之下，我对压迫中的父母所作选择的不理解，为什么不惜代价都要坚持生育？在婚姻家庭的“闹剧”中母亲仍然选择继续，而父亲为何又在爷爷奶奶要求赶走母亲的时候，没有摆明立场？反而让事情愈演愈烈，最后发展到“拳脚相向”的地步？这些疑问一直伴随着我的成长，导致了我对父亲的偏见，由此造成了我与父亲关系的恶劣，情感上的“不亲近”甚至“断裂”的状况。借着论文的契机，我尝试以自己的家庭作为研究的场域，梳理家庭经验，与情境对话，与经验对话，返回到父母当时所处的经济、政治、社会环境，重新认识和理解父母的立场。从故事讲述过程中回顾个人历史，明晰自己的行为逻辑，重新书写家庭经验对自身的生命意义。

2. 回溯社区移动变迁轨迹，探究家人关系的改善

（1）从农村到城市，“三代同堂”家庭的特殊背景。

1978年，我国农村开始推行家庭联产承包责任制，一些省份开始实行包产到组、包产到户的农业生产责任制，也即国家将土地的经营权下放给集体经济组织按户均分包给农民自主经营，自负盈亏。主要生产资料仍属集体所有，但在分配上实行按劳分配原则，也就意味着农民要定期向国家缴纳一定数量的粮食，除去必须缴纳的部分，余下的粮食则归农民自由分配。

家庭联产承包责任制的推行极大地调动了农民的生产积极性，加之进入20世纪80年代后，化肥和良种的逐步普及，粮食产量开始逐年增加。但包产到户后，国家把收购粮食的任务分摊到每个农民身上，作为责任田的承包人，每亩田必须向国家缴纳多少粮食是有定数的，农民有一部分收

入要用来交公粮。

农民因其农村户籍，只能留在农村，但农村的艰苦生活又让他们无比向往城市，所以当时的农民都是想尽办法想要向城市流动。1987 年，我的父亲，因工作中的机缘巧合把农村户籍变成了城市户籍，完成了农村到城市的流动。而农村户籍的爷爷奶奶，也随父亲一并“逃离”了农村，从此留在城市生活。1990 年，父母结婚，同年我的姐姐出生了，因为爷爷奶奶认为一家人应该生活在一起，三代同堂，享天伦之乐，因此父亲也顺应了他们的期望，没有搬出去住，从此便奠定了我们家“三代同堂”的家庭生活格局。

（2）严厉的计划生育政策，无法撼动的“重男轻女”观。

不可否认的一点是，城市的生活区别于农村，爷爷奶奶即便是从农村迁移到了城市，他们身上也无法摆脱在农村氛围下塑造出来的一种特殊的文化观念，所以与其说是生活在城市，接受城市文化的熏陶，倒不如说是换个地方继续用农村的方式指导生活。

在农业生产为主的社会中，男性天然的身体优势，决定了男性是家庭最主要的生产力，掌握了家庭的经济命脉，也即掌握了家庭的话语权。经济上以男性为主导地位的权力体制牢不可破，女性在经济中的生产地位低下，同时也削弱了女性在家庭生活中的地位，“男尊女卑”“重男轻女”的思想随着时代进一步发展完善并深入人心。富裕的官商家庭如此，家境普通的平常百姓家更甚。在此经济体制的作用下，男性被认为是宗族绵延的标志，而女性终归是要外嫁的，是帮助其他家族传宗接代的“生育工具”。所以人们娶媳妇要娶“会生男孩的女人”，生不出男孩就会被赶走。

人出生之前，社会就已经存在，而这种价值存在于社会之中，每个人都在适应其身处的社会，并在适应的过程中成长。当“重男轻女”“男尊女卑”得到人们广泛认同的时候，就形成了一种“主流”，并通过代际不断地延续、巩固，“养儿防老”，“有儿子就不怕被别人欺负”。而不服从或对抗“主流”的人，会被别人“歧视”，被当作是“异类”。“主流”与其说是天然形成，倒不如说是被塑造出来的一种无形的“控制”，约束着人的行为，禁锢着人的思想。

而我的爷爷奶奶也深受这种“主流”的影响，身为长辈，在我们家，爷爷奶奶依然有着高度的话语权。从姐姐出生开始，便一直在旁劝说父亲继续生二胎，“是要有个儿子才好的，你看你大哥第一胎就是儿子”，在爷爷奶奶的观念里，无论如何都应该要有个男孩子继承香火，而父亲只有姐姐一个女儿，应该继续生二胎，争取是个男孩子。

但从 1982 年开始，国家推行计划生育政策，提倡晚婚、晚育、少生、优生，从而有计划地控制人口。而 20 世纪 90 年代，也正是计划生育政策实施最严厉的时期。根据母亲回忆，当时农村地区采取“一孩上环二孩结扎”的避孕节育措施，每 3 个月需要到相关部门“查环”，如果连续 6 个月拒绝接受检查，则会被乡村计生员列为重点关注对象。在管理最严的时候，大着肚子的妇女到菜市场买菜都会被计生员带走，需要家属拿计生许可证才能领人。如果超生被发现是要受到相应处罚的，计划生育与反计划生育的博弈，在如今的我们看来非常荒诞，但在那时却是每天都有可能发生的真实情况。

自从 1990 年姐姐出生之后，爷爷奶奶就一直希望母亲继续生育，而我不明白的是，为什么母亲明知道违反计划生育政策很可能会付出沉重的代价，还依然选择辞去单位稳定的工作冒险生育呢？通过对家庭经验的梳理，我仍然感觉很困惑。

（3）家庭经济收入转变，“生育”与“财产”的交织。

20 世纪 90 年代末实行的国有企业改革，我国完成了从“计划经济”到“市场经济”的转型升级，但也促成了大批国有企业员工集体下岗。与此同时，国企职工的生活状态也从计划经济转向市场经济，意味着个人需要承担起原先由企业包办的住房、医疗等。站在国家层面来说，国有企业改革是迫切且必要的；而对于牵涉其中的个人而言，这次改革足以改写他们个人及其家庭的命运①。

1988 年，受到国有企业改革的影响，父亲从工作了 10 年的单位下岗

① 杨静．回观历史辨识经验寻找变的力量：一个社会工作者的行动研究［J］．中国农业大学学报（社会科学版），2013，30（3）：104-113.

了。在国有企业改革过程中，有所谓的“三转”之说，即政府转让产权、职工转换身份、企业转换机制。而实质上职工转换身份，即通过“买断工龄”的方法，按照职工工龄长短，一次性向职工支付一笔补偿金。也就是这样，父亲获得了一笔还算可观的补偿。下岗之后，父亲靠着以前在石油气公司工作积累的人脉和资源，开始自己把一车车的石油液化气运回来，然后再卖出去，从中赚取差价。从这里赚到的一部分资金，再加上政府给下岗工人的补偿款，以及下岗前的一些积蓄，父亲便以此作为本钱，开始转行经商，与朋友合伙开始了木材加工的生意。之所以选择木材加工方面的投资，也是因为父亲有这方面的资源，可以拿到长期的订单。

20 世纪 90 年代的下岗潮是很多人一辈子的梦魇，但不可否认的是，“有危就有机”，当时的中国社会急需由计划经济向市场经济转型，大量国企改制，私营企业崛起，下海创业做生意开始流行一时。而我的父亲，也是抓住了时代机遇，率先尝到甜头的其中一位。在 2001 年的时候，我们家已经有了 50 万元的存款。

转行做生意的父亲，算是赚到了人生的“第一桶金”，他买厂房、买车、买商铺，但一直没有购房的打算。因为在国企改革之前，父母都是单位里的职工，1992 年的时候，父亲通过朋友找到了 X 社区的一块地，由大伯出资拍下打算建房。当时盖房子的资金，一大部分来自大伯，同时也有一部分来自父母。而这部分钱，正是母亲从自己工作的银行里通过贷款借出来的，再由母亲每个月慢慢地还回去。而当房子建好之后，登记房产的时候，因为父亲认为“两兄弟不计较”，因此只写了大伯一个人的名字。1980 年，大伯通过了政府的审批，去了香港生活。所以即使房产合同上并没有加上父亲的名字，实际上也只有我们和爷爷奶奶住在这套自建房里面。这套自建房有六层楼高，除去两层用作居住以及天台之外，其余的楼层用作出租，而出租的租金收入，也是由父亲和大伯二人平分。这也解释了为什么父亲明明在国企改革的时代浪潮下赚到了不少钱，但他仍然没有选择另外买房，也没有要求立刻将房产证明划分清楚的原因，因为他相信即使如此，自建房也有自己的一份。虽然父亲觉得无所谓“加不加名”，但母亲却认为口说无凭，很难保证将来大伯不会反悔，关于房产归属的问题还是应该划分清楚。

爷爷作为家里的“掌权人”，其实他很清楚母亲心里面的想法，加之在“重男轻女”观念的驱使下，于是他向母亲提出“只要生出男孩就叫大伯在房产证上加上父亲的名字”这个条件，当“重男轻女”观念或者“生育”问题与“财产”“利益”扯上关系的时候，“生不生男孩”的问题就变得复杂起来了。

（4）弟弟出生，“加名”无望，从X社区到Z社区。

1997年，我出生了，到了2006年的时候，妹妹也出生了。但妹妹一出生就立刻被送到了外婆家抚养。一方面是受到严厉的计划生育政策的影响，另一方面她不是爷爷奶奶所期盼的男孩。同年，父亲从木材生意中退了出来，全部交给他的合伙人，并从合伙人的手中拿回了一部分资金。父亲用一部分钱在农村买了一块地，而又用另一部分钱作为本钱，与表哥合伙做起了汽车美容方面的生意。除基本的洗车、打蜡、镀膜等硬件设施的服务之外，还有汽车内饰等软件设施的配套销售，所以生意也算是红火。在2009年的时候，父亲认识的一个朋友有意愿购买一套房产，于是便经常与父亲一起到各个楼盘看房，那时候的房价并没有很高，而且升值的潜力很大，在其朋友的影响之下，父亲也因此萌生了购房投资的念头，打算升值之后就转手卖出去，从中赚点小钱。

而到了2010年，弟弟出生了，爷爷奶奶终于实现了抱孙子的愿望，与此同时关于大伯X社区房产分配的问题也被提了出来，因为爷爷当年答应了母亲，只要生出儿子就会立即加名，但这时候却遭到了伯娘的反对，她认为他们一家已经在香港定居多年，一年才回来几次，反倒是我们家居住在X社区长达十几年，因此她觉得，“你们住了这么久，怎么也不亏，加不加名字也无所谓”。

而当弟弟已经2岁，父母终于意识到自己已经不可能从大伯手中获得部分房产的时候，他们才想起那套一直作为投资用途的Z社区的房产，打算在2012年12月正式入住。但到了应该要搬家的月份时，爷爷突发心脏病离世了，2年之后，奶奶也因病去世。在他们还在世的时候，就一直要求大伯，赶紧把房产划分清楚，两兄弟一人一半，但就如母亲当初所预料到的一样，大伯经历了一场大病之后就反悔了，随着爷爷奶奶的离去也没有人再提起过，很快我们也从 X 社区搬到了 Z 社区。

（5）对话中，推进家人关系认识与改变。

1997 年，我出生在一个三代同堂的家庭里面，爷爷奶奶的“重男轻女”观念就像压在父母身上的一座“大山”，很大程度上影响着他们的选择。每个家庭内部的矛盾都不是由单一的原因引起的，其多面性、多层次性，构成了家庭结构的复杂性。在原生家庭，我见证着家人关系的发展变化过程，同时家人间的交互关系也影响着我的成长和发展。本文通过叙说书写的方法来回观自己的家庭经验，尝试解构家庭内部结构的多面性和复杂性，以此探究家人关系的变化以及对自身的生命意义，让行动发展出改变的力量。曾经的我，在家庭生活中遭受了挫折，变得“仿佛被冰冻住了”，变成了一个非常严肃的人，情感单一，变成并不是自己喜爱的自己。而现在的我，可能并不能够完全理解父母的选择，但在一次又一次的接触与对话中，我开始有“复苏”的感觉，我自身正在慢慢回暖。在行动的推进过程中，通过与父母对话，了解特定时代的政治、经济因素，我开始理解自己父母的同时，也渐渐觉察到自身存在的“局限”，亟待我去突破，与过去和解，与自己和解。但由于时间的限制，不可能将家庭里所有的症结都解开，一下子达到完全“和解”的状态。改变毕竟是一个漫长的过程，但我相信，真正的变革会在不断的探究、行动中得到推进和实现。

后　记

本书由社会工作实务工作者与研究者合作完成。各章作者如下：第1章（社区组织与社区社会工作清单），东莞理工学院法律与社会工作学院王海洋副教授、广州市洋城社会工作服务中心戚干舞督导；第2章（如何做好社区调研），东莞理工学院法律与社会工作学院王海洋副教授、广东省梅州市社会工作督导办公室刘伟清主任、广东医科大学人文与管理学院朱祥磊博士；第3章（如何做好社区活动），成都市爱有戏社区发展中心申权、杜灿灿、胥超、刘琴社工；第4章（如何培育社区社会组织），中共河北省委党校梁肖月博士；第5章（如何做好社区基金），湖南唯实公共服务评估中心李焱林、朱小芳、邓莲君评估专员；第6章（社会工作协同社区治理），东莞理工学院法律与社会工作学院王海洋副教授、东莞城市学院李敏讲师；第7章（学点社区营造），集美大学美术与设计学院林德福博士；第8章（学点行动研究），惠州学院政法学院王芳萍博士；第9章（社区社会工作实践案例写作），东莞理工学院法律与社会工作学院王海洋副教授、广州市洋城社会工作服务中心戚干舞督导、广东省梅州市社会工作督导办公室刘伟清主任、广州市恒福社会工作服务社赵洁。谨向上述各位编写者表示诚挚的谢意！本书作者王海洋、李焱林分别审读、修改了部分章节。广东省东莞市沙田镇社会工作服务站周本能副站长、东莞理工学院法律与社会工作学院2023级MSW研究生胡潘徐、本科生陈苏馨为本书的编写收集、整理了部分资料，校对了部分文稿，感谢以上三位参与者的支持与付出。感谢东莞理工学院质量工程项目（《社区工作》精品教材）、东莞理工学院社会学重点学科建设项目的支持。

本书在写作过程中广泛吸收和参考了国内同类教材的相关观点、表述或资料，谨向原作者致谢！

由于编写者水平有限，时间仓促，本书可能还存在不足之处，恳望各位读者指正。

编写组